# ツーリズムの脱構築

地域の語りと観光・博物館・博覧会

岡田 朋之 編著

関西大学出版部

# 目　次

## 第 3 部 博覧会と地域の持続的発展

# 序章　エキシビションとツーリズムの転回
## ── ツーリズムの脱構築に向けて

岡　田　朋　之

## はじめに

　今日、観光はサービス産業として、地域の経済を支える重要な位置を占めている。日本においては、1990年代以降の長期的な経済の低迷と、少子高齢化、人口減少などの困難の中、2003年に『平成15年版国土交通白書』で初めて「観光立国の実現」がうたわれ、2017年に策定された「観光立国推進基本計画」では観光が「地方創生の切り札」と位置づけられるまでに至る（観光庁 2017: 1）。しかしながら、交通手段の発達にともなう世界規模での人的移動の増大は、マス・ツーリズムの一層の拡大をもたらし、経済活動の活性化につながってきた一方で、オーバーツーリズムによる環境問題や地元生活者との軋轢などさまざまな問題を引き起こしてきた。

　本書では、現代社会において大きな位置を占めるようになった観光＝ツーリズムが、地域社会の持続的発展に寄与していくためにはどうあるべきかについて、各執筆者がそれぞれの立場から議論を展開する。その根底には、観光とは場所とモノと語りによって編み上げられた構築物であるという共通概念がひとつの軸として据え置かれる。その際、重要な場所とモノの要素として焦点を当てるのが施設としてのミュージアムと、イベントとしての博覧会である。

　近代社会においてツーリズムが成立する上で、大きなきっかけとなったのが博覧会であった。また後述するようにミュージアムが制度的に確立するプロセスにおいて、ツーリズム前史としての旅行等の人の移動と深い関係をもってい

る。そしてまた、博覧会とミュージアムもまた、近代社会において深い結びつきのもとに発展を遂げてきた。しかしながら、19世紀における近代社会の成立から20世紀に至るまでのツーリズムと博覧会、そしてミュージアムのこうした関係性は、20世紀末に始まるICT（Information Communication Technorogy）の発達によって、さらに2020年から数年にわたって全世界を覆ったCOVID-19のパンデミックによる社会的な影響、いわゆる「コロナ禍」でさらなる変化を余儀なくされているとも考えられる。

　本章では、この変化を考える際に、エキシビション＝展示の施設としてのミュージアム、そして展示のイベントとしての博覧会などにおいて、さらには観光＝ツーリズムにおいて、それぞれに通底する大きな変容として「参加」の拡大が進んできたことを呈示したい。そして、そこでの関係性構築のもとに、地域の再生に向けての新たな可能性が開けていることを明らかにしていく。

　なお、本書であつかうエキシビションexhibitionとは、博覧会およびミュージアム等での展覧会であって、ビジネスにおける展示会は、余暇としての観光と直接的に関連するものではないため、取りあげない。大規模イベントとして定例開催される展示会は、ツーリズムの対象となるものであるが、それについては機会をあらためて検討していきたい。

## 1　近代社会におけるエキシビションとツーリズムの確立

　まずはじめに、近代以降の社会において大衆観光、制度としてのミュージアム、博覧会の成立してきた過程、およびそれらが相互に関連しあいながら発展を遂げてきたプロセスをたどっておく。

　J. アーリは観光理論を概観する前提として、余暇活動としての観光が上流階級以外の下位層に広がったのは近代以降、とくに1840年代以降のことであり、その時点をもって大衆観光が成立したとする（アーリ、邦訳 2014: 46）。ただし、それ以前にも旅行そのものは存在していたし、英国などの貴族や紳士階級が教

養を得るための旅行として出かける「グランドツアー」は17世紀頃に成立していたという（同: 9）。

　一方、近代におけるミュージアムの成立過程を描き出した村田は、権力者による蒐集と展示の空間が、欧州においてキャビネットとして成立し、ルネッサンス期以降に古代の遺物の蒐集や外部世界の探検に、そしてさらに博物学との結びつきを通じてミュージアムの成立に繋がっていくことを示す（村田 2014: 55-64）。そうした空間は近代に入ると、鉄道旅行の拡大にともなう観光の大衆化、帝国主義的なまなざしを内包した博覧会の始まりと繋がって、パノラマ的な視覚性と新たな思考様式を近代社会に浸透させていったという（同: 65-73）。

　19世紀の半ば、1851年にロンドンで開催された最初の国際博覧会（＝万博）は、こうした各領域で進展してきた流れを統合する一大イベントとして、以後のそれぞれの拡大と発展を方向付ける契機として位置づけられる。帝国主義における植民地の拡張により持ち込まれたさまざまな文物、近代的な工業化を成し遂げた成果としての製品などを一堂に展示する空間、そして会場への来場者の大量動員、開催後の遺産を展示する施設としてのミュージアムの整備など、万博を開催し、運営するシステムによって確立されたものは多種多様な領域に及んだ。さらにその後は、1889年のパリ万博開会式を目の当たりにして大いに感銘を受けたピエール・ド＝クーベルタンによって、近代五輪大会を構成するさまざまな行事の中にその要素が取り入れられ（MacAloon 1981＝邦訳 1988）、またそこから派生したFIFAワールドカップ大会にも影響を与えていくことで（千田、2006）、万博はその後の各種巨大イベントのプロトタイプともなっていく。

　旅行代理業の先駆とも言われるトマス・クックが事業を大きく拡大したのは、1851年ロンドン万博のときであった。禁酒運動家だった彼が禁酒大会への参加者を動員するイベントとして団体旅行を組織し、成功を収めたのが1841年のことである（Brendon 邦訳 1995: 19-23）。マス・ツーリズムの先駆けといわれるこのイベント以降、彼は団体旅行を事業化し、1851年のロンドン万博の際に、英国内で発展を遂げた鉄道網を活用して16万5千人という大量の来場者を動員す

る（同: 107）。さらに1855年のパリ万博を契機に海外旅行への進出も果たしていった（Brendon 邦訳 1995: 120）。

　旅行による人の移動の拡大は、モノの移動も拡大させる。アーリは移動の社会的実践としての旅行の様式について、以下のように分類している。1）徒歩、あるいはさまざまな交通手段を用いて人が移動する「身体的旅行」、2）商品や土産物などの「モノの移動」、3）テレビやラジオなどを通じた「想像上の移動」、4）インターネット上でのオンライン・コミュニティなどによるつながりを通じた「バーチャルな旅行」の4つがそれである（Urry 2000＝邦訳 2015）。大衆観光（＝マス・ツーリズム）の成立にともない、土産物や記念品といった観光に関連したモノの消費が拡大する中には、博覧会に関連したグッズももちろん含まれていて、1851年のロンドン万博の時にはすでに、ガイドマップや食器類、タペストリー、あるいは紙製による会場のパノラマ模型まで出回っている。これらのアイテムは、ロンドン万博の展示物を元に創設されたヴィクトリア・アンド・アルバート（V&A）・ミュージアムで展示されており、今でも観覧することができる（図1、図2）。このV&Aミュージアムを皮切りに、フランス、パリのトロカデロ民族誌博物館（現・人類学博物館）など、万博の出品物を展示するミュージアムが欧州で次々と開館していく。

　このような、博覧会から博物館へというひとつのセットをモデルとしつつ敷衍していくというプロセスは明治初期の日本において政策的に採られていった。日本の国立博物館の始まりは、明治新政府になって最初の万博への公式参加となった1871年のウィーン国際博覧会において、その出展物をウィーンへ送る前に、一堂に公開展示したことに由来している（村田 2014）。明治新政府として初めての万博の政府出展にあたり、政府は全国に呼びかけて優れた工芸品の制作と出展参加を募り、その厳選された作品を他の展示品とともに万博への搬出の前年の1870年に東京の湯島聖堂で展示をおこなった。そして博覧会終了後に日本へ持ち帰られたものが再び集められ、これが国立博物館の前身である帝室博物館の元となったのである。

図2　図1の覗き穴からの写真。中に「水晶宮」の内部のパノラマが再現されている

図1　ヴィクトリア・アンド・アルバート・ミュージアムで展示の1851年ロンドン国際博覧会グッズ。手前の穴から内部を覗き見るようになっている
（以下図版はすべて筆者撮影）

　日本における博覧会の歴史を観光研究の視点から捉えなおした桑田政美は、日本における国内博覧会には大きく2つの系統があるとする。ひとつは第一回勧業博覧会（1877年）に始まり、現代にいたるまでの産業振興の方向性が存在する。もうひとつは、震災や戦災などからの地域再生から観光へ、という流れである（桑田 2017）。殖産興業のもとに明治初期から開催されてきた日本の国内博覧会は、本来内包しているスペクタクルとしての性格から娯楽性の度合いを高めてきた。その一方で、観光を強く打ち出すようになるのはそう古いことではなく、博覧会の展示として喧伝された最初の事例は、1935年に関東大震災（1923年）からの復興を祈念して開催された「復興記念横浜大博覧会」の交通観光館であったという。当初70万人程度の来場を想定していた同博覧会は、予想

を大きく上回る322万9千人におよぶ来場者を数え、観光の重要性を認識した主催者の横浜市は翌1936年に土地観光課を創設し、地域振興に観光を積極的に取り入れる施策を進めていった（同: 98-112）。災害からの復興＋博覧会＋観光振興というスキームは、それ以降、第2次世界大戦後の都市復興のモデルとなって、戦災からの復興を記念した大阪の「復興大博覧会」（1948年）や戦災と南海大地震からの復興を記念した「観光高松大博覧会」（1949年）、戦災と福井地震からの復興を記念した「福井復興博覧会」（1952年）などに受け継がれていったとされる（同: 113-158）。

　博覧会、ミュージアム、観光の相互の連関および発展は、以上で示したような国内外の事例からうかがうことができるが、20世紀後半におけるメディアの発達による情報化の進展、交通手段の発展にともなう移動の拡大をはじめとして、大きな社会変容の中でそれぞれの領域における課題が浮かび上がり、転換を求められているのもたしかである。こうした点について、以下の節で順を追って見ていくこととする。

## 2　大衆観光からオルタナティブ観光へ

　20世紀後半、とりわけ1960年代以降、旅客機のジェット化など交通機関の飛躍的発展によって人々の移動が爆発的に増大する中では、大衆観光も大きく拡大し、多くの弊害をもたらしたとして、橋本和也は「環境破壊や伝統文化の変容、土地の乱開発、治安の低下」あるいは「南北間の経済格差を利用した国際観光」で生じる「先進国による低開発国の資源搾取」の問題を挙げる（橋本 2019: 158）。いわゆるオーバーツーリズムもそうした問題群のうちのひとつである。

　メディア論的な観点からの考察として、ダニエル・ブーアスティンは未知の土地を訪れる〈旅行〉が、あらかじめメディアを通じて知っているイメージの疑似体験とその追認としての〈観光〉へと変容することを指摘していた（Boorstin 1962＝邦訳 1964）。しかし J. アーリは、その後のメディアの変化を踏まえ、身

体そのものの移動による旅やモノの移動だけでなく、今日ではテクノロジーの発展にともなって、コミュニケーションが地理的制約から解放され、「現代世界が新たな親密の交流を告げつつある」とした（Urry 邦訳 2015: 234）。そこでは、インターネットのビデオ会議などによって面談できる「バーチャルな旅」、テレビなどの高画質な映像を通じてどこへでも訪れることのできる「想像による旅」、携帯電話によっていつでもどこでも誰とでも繋がることができる「モバイル通信による旅」が成立している（Urry 2007＝邦訳 2015）。これらICTによる旅の拡張は、観光の機会の新たな可能性を開く反面、観光地の情報をさらに拡散し、集客力を高めていくことにより、マスツーリズムの弊害をさらに拡大している面は否めない。

　これに対する反動・批判として1980年前後から提起され始めたのが「もう一つの別の観光」としての「オルタナティヴ・ツーリズム」であった（橋本 2019: 158）。その具体的な展開としては、「訪問先の民族文化を尊重し交流を促進する『エスニック・ツーリズム』、自然環境の保全と観光による地域振興を目指す『エコ・ツーリズム』、農村での観光による振興対策となる『グリーン・ツーリズム』など」が挙げられている（同: 159）。

　また1999年に世界観光機関（UNWTO）は「世界観光倫理憲章」を採択し、その第3条で「持続可能な開発の要素」としての観光をうたっている。その中では具体的に、自然環境の保全が図られるべきであること、希少資源の保全に繋がるような観光開発と、廃棄物の排出抑制が奨励されるべきであること、時間と空間の流れを分散化することによりオーバーツーリズムが生じないよう休日の分散化を実施するべきであること、観光インフラと観光に関連する諸活動は、生態系や生物多様性を保全し、野生動物の保護に資するよう、設計され、計画されるべきであること（UNWTO 2021: 11）などが列挙されている。

　しかしながらオーバーツーリズムへの反省として現れてきたオルタナティヴ・ツーリズムも、観光産業の大きなシステムに飲み込まれてしまうことで、さらなるマス・ツーリズムのヴァリエーションに帰結するおそれも十分にある。そ

うなってしまわないために重要なのは、観光客となる旅行者、そして観光地となる地域の人々によるツーリズムへの参画であろう。産業からのコントロールではないツーリズムのあり方に対して、市民による参画がいかにして、またどこまで可能となるのか。こうした転換は、やはり同様に博覧会のあり方についての議論や、ミュージアムの場合にも通底するものがみられる。

## 3　万博の転換と市民参加

　19世紀半ばに始まり、20世紀の半ばにかけて各国で開催されて規模を拡大してきた国際博覧会は、1970年に大阪で開催された日本万国博覧会で、それまでで史上最高の6420万人という来場者数となり、ひとつの頂点を迎える（その後2010年に7310万人が来場した中国・上海万博にその記録は破られた）。しかしその後は1992年のセヴィージャ（＝セビリア、スペイン）博まで20年以上の間隔が空き、さらにはパリ（1989年）、シカゴ（1992年）、ウィーンとブダペスト（1995年）といった都市で予定されていた万博の開催が相次いで中止になった。また2000年にドイツのハノーファーで開催された万博は、予想来場者数4000万人に対し、わずか1800万人の来場にとどまったのみならず、24億マルク（約1200億円）という大赤字の決算となり、大失敗との烙印を押されてしまった（町村 2005: 20-21）。またBIE（国際博覧会事務局）の承認による博覧会ではないものの、それに近い規模で開催される予定だった東京世界都市博覧会（1996年）も中止を公約に挙げた青島幸男が東京都知事に当選し、中止されてしまう。

　このように万博の存在意義に疑問を呈する風潮が世界的に高まっていた20世紀末に、BIEは1994年6月の第115回総会において、以下のような項目を含んだ決議をおこなう。それは「すべての博覧会は、現代社会の要請に応えられる今日的テーマを持たなくてはならない。テーマは、開催国とBIEの合意にもとづき、正確かつ明確に定められることとする。」（決議第1号）と、環境負荷の低減およびレガシーの利用を重視すべきとする決議第2号である（同: 41）。これ

以降の万博は、20世紀までの「国威発揚型」「開発型」であった万博は、21世紀以後「地球規模の課題とその解決の方向を示す『理念提唱型』の博覧会へと変容を遂げた」（ミラノ国際博覧会日本館基本計画策定委員会 2013: 1）といわれる。

　こうした経緯の元に開催に至ったのが2005年の愛知万博であった。当初は開催後の住宅都市開発を見込んで誘致がなされたが、開催予定地が自然の豊かな里山であり、また希少動物の生息が確認されたことで、自然環境保護を訴える反対運動が巻き起こった。これを受けて、開催の狙い自体を自然環境への負荷の低減へとシフトし、地球環境問題への取り組みを謳った博覧会へと変わっていったのである。また、愛知万博は「地球市民村」と「市民パビリオン」という2つの市民参加施設を柱とした市民参加型を強調した万博でもあった。この流れは21世紀以降の万博の中で大きな意味を持つことになるが、それについては岡田の担当する第7章で触れる。

## 4　ミュージアムが抱える今日的課題

　今日のミュージアムは、内外で大きな変化の波にさらされていると村田（2014）は指摘する。現代のミュージアムは単に空間的・地理的・経営的なものにとどまらず、「企画展の話題性やスポンサーの開拓、ブランディング手法の利用など、あらゆる手段を使って、拡張を試み」ている（同: 193）とし、同時にスペクタクル化も進行しているという。その背景には、財政事情の悪化による予算削減の影響のみならず、高度消費社会化、情報社会化の中で、これまで社会教育機関であったミュージアムに、啓蒙や教育の対象として市民を受け入れるのではなく、消費者として、また顧客として接していくことが求められる、という変化が生じているからだとされる。

　また20世紀末から世界的に広がった脱植民地主義の流れも重要である。「ミュージアムという施設は、植民地主義と切っても切れない」関係にあり「収

集・保存・展示・教育といったミュージアムの基本活動にはもちろんのこと、コレクション・建物（建築）・空間構成・キャプション（言語）といった、ミュージアムのあらゆる物理的な位相に埋め込まれている」（村田 2021）といわれるように根深い問題を抱えているが、先住民の権利回復運動などと軌を一にして、それらの課題をひとつひとつ解きほぐし、解決していこうという動きは確実に進んでいる。

　村田らは別の場で、ミュージアムの〈ポピュラー文化〉化についても論じている。音楽、マンガなどといったポピュラー文化の専門ミュージアムの開館や、既存の美術館等での企画展の開催が近年増加している。この流れは「ミュージアムコンテンツの〈ポピュラー文化〉化」と、「ミュージアム体験の〈ポピュラー文化〉化」という二つの側面が相互に作用しあって強化しあうことにより成立しているという（村田 2013）。そして後者のミュージアム体験の〈ポピュラー文化〉化は、来館者の「読み」の多様化、展示側から求められたものではない受け止め方へと拡大しているとされる。観覧の施設としてのミュージアムは、その確立過程において、もともと生活の場に埋め込まれて存在していた展示物としての古器旧物を、観覧者からわけ隔てる制度として成立していった。それが現代におけるミュージアムのあり方の変容を通じて、再び観覧者のもとへと引き戻されてきているのである。

　村田と同様にミュージアムをメディアととらえ、来館者の行動をコミュニケーションと位置づける光岡寿郎も1980年代以降の英国や米国における公的支出減少と、ミュージアムの娯楽産業化の進行のもとで、ミュージアムは消費の場としての性格を帯び、学習・鑑賞の場としての位置づけとの対置とは異なる捉え方が求められると指摘する（光岡 2017）。すなわちこれはミュージアム・コミュニケーションの変容であり、メディア・テクノロジーの発展にともなって、そこでは来場者と展示との相互性（interactivity）が拡大しているという。しかしながら、デジタルテクノロジーの発展と導入によるの拡大は、見かけ上は来場者の選択の幅をより広げたものの、ミュージアムの運営主体でもある統治機構に

よって管理統制の機会も提供されるようになったという問題も指摘される（光岡 2017: 247-250）。

## 5　参加型実践による地域の再生

　以上でみてきたように、エキシビションとツーリズムの現在においては、展示の観覧者あるいはサービスの受け手としての観光者は、単なる受け手としてだけでなく、その内容に関わっていく存在としての位置づけを強めてきたといえる。そうした流れは同時に、オーバーツーリズムによる負荷を地域にかけないような観光のあり方を模索したり、閉幕後のレガシーを残す博覧会を目指していたり、限られたリソースを有効に使って持続可能な施設としての存続をはかるミュージアムであったりと、地域のなかで持続可能な形態を模索するさまざまな動きとしてとらえることができる。観光におけるコミュニティ・ツーリズムや「観光まちづくり」などはその具体例といえるだろう。

　近年注目されるワーケーション（workation）も、ツーリズムの新たな動きと位置づけることが可能である。ワーケーションとは2010年代半ばごろから、モバイルコンピューティングを活用してノマドワークを実践するフリーランサーやIT業界に勤務する者の間から広まっていった、仕事（work）と余暇（vacation）を融合し、重ね合わせた実践である（松下 2019: 170）。日本では、いわゆる働きかた改革の流れの一環として、どちらかといえば企業や自治体が先導してきた傾向があるものの、もともと欧米のリゾート地ではノマドワーカーたちが自主的なコミュニティとして立ち上げてきた背景を持つことを、松下慶太はフィールドワークを踏まえて指摘している。

　注目される動向としては、ダークツーリズムも挙げられるだろう。ダークツーリズムに関する詳細な議論は古賀広志の担当する第3章に委ねるが、この領域における日本での嚆矢の一人である井出明は「戦争や災害をはじめとする人類の悲しみの記憶を巡る旅である」（井出 2018a: 20）と定義する一方で、そこに

は近代社会の構造的な矛盾をとらえなおすという問題意識が共有されている必要がある（井出 2018b）とも述べている。おのずとそこには地域についての学びや、課題の解決へと導かれる道が用意されている、あるいはされているべきであるといえる。

　マスツーリズムからオルタナティヴ・ツーリズムへのシフトは、今日のようなツーリズムの多種多様な展開を一層すすめることにつながったといえる。しかしそれぞれのジャンルのツーリズムはかならずしも重なり合ったり、結びついたりしているわけではない。これに対して菊池映輝らの提唱する「メタ観光」は、位置情報サービスとデジタル端末を用いて観光体験の多重化を目論んだ概念である。その定義は「GPSおよびGISにより位置情報を活用し、ある場所が本来有していた歴史的・文化的文脈に加え、複数のメタレベル情報をICTにより付与することで、多層的な観光的価値や魅力を一体的に運用する観光」（一般社団法人 メタ観光推進機構 2021）とされる。

　従来の観光の捉え方では、観光のさまざまな形態それぞれにカテゴリーが分かれており、実際の場所にはそうした観光の多様な形態が重層的に重なっている。ヘリテージツーリズム、エコツーリズム、コンテンツツーリズム、ダークツーリズム等々、さまざまなジャンルのひとつひとつをレイヤーとして位置づけ、その重なりを観光として体験するものがメタ観光だとする（菊池 2020）。メタ観光は、このレイヤーを切り離すことなく、一体的にとらえることにより、個別のレイヤーだけからでは見通せなかった問題や可能性を見いだすことができるというのである（菊池 2020）。菊池らの立ち上げた「メタ観光推進機構」では、ワークショップやセミナーを開催して、専門家、アーティストに加えて、地元住民も交えたメタ観光のデザインを考える場を設けている。消費型のマスツーリズムのもたらす問題を乗り越える試みの一つであり、送り手のもたらす観光だけでなく、観光する者からも観光のあり方を考えてみようとする。

　COVID-19によるパンデミック（いわゆるコロナ禍）以降は、感染防止のための移動制限や自粛のために叶わなくなった実際の観光旅行に代わって、ビデオ

会議システムや動画サイトを利用したオンライン・ツーリズムが観光業界など
で取り入れられた。その事例を研究した鈴木謙介は、利用者のコミットメント
を増大させ、相互作用性や実演性を高めていく様子が示されている（鈴木 2021）。
これも参加的実践の流れのエッジとみることができるだろう。

　メディアの革新にともなう文化変容について、メディア文化をカルチュラル
スタディーズの視点から論じたジェンキンズは、メディアユーザーたちの参画
による集合知や二次創作が花開くポピュラーカルチャーの状況を「Convergence
Culture」（融合文化）と位置づけたが（Jenkins 2006＝邦訳 2021）、エキシビショ
ンとツーリズムの領域においても、その流れは確実に広がっている。しかしそ
れはテクノロジーの革新によって実現が容易になるというものでもなく、適切
なファシリテーションが必要であることも確かである。

　ミュージアムエデュケーターを称する会田大也がキュレーターを務めた「あ
いちトリエンナーレ2019」のラーニングプログラムの試みは、この参加のかた
ちのデザインやファシリテーションがいかに重要であるかを示してくれる。「来
場者の思考をいかにアクティヴにできるか」とのねらいで立てられたプログラ
ムは、アートに触れた来場者から、いかにして創造的な反応を導き出すかとい
う課題に取り組んだ試みとなっていた。各会場に設けられたワークショップ（＝
工房）では、ボランティアのサポートのもとで、来場者が気軽に参加し、また
創造的な体験のできるプログラムがさまざまな形で用意されていた（図3、図
4）。

　会田は「自らの手応えを感じながら、アートからの刺激を自分なりの表現へ
とつなげることが、当たり前の環境としてアートの傍らにある状態」を目指し
た（会田監修 2020: 40）と振り返っている。彼はまた、「ボランティアというの
は無料の労働力ではなく、自らの時間を費やしてもトリエンナーレに関わりた
いと考えてくれている貴重な仲間であり、地域の文化を支えるかけがえのない
サポーターと言える。これだけ多くのサポーターがいることは大変心強く、ま
たトリエンナーレが終了した後にもこの地域の文化基盤を支える重要な役割を

図 3

図 4

図 3・4　あいちトリエンナーレ 2019
「アート・プレイグラウンド　つくる CREATE」会場の様子

担ってくれることとなるだろう」（同: 39）とも述べており、地域への持続的な
貢献を強く意識していたことが示される。

　展示に新しいデバイスを導入する一方で、リサーチも重視することでの可能
性を示すものとしては、ファンデルドゥース瑠璃が広島のピースツーリズムに
おける試みの事例を踏まえながら論じている。そこでは、VRやARのテクノロ
ジーの活用は、技術先行型で導入されると、対象が商品化され、興味本位の観

光の対象として位置づけられるおそれがあると指摘される。しかしながら、歴史的事実についての緻密な研究とフィールドワークを重ねつつ実証されてきた知識や経験に根差すことで豊かで信頼性に富むコンテンツが形成され、「当事者性」を獲得することによって、「学ぶ」観光に寄与できるとされる（ファンデルドゥース瑠璃 2021: 257-258）。

　以上の事例からうかがえることは、エキシビションとツーリズムを地域の再生へと具体的に結びつけていくためには、ただ当事者に参加を促していけばよいというわけではなく、周到なリサーチや、参加する対象と当事者を媒介するファシリテーションが重要であるという点である。その可能性としては、「関係人口」と称されるような存在を生み出すことがひとつの方策となり得よう。現在の日本においての全国的な人口減少の危機にあることを前提に、その対応策としては、定住人口を増やすことでもなく、従来型の観光による交流人口を増やすのでもない、「関係人口」の拡大という方向性が挙げられている。「関係人口」とは「特定の地域に継続的に関心を持ち、関わるよそ者」と定義される（田中輝美 2021: 77）。経済的利益に基づく企業の関与や、ふるさと納税などのような利益に動機づけられた行動とは異なり、またボランティア活動のような一時的な関心でもない、あくまでも継続的な関係性の構築という点が重要である。博覧会やミュージアムの来場者、新しい観光のかたちに参画するツーリストたちは、それぞれの対象に深く関与しつつ、当該地域の将来に向けて貢献できる存在となるはずだ。限られたリソースを生かしつつ、エキシビションとツーリズムの連関をベースとした地域の再生には、こうした存在を実装していくことが求められるといえるだろう[1]。

---

1）関係人口拡大につながる地域博物館の取り組みについては、松本編（2023）が各地の実践を紹介している。

# 6 ツーリズムの脱構築に向けて

　ここまで、近代ツーリズムの成立と現代におけるその転回について、参加度の拡大と関係形成という観点からミュージアムや博覧会のあり方の変化に目を向けつつ、捉え直してきた。観光研究、とりわけ観光社会学において、こうした潮流はJ. アーリに代表されるように「ポストモダン化」という括りの中で論じられてきた（Urry 2011＝邦訳 2014: 153）。しかし本書では、その定義もさまざまで一筋縄では扱いきれない「ポストモダン」ではなく、ツーリズムを表象と語りと実践の構築物として考える立場から、ツーリズムの「脱構築」（deconstruction）として多面的な考察を深めていくことを目指す。すなわち、近代以降のツーリズムの問題をただ解体（destruction）するのではなく、再構築（reconstruction）するのでもなく、「脱構築」していこうとするものである。以下の章では、各々の執筆者が焦点を当てた領域で、語りとモノの記憶の継承という課題を軸に、ツーリズムを地域の持続的発展にどのように繋ぐことができるか考察を進めていく。

　まず、第1部では地域の語りをめぐる力学を、地域の博物館や語り部の抱える課題から考える。

　第1章で村田麻里子は、観光における「遺産化」という大きな潮流のなかで、日本の博物館のあり方が大きな変化を余儀なくされていることを示す。「世界遺産」を筆頭としてグローバルに進んでゆく「遺産化」のひとつの側面に、博物館展示を物語のフレームに落とし込んでいくという作用が働く。他方、博物館の維持管理運営に関する学問領域である博物館学では、観光に直接向かい合うということが避けられてきた。しかし、地域の多様な当事者がどのように物語るか、ということを博物館が避けて通れなくなっている。そこにはミュージアムの表象と語り、およびその変容と課題が横たわっている。そうした中で、新たなツーリズムについてミュージアムを通じてどのように構築できるかがカギを握っているといえるだろう。

　第2章では小川明子が日本各地で盛んにおこなわれている「語り部」をとり
あげる。本来の意味としては口承による記録を伝える古代の役職の「語部」で
あり、その意味での語り部は「伝承の語り部」である。しかしながら、戦争や
災害など過去の重大な出来事などについて語る「体験の語り部」が日本のとり
わけ1990年代に急速に認知が進んだ。欧州の観光施設のガイドが抑制的で感情
を排した役割に徹するのに対し、日本の語り部は想いや感情を表出する。こう
した独特のコミュニケーション様式の成立には、広島と長崎を中心に修学旅行
を平和教育の場とするパッケージツアーの形成が大きく関わってきた。しかし、
さらに時代を経る中で、実際の体験者も減少し、戦争体験にふれる側の児童生
徒の知識や環境とのギャップも拡大し、理解を得ることの困難さが増大するこ
とで、語り部のコミュニケーションが従来のようには成立しがたくなっている。
「体験の語り部」から再び「伝承の語り部」に回帰していかざるを得ないなかで
は、語りを聴く側が一方的に語りを受け止めるのではなく、どのように対話の
場を共有するかという点に、「語り部」の課題と可能性があるとされる。

　続く第2部の3つの章は、具体的な地域にそれぞれ焦点を当て、語りのあり
方を考察するものである。

　第3章で古賀広志は、大阪の街の負の部分の縮図とも言える釜ヶ崎を、あえ
て観光の対象、しかもダークツーリズムの対象とすることにより、ツーリズム
の可能性を再検討するものである。対象地の分析に先立ち、ダークツーリズム
経験が内包するもの、そして観光する主体にもたらす影響や意義に至るまで詳
細な検討がおこなわれる。本文中でも自身が言及する通り、古賀のアプローチ
に対する批判はこれまでも少なからずあるが、この試みがツーリズムのまさに
脱構築となっていることがわかる。

　なおこの章においては、ダークツーリズムの概念およびその内包する行為の
みならず、ツーリズム／観光の概念についても詳細に検討されているので、読
者はまずこの章から読み始めるのも良いかもしれない。

　第4章で松山秀明は、映像のツーリズムの題材として繰り返し取り上げられ

てきた水俣に注目する。実際の所は今でもツーリズムとは縁遠いように思える
この土地が、それほど映像製作者を虜にするのは何故なのか？ 実際に訪れて
みて実感する風景の美しさ、それだけでなく、水俣を描いた映像を見たものが、
自ら水俣を映像化し、さらにそれが新たな映像を生む連鎖が繰り返されてきた。
まさに「ミナマタ」は映像によって語り継がれてきた土地であり、また災厄な
のであった。

　第5章では劉雪雁が日本を代表する観光地である京都の嵐山をとりあげる。
古代より歌に詠まれ、名勝の地として知られてきたが、第二次大戦後以降はマ
スツーリズムに翻弄されてきた。1970年代の雑誌メディア、80〜90年代のテレ
ビ、2000年代〜2010年代のインターネット、そしてSNSと、メディアの変遷に
伴ってそれぞれの時代で拡散されるイメージが嵐山に観光客を引きつけてきた
のかが示される。その一方で、住民たち自身をはじめとして、地域の当事者た
ちはどのように対峙してきたのか。またどう変わろうとしているのか。嵐山の
山林は、実は近代以降景観を意識しつつ計画的に植林されてきたものである。
そこには地元の保全団体が大きく関わってきたが、2000年代以降の外国からの
観光客の増加のなかで、相手国のバックグラウンドを理解しつつ、交流と理解
を深めることも、積極的におこなってきたことが示される。これらさまざまの
実践が、今後のまちづくりに活かされ、単なる消費ではない持続可能な観光へ
とつながりうることが示唆される。

　最後の第3部は、博覧会の表象と語りが都市の近代化と発展にどう寄与して
きたか、そしてどのような展開の可能性があるのか、またその際の課題は何か、
という観点から論じていく。

　第6章で中江桂子は長野県の松本周辺地域を取り上げ、近代化〜現代化の波
で消滅の危機にあった文化が、ある地域の中でどのように再生し、地域のブラ
ンディングにつながっていったかという事例として捉え直す。松本城の保存を
目指して開催された松本博覧会を端緒とし、日露戦争というナショナルイベン
トに合わせたミュージアムの開設を経て、さまざまな市井の人々とその活動に

よって支えられてきた。そして民藝運動が松本で展開する中で生まれたいくつかの施設を核として、人々は運動を支えてきた。松本はまた音楽の盛んな場所でもある。その発端となった音楽教育の広がりと、楽器製造の地場産業化、そして音楽祭の招致へと続く音楽都市の醸成の過程について詳細に語られる。

そして、それらの動きがつねに住民の自主的な活動から始まってきたなかで、「博物館都市」としての「まるごと博物館」へと至る蓄積へとつながってきたことが示される。

最後の第7章では、岡田が万博の市民参加の変遷とデジタルな語りの広がりから、21世紀の万博における市民参加とデジタルメディアの発展によるインタラクティヴィティの拡大でレガシーのあり方に生じたことについて論じ、2025年に予定されている大阪・関西万博の課題について考える。

## おわりに

なお本書は、2019〜2022年度の関西大学経済・政治研究所「エキシビションとツーリズム」研究班（テーマ名「グローバリゼーションのもとでの地域の持続的発展に貢献しうるイベントとツーリズムに関する調査研究」）の研究成果によるものである。研究期間中、われわれ研究班はコロナ禍の中でありながらも最大限の注意を払いつつ、国内外の各地へと足を運び、議論を重ねた。それゆえ以下の各章、とりわけ第2部以降はそれぞれの章が取り上げた対象についての詳細で興味深いツアーガイドともなっている。読者の方々はそれぞれの議論をたどるだけでなく、フィールド調査の様子にも思いをめぐらせつつご覧頂くと、また違った楽しみ方ができるかもしれない。

また、研究の遂行と本書の上梓に当たっては、当時研究所長を務めておられた宇惠勝也先生、そして研究所事務グループの奈須智子さんをはじめとするスタッフのみなさんには多大なご尽力を頂いた。加えて、装丁については磯優子さんに素敵なデザインをご提供頂いた。それ以外にも、研究班としての調査活

動等で多くの方々のご協力によってできあがった本であることについては、この場をお借りして心から感謝を申し上げたい。

## 【参考文献】

会田大也監修　2020『あいちトリエンナーレ2019ラーニング記録集』あいちトリエンナーレ実行委員会。

Boorstin Daniel, 1962, *The Image; or, What Happened to the American Dream*, (星野郁美・後藤和彦訳　1964『幻影の時代——マスコミが製造する事実』東京創元社)。

Brendon, P., 1991, *Thomas Cook: 150 years of popular tourism*, (石井昭夫訳　1995『トマス・クック物語——近代ツーリズムの創始者』中央公論社)。

千田善　2006『ワールドカップの世界史』みすず書房。

Elliott, A and Urry, J., 2010, *Mobile Lives*, Oxon: Routledge, (遠藤英樹監訳　2016『モバイル・ライブズ——移動が社会を変える』ミネルヴァ書房)。

Fielding, J.E. & Pelle, K.D. eds., 2008, *Encyclopedia of World's Fairs and Expositions*, McFarland

橋本和也　2019「オルタナティブ・ツーリズムの現在——地域のためになる観光を実現するには」遠藤英樹・橋本和也・神田孝治編著『現代観光学——ツーリズムから「今」が見える』新曜社、158-163頁。

井出明　2018a『ダークツーリズム——悲しみの記憶を巡る旅』幻冬舎。

―――　2018b『ダークツーリズム拡張——近代の再構築』美術出版社。

Jenkins, H., 2006, *Convergence Culture: Where Old and New Media Collide*, (渡部宏樹・北村紗衣・阿部康人訳　2021『コンヴァージェンス・カルチャー——ファンとメディアがつくる参加型文化』晶文社)。

ジュリア・カセム他編　2014『インクルーシブ・デザイン——社会の問題を解決する参加型デザイン』学芸出版社。

観光庁　2017「観光立国推進基本計画」(https://www.mlit.go.jp/common/001177992.pdf)。

菊地映輝　2020, 情報社会における観光は「メタ観光」で捉えよう, GLOCOM OPINION PAPER No.33(20-004), 国際大学グローバル・コミュニケーション・センター, https://www.glocom.ac.jp/publicity/opinion/6174。

桑田政美　2017『博覧会と観光——復興と地域創生のための観光戦略』日本評論社。

MacAloon, John J., 1981, *Pierre de Coubertin and the Origins of the Modern Olympic Games*, The University of Chicago Press, Illinois, (柴田元幸・菅原克也訳　1988『オリンピックと近代——評伝クーベルタン』平凡社)。

町村敬志　2005「メガ・イベントのグローバル・ローカル政治——国際機関・グローバル企業・地域社会」町村・吉見編『市民参加型社会とは——愛知万博計画過程と公共圏の再創

造』有斐閣　19-74頁。

松本恭幸編　2023『市民が育む持続可能な地域づくり──地域メディアの役割と文化拠点としてのミュージアム』同時代社。

松下慶太　2019『モバイルメディア時代の働き方──拡散するオフィス、集うノマドワーカー』勁草書房。

一般社団法人　メタ観光推進機構　2021「メタ観光とは」　https://metatourism.jp/metatourism/。

ミラノ国際博覧会日本館基本計画策定委員会（2013）「2015年ミラノ国際博覧会　日本館基本計画」（http://www.meti.go.jp/press/2013/04/20130404001/20130404001-3.pdf）。

村田麻里子　2013「ミュージアムから考える」石田佐恵子・村田麻里子・山中千恵編著『ポピュラー文化ミュージアム──文化の収集・共有・消費』ミネルヴァ書房、3-23頁。

─────　2014『思想としてのミュージアム──ものと空間のメディア論』人文書院。

─────　2021「ミュージアムの展示における脱植民地化──『コロニアル・テクノロジー』を脱構築する手法の検討」関西大学『社会学部紀要』第53巻第1号，141-167頁。

光岡寿郎　2017『変貌するミュージアムコミュニケーション──来館者と展示空間をめぐるメディア論的想像力』せりか書房。

鈴木謙介　2021「オンライン・ツーリズムと観光体験」山田義裕・岡本亮輔編『いま私たちをつなぐもの──拡張現実時代の観光とメディア』弘文堂。

田中輝美　2021『関係人口の社会学──人口減少時代の地域再生』大阪大学出版会。

Urry, J., and J. Larsen, 2011, *The Tourist Gaze*, Sage（加太宏邦訳　2014『観光へのまなざし（増補改訂版）』法政大学出版局）。

Urry, J., 2000, *Sociology Beyond Societies: Mobilities for the Twenty-first Century*, Routledge,（吉原直樹監訳　2015『社会を越える社会学──移動・環境・シチズンシップ』〈改装版〉法政大学出版局）。

ファンデルドゥース瑠璃　2021「仮想・拡張現実空間のピースツーリズムと当事者性」山田義裕・岡本亮輔編『いま私たちをつなぐもの──拡張現実時代の観光とメディア』弘文堂　236-259頁。

World Tourism Organization (UNWTO), 2021, Global Code of Ethics for Tourism, 国連世界観光機関駐日事務所訳『世界観光倫理憲章および関連文書』国連世界観光機関、2021年。

吉見俊哉　2010『博覧会の政治学──まなざしの近代』講談社。

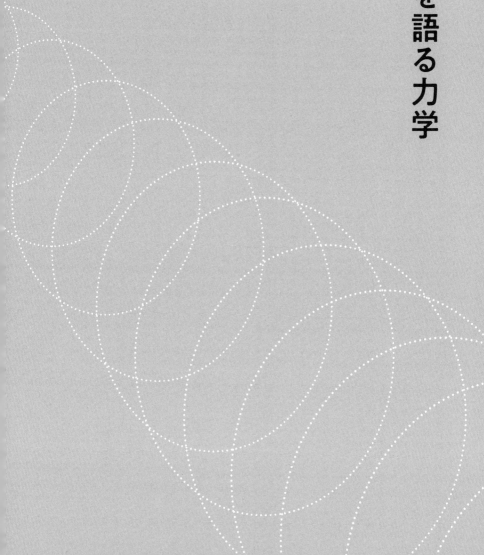

第1部

地域を語る力学

# 第1章　ツーリズム時代の地域の博物館
## ——遺産化といかに向き合うか

村　田　麻里子

## 1　はじめに

　この章では、ツーリズムの時代に地域の博物館が置かれた状況や位置について、とりわけ近年の「遺産化（heritagisation）」（Walsh 1992）の力学との関係から描き出すことを目的とする。日本の博物館界[1]は、これまで観光に対して一貫して消極的な態度を取り、観光客について正面から考えることを避けてきた。しかし、周知のように、既に「観光立国」への舵が切られ、現在、日本の各地で地域振興や観光客の誘致を目指す施策が急速に動き出している。とりわけ、文化財や文化遺産[2]の「認定」に向けた動きや、それがもたらす地域の表象の変化は、文化財を扱う／扱わない博物館の地域における立ち位置に、大きな変化をもたらしつつある。それは果たしてどのような変化なのか。ツーリズムを促す施策の数々が地域に起こす地殻変動のなかで、博物館は今後どのように地域メディアとしての役割を果たしていくのだろうか。

　まずは観光客を等閑視してきた博物館界が、近年の観光立国構想に対してどのような反応を示しているのかをみる。次に、世界遺産というグローバルで強

---

1) ここでは、博物館関係者、博物館学研究者、博物館の協会・学会関係者などによりゆるやかに形成されている集団性と、その言論空間を総称してこのように呼ぶ。

2) 近年、長年使われてきた「文化財（cultural property）」という言葉が「文化遺産（cultural heritage）」という言葉に置き換わりつつあり、これにより、ポピュラー文化や無形文化、あるいは歴史的に重要な出来事と関わりを持つ施設、建物、場所等を含んだ、より広い枠組みで捉えるようになった。本稿では、状況に応じてよりニュアンスの近い方を使う。

力な遺産化の力学を背景にして地域の観光に実質的に影響を及ぼしている、「日本遺産」という遺産化プロジェクトに着目し、この枠組みが博物館にどのような影響を与えているのかを考察する。結論から言えば、遺産化の力学は、一方では博物館に対する囲い込みを強化し、もう一方では、その存在自体を周縁化したり、無化したりする。こうした権力作用を踏まえたうえで、最後に、博物館がなぜ観光に背を向けてきたのかを分析するとともに、今後はむしろ主体的に観光や観光客に向き合うべき理由をあきらかにする。

　なお、本稿では、主に市区町村立（と県立）の公立博物館と、その土地にある私立博物館を想定しながら記述を進めるが、厳密な線は敢えて引かず、観光客がその地域を訪れた際に行くことのできる博物館（美術館、記念館、資料館等も含む）を「地域の博物館」と総称している。博物館の専門家にとっては、館の規模や、館種、運営主体、管理者によって運営実態や財政事情が異なることは重要であるが、一般の来館者にとっては、そうした切り分けにはあまり意味がないからである。これまで地域の博物館は、地域博物館、地方博物館、郷土博物館、郷土資料館などと呼ばれ、研究者によって意味づけや切り分けがさまざまに試みられてきた[3]。これらの一連の切り分けのなかで議論されるのは、コレクションの性質や、地域住民の参加の仕方の違いだが、最終的には誰もが了解するような明確な定義はない。ただ、いずれも全国や中央に対しての地方や地域というニュアンスがある。中でも郷土博物館や郷土資料館は、その名の通り郷土性を意識した呼び名で、多くはその土地で使われていた民俗資料等を展示している。また市区町村立や県立の博物館はそれぞれの単位で、地域の歴史・文化・産業・祭事・宗教などを扱っている。

---

3) 詳細は布谷 2003 を参照されたい。

## 2　博物館界における観光の等閑視と、「観光立国」の余波

　観光は近代の産物である。しかし、無視できない存在となったのは、社会が脱工業化し、製造業よりもサービス業や情報産業の比重が格段に高まった現代においてである。もはやどの国も、どの地域も、観光（産業）を蔑ろにすることはできない。国内外から訪れる観光客の存在と、彼らの移動・滞在に伴う消費活動は、いまやすべての地域にとって重要な資源である。それらに応えるべく、地域が自らの地域性を固有のものとして枠付け、それらを外部の人に見える形で魅力的に提示すること（＝プレゼンテーション）が求められている。各自治体はそれぞれのやり方で、その土地ならではの食、風景、歴史、文化施設等の情報を束ねて、パンフレット、ウェブページ、SNS等で観光客にアピールする。そのなかで、本稿の主題となる博物館もその重要な一翼を担う。

　それぞれの地域にある博物館は、観光客にとってその土地を知るためのメディアとしての役割を果たす。来館した観光客は、博物館の資料や語りを通して、その地域の情報を得ることが出来る。現在、日本には約5,800館の博物館がある[4]。これはアメリカとドイツに次いで世界で3番目の多さを誇るうえ[5]、国土面積から考えると相当な数であるといえる。これらの多くは、戦後、特に1960年代後半以降につくられたものであるが、各自治体が競うように博物館を設立した結果、小さな市区町村に至るまで、全国各地の隅々にまで行きわたっている[6]。したがって、観光地を訪れれば、そこには博物館と呼べる施設がほぼ確実にあ

---

4) 文化庁のホームページでは2023年現在、5,771館となっている（令和3年度文部科学省社会教育調査中間報告）。把握し切れていない博物館を含めるともっと多い。
5) 数え方にもよるために順位はあくまで目安であるが、以下の2つのサイトで、米国、ドイツ、日本という順位になっている。James Spillane（2013）"Global Museum Attendance has Doubled in the Last Two Decades", Business 2 Community（https://www.business2community.com/travel-leisure/global-museum-attendance-doubled-last-two-decades-0726456）／Study in Switzerland（2020）Countries with the Largest Number of Museums & Most Visited Museums（https://studyinginswitzerland.com/most-visited-museums-in-the-world/）（いずれも2023.11.1取得）
6) 詳細は村田 2014を参照されたい。

る。

　それにもかかわらず、こうした地域の博物館と観光（客）の関係について論じた研究（特に理論研究）は、きわめて少ない。観光学においては、博物館は地域の観光マップの一角を占める所与のものとして扱われ、博物館の中身や在り方には立ち入らない。一方の博物館学では、博物館という「点」しか扱っておらず、館が「面」としての地域や観光地とどのように響き合っているのかに関する関心は概して希薄である。

　加えて、公立の博物館を前提とする博物館学の議論では、観光客を主たるオーディエンスとしてほとんど想定してこなかった。地域の博物館の在り方に関する論文は膨大にあるが、それらの多くは地元の学校との連携や地域の子ども向けのワークショップ、住民との関係作りなどを扱う実践例である。近年はまちづくりもひとつのキーワードになっている。また、後述するように、地域博物館とはなにかに関する議論も一通り存在するが、ここには観光という軸は存在しない。これは、博物館という組織の日本での成り立ちに加え[7]、博物館が社会教育法を根拠とする施設で、その4分の3以上が公立館であること、そのため、自治体（市区町村や県）は市民の税金を投じる正当な理由が必要であり、地域住民の教育や彼らの参画こそがそれにあたることとも深い関係がある。

　一方で、近年、こうした博物館界における議論とは全く別の視角から、博物館が観光と接合することになった。政府の「観光立国」としての一連の施策である[8]。

　周知のように、2003年の小泉純一郎内閣総理大臣（当時）の施政方針演説をきっかけとする観光立国の構想は、2006年の観光立国推進基本法の成立と2008年の観光庁の設置を踏まえ、その実現に向けた基本計画が段階的に、そして着々

---

7）同上。
8）栗原 2018、金子 2019a、森屋 2019、石森 2020 等に詳しく整理されているが、その後も着々と施策が進められている。

と進められてきた[9]。この一連の動きは、訪日外国人の観光客を増やすために、地域の「史跡、名勝、天然記念物等の文化財、歴史的風土、優れた自然の風景地、良好な景観、温泉その他文化、産業」[10]を、観光資源として活用することを狙ったものであり、とりわけ2017年の第三次計画では、第二次でも言及されていた文化財の観光資源化がより積極的に押し出され、美術館・博物館を観光拠点とする具体的な施策も盛り込まれた（栗原 2018）。ここで文化財と博物館の観光資源化が、明文化されたといえる。

　一方、文化財や博物館に直接関わる制度を見てみても、社会教育から文化行政へと目にみえる位置の変化が起きている。2018年と2021年に文化財保護法が改正され、文化財を観光に活用する方向に大きく舵が切られた。また、2017年に成立した文化芸術基本法（旧文化芸術振興基本法）の成立を踏まえ、2022年には博物館法が従来の社会教育法のみならず文化芸術基本法の精神にも基づくことが定められた。組織の面でも大きな変化があり、博物館のすべての業務が文部科学省から文化庁に移管されたほか、文化財保護事務や博物館（などの公立社会教育施設）が教育委員会から自治体の首長部局へと移管可能となった。こうした動きのなか、博物館にも（外国人）観光客に向けて対応を促すような文言が、たびたび盛り込まれていくことになる。そして、2020年に成立した文化観光推進法では、「文化観光拠点施設」を中核とした地域の観光の推進が謳われ、地域の博物館に、地域のNPOや企業、観光協会等と連携しながら観光の拠点として活躍することを求めている。実際、申請を経て認定された施設一覧には、多くの博物館が名を連ねている[11]。さらに、2023年に出された最新の観光立

---

9）第一次計画は2007年、第二次計画は2012年、第三次計画は2017年、第四次計画は2023年。

10）観光立国基本推進法 第13条。

11）「文化資源保存活用施設の設置者」として博物館等が申請者となり、「連携する文化観光推進事業者」として複数の事業者が名を連ねる形となっている。以下では2023年9月に認定された各施設の詳細がみられる。「文化観光推進法に基づき認定した拠点計画及び地域計画」（https://www.bunka.go.jp/seisaku/bunka_gyosei/bunkakanko/92441401.html）。なお、本稿での検証はかなわないが、博物館等を主軸としたこの観光政策を今後注視していく必要があろう。

国推進基本計画（第四次）では、この文化観光推進法や博物館法にも言及する形で、博物館が「観光やまちづくり等において中核的な役割を果たす」べきことが書かれている[12]。

しかし、インバウンドを意識して、文化財や博物館を観光の資源として組み込もうとする政府の動きに対して、博物館界からは強い拒絶反応が起きた[13]。ここには社会教育施設としての強い自負を持つ博物館に対して、経済利潤に直結するサービス業のみが求めてられているかのような文言しかなかったからである。

こうした業界の違和は、2018年に林芳正文部科学大臣（当時）の諮問に応じた中央教育審議会生涯学習分科会のまとめた文章[14]にもその一端がみてとれる。そこには、博物館が「単なる観光資源でなく、その本来の役割を基本に置きつつ」（傍点は引用者）観光の場としても機能しうるが、「各博物館の目的や性格に照らした場合、経済活性化に資する事業を展開することがなじまない地域博物館があることにも十分留意する必要がある」と述べられているのである。こうした文言は、博物館とは何であるかに2つの大きな前提があることを示している。ひとつは、地域博物館には、観光ではない「本来」の役割があるという

---

12) 以下のように第三次計画の文言と重なりつつも、さらに踏み込んだ内容になっている。「博物館・美術館について、夜間も文化資源に触れることができるよう、夜間開館等を推進する。また、文化観光拠点施設を中核とした地域における文化観光の推進に関する法律（令和2年法律第18号。以下「文化観光推進法」という。）等を活用し、文化施設の機能強化や地域が一体となった文化観光の推進、文化施設や文化資源の高付加価値化の促進等に取り組むほか、文化資源の活用に係るノウハウの蓄積を図る。さらに、参加・体験型プログラムをはじめとする質の高い催しの充実や適切な多言語対応・通信環境の整備等を通して、国内外の訪問者が言語・年齢・障害の有無に関係なく芸術鑑賞・創造活動ができる環境の構築に取り組むとともに、ICTの活用等による新たな観覧・鑑賞環境の充実も進める。令和4年に改正された博物館法（昭和26年法律第285号）を踏まえ、地域の博物館が、地域内や国内外の博物館との連携も含め、観光やまちづくり等において中核的な役割を果たすよう、その取組を推進する。」（39頁）

13) 岩城・高木編 2020 に代表されるように、「文化財で稼ぐ」ことへの強烈な違和感が、特に歴史系の研究者や学芸員の間で共有されているが、本稿はあくまで博物館をめぐる問題に焦点化して論じるため、この点には立ち入らない。

14) 「人口減少の時代の新しい地域づくりに向けた社会教育の振興方策について」の諮問に対する、「公立社会教育施設の所管の在り方などに関する生涯学習分科会における審議のまとめ」を指す。

こと、そして観光とは「経済活性化に資する事業を展開する」ことであり、博物館はそれとは「なじまない」ものだという前提である。

　しかし、観光を経済活性化としてのみ捉えることは、かえって観光立国政策のもつ狭隘な観光像とその方針をなぞり直し、強化することを意味する。近年の観光社会学では、観光とは実はリテラシーを必要とする高度な営みであることが指摘されている（山口他 2021）。また、東浩紀は、人類学などで「他者」「遊牧民」「まれびと」と呼ばれ、ソトからやってくる人々として概念化されてきたものを観光客という形で捉え直し、このソトからの観光客が地域を豊かにするという考え方を展開している（東 2017）[15]。観光客と住民との関係は、地域における重要な社会関係として再考されつつあり、これらの観光社会学の見地は、本来であれば博物館が積極的に目を向けるべき研究である。

　しかし、観光客について考えることが、「観光立国」という政府からの「外圧」としてかかったことが、博物館をして観光や観光客から背を向けさせることになったのは、先にみたとおりである。さらに、観光立「国」という文言からもわかるように、ここには、日本を外からまなざす海外の観光客しか視野になく、地元の住民はおろか、市民という枠組みすらも蔑ろにしていると感じさせたのである。

　こうした「不幸」な図式の結果、博物館と観光（客）の関係について正面から考える機会は、博物館界においては忌避されてきたばかりでなく、観光客を「真の」学ぶ意欲に欠けた「不真面目な」鑑賞者と捉える認識が、様々な文献の端々にみられる。たとえば博物館学者の矢島國雄は「そうした観光客の何人かから聞き取ったことから見ると、そのコレクションのうちから著名なものを確認し、自分もそれを実際にみたと確認すること、さらに驚くべきは、あの有名な博物館に自分は行ったという確認をすることであって、実際にみたはずの数々

---

15）東は、他者を大事にしろというこれまでの共通理解が通じなくなった今、観光客を大事にしろという言葉に置き換えて、そこに可能性を見いだす。とりわけダークツーリズムに参加する観光客にそうした可能性を見いだしている。

のものについては実におぼろげな記憶しかもっていないという者がかなり多かったことだ。……折角の博物館が、観光という流れの中では、しかもそれが定番化されている場合には、見方のステレオタイプ化とでもいうべき傾向を生んでしまっているということができるかもしれない」（矢島 2017: 351）と観光客の鑑賞の仕方への不満を述べている。また『観光資源としての博物館』（2016年）というタイトルの書籍のなかでさえ、博物館の観光資源化を推奨しながらも抑制するような文言が随所にみられる。ここにあるのは、観光や観光客に対する根本的な不信感である。もちろん、個々の博物館が、実際に訪れた観光客を歓迎しないわけでは決してない。また近年、博物館をまちに開いていく実践の報告も増え、教育と観光や、住民と観光客は矛盾するものではなく重なりあうものであるという指摘が少しずつ聞かれるようになってきた[16]。しかし、博物館界全体としては、観光や観光客に対するアレルギーは確実にあり、観光という言葉を前にすると、議論の扉が閉じてしまう。

　一方で、観光の重要性とともに受容が高まりつつある観光学の領域においては、博物館は当初より観光施設であることが自明視されており、そこには博物館界にみられる不審に気づく気配はない。観光学はそもそも観光客を誘致することや、観光がサービス業であることを前提として成り立っている研究である。そのため、政府の掲げる観光立国政策や遺産化を推進することが、地域振興に必ず貢献できるはずだという前提に立って議論が展開されている。

　博物館界が、観光（政策）が博物館に与える影響や、逆に博物館が観光のなかで果たしうる、経済効果に還元されない役割をきちんと捉え、理論的に考えていくことは、地域の博物館の現場にとって重要である。逆に正面から向き合わないままでいれば、それは博物館がもつ可能性をも閉ざし、逆に国の提示す

---

16)　たとえば、森屋雅幸は、これまでの地域博物館論における社会教育と観光との乖離を指摘し、それらを矛盾しないかたちで統合できる理論的な手立てを見いだそうとしている（森屋 2019）。一方、大阪自然史博物館の学芸員である佐久間大輔は、都市にある「地域の博物館」は、観光客はもちろんのこと、企業文化や産業などにも開かれているべきであることを、実際の現場の経験知として指摘している（佐久間 2021）。

る観光政策や、経済効果に矮小化された観光概念に足下を掬われることになる。観光は、いまや多くの地域を支える重要な営みでであり、地域にとって良い・悪いといった単純な二項対立で捉えることには、ほとんど意味がない。近代人は誰もがツーリストであると述べたのはマキャーネルだが（MacCanell 1999）、その近代人の観光行為を支えるために生まれた近代装置こそが、地域の博物館や、このあとに述べる文化遺産と呼ばれるものであり、その関係性や力学をしっかりと見極めていく必要がある。

## 3　地域における遺産化の力学

　現在、日本の観光立国政策の中心にあるのが、文化財、または文化遺産である。そして、博物館は、多くの文化財を収蔵している施設として、また、多くの文化遺産（場所）が博物館を併設していることから、一連の政策の影響を受けることになる。実際、ユネスコやICOM（国際博物館会議）[17]でも、博物館のコレクションの保存と活用は文化遺産とセットで論じられ、多くの博物館が、文化遺産を保存して公開する目的でつくられている。また、文化遺産と博物館は、共に「過去」を保存して収集・分類する、後期近代の欲望がつくった制度として、同じ方向性のなかで議論されてきただけでなく、実際に、双方が観光客のために「文化」をパッケージングし「展示」することで、観光の場をつくりあげてきた（Walsh 1992, Harrison 2013, 木村・森久編 2020, White 2023）。しかし、現在、日本の地域で起きている遺産化現象は、そうした博物館と文化遺産の関係にも、再考を迫るものになっている。

　観光を意識した地方自治体の多くが積極的に取り組んでいるのが文化遺産の「認定」である。この「認定」には複数の枠組みやレイヤーがあり、それらが折

---

17)　137の国が加盟する、博物館に関する国際的な非政府機関で、32の専門委員会からなる。

り重なるように、地域に遺産化のネットを張っている[18]。文化遺産で地域に観光客を呼び込む「ヘリテージ・ツーリズム（heritage tourism）」の資源となるのは、先に見たような地域の「史跡、名勝、天然記念物等の文化財、歴史的風土、優れた自然の風景地、良好な景観、温泉その他文化、産業」であるが、本稿では、とりわけ文化遺産を軸にして地域のパッケージ化を推進する、文化庁の「日本遺産」というプロジェクトについて検討し、この認定制度が博物館に及ぼす影響についてみていく。

　後述するように、この制度は世界遺産を意識してつくられたものである。そこで、まずはこのプロジェクトの背景にある世界遺産の枠組みを簡単に押さえ、それがもたらす遺産化の作用について確認しておこう。

　世界遺産は1972年にパリで開催されたユネスコ総会で採択された世界遺産条約が基盤となっている、国際的な文化遺産や自然遺産[19]を登録する制度である。条約批准国が暫定リストを作成し、そこから自国の物件を1件に絞って推薦し、現地調査と世界遺産委員会の審査を経て登録される。文化遺産に限定して話を進めると、日本は1993年の「法隆寺地域の仏教建造物」を皮切りに、順調に登録を進めており、2023年現在、20件の世界文化遺産がある。2013年以降はほぼ1年に1件の割合で登録が果たされたが、増え続ける推薦にともない、審査は年々厳しくなっている。

　世界遺産の登録にあたっては厳格な審査基準があり、暫定リストの中から国の推薦を受けることができた地域は、登録に向かって長い年月をかけて準備を進めることになる。たとえば、2018年に世界遺産に登録された「長崎と天草地方の潜伏キリシタン関連遺産」は、認定に至るまでに実に11年間の歳月がか

---

18）たとえば図1（38頁）のような日本の文化財体系に加え、本稿で扱う日本遺産や、世界遺産の影響を受けた近代化産業遺産（経済産業省）の枠組みがある。また、ユネスコの無形文化遺産、「世界の記憶」など複数の遺産化を目指しているほか、世界遺産登録や地域の文化遺産活用を推進する事業も複数ある。

19）正確には文化遺産、自然遺産、複合遺産の3種類がある。

かっているが、この過程は、天草市が出した冊子[20]にまとめられている。そこから、世界遺産が地域に与える影響力の大きさが伺える。

　たとえば、冊子冒頭の天草市長の挨拶文には、「……国内推薦候補の決定やユネスコの諮問機関イコモスの現地調査、中間報告に伴う推薦書の取り下げにより、世界遺産としての普遍的価値を見直す必要が生じるなどの紆余曲折を経験し、世界遺産登録の難しさを改めて感じた」[21]とある[22]。さらに、天草市文化的景観整備管理委員会の委員をしていた熊本大学准教授の、「2度目の挫折、さすがに地域住民も市役所の方々も疲労感が漂って」[23]いたという言葉が紹介されており、地域が長きにわたって世界遺産登録に向けて奮闘し、消耗してきた様子が伝わってくる。

　また、以下の長崎県知事の挨拶文にあるように、登録を目指す過程で、全体の構成や、施設名称を変更することを迫られたことがわかる。

　　「……各国の推薦枠の制限や国内における他の遺産との競合、さらには、イコモス（国際記念物遺跡会議）の厳しい中間報告を受けて構成資産の見直しや資産名称の変更を余儀なくされるなど、幾多の曲折を経てまいりました。」[24]

　すなわち、どのようなストーリーをつくるかによって、入るものと入らない

---

20）天草市文化課（2020）『天草の崎津集落　世界文化遺産登録までのあゆみ』。

21）中村五木「ご挨拶」1頁。

22）登録に向けた地域の動きは、もとは長崎の教会群世界遺産にすることを目指した市民運動に端を発している。2007年に日本のユネスコ世界遺産暫定リストに載り、地元で推薦書原案の作成を進めて提出するが、競争の結果、結局2012年には群馬県の「富岡製糸場と絹産業遺産群」が、2013年には、「明治日本の産業革命遺産」が国から推薦されることになった。2014年には日本からの推薦遺産に選ばれるが、2015年のイコモスの現地調査の結果が厳しいものとなり、2016年に日本政府が崎津集落を含むキリスト教会群を、候補リストから取り下げた。

23）田中尚人「天草らしい営みを続けて」17頁。

24）中村法道「発刊に寄せて」3頁。

ものが切り分けられていくのはもちろんのこと、つくられるストーリーのほう
にあわせて、これまで使われてきた名称の変更まで行われているのである。こ
のように、地域の多様な文化を「潜伏キリシタン関連遺産」というひとつの物
語で束ねていくような遺産化の強力な力学を、小川伸彦は「〈名づけ〉の暴力」
と呼ぶ（小川 2020）。それは「地域ごとの文化への独自の意味づけや呼称に文
化財保護の語彙が押し被せられ、それが自然だったかのような認識枠の変化が
受けいれられる」（小川 2020: 16）過程に他ならない。そのなかで、「異なるジャ
ンル間にある大きな差異を無化する同列視と、似て非なるものを混ぜ合わせる
細かい同列視」（同: 15）という 2 種類の作用が働き、結果として、地域全体が
均質な物語で画一的に語られるようになっていくという。このように、地域の
「遺産化」とは、文化を序列化したり、差異を均質化したりすることで管理する
システムに、地域が組み込まれていくことを意味するということを、まずは確
認しておきたい。

## 4　日本遺産と博物館

　ここからは、日本遺産の枠組と、それが地域の博物館にもたらす影響につい
て、先の世界遺産を念頭におきながらみていこう。
　先述したように、日本には、現在20件の世界文化遺産がある。たとえば直近
10年に登録されたものを並べてみると、「富士山 —— 信仰の対象と芸術の源泉
（静岡県、山梨県 2013 年）、「富岡製糸場と絹産業遺産群」（群馬県 2014 年）「明
治日本の産業革命遺産 —— 製鉄・製鋼、造船、石炭産業」（岩手県・静岡県・山
口県・福岡県・熊本県・佐賀県・長崎県・鹿児島県 2015 年）、「『神宿る島』宗像・
沖ノ島と関連遺産群」（福岡県 2017 年）、「長崎と天草地方の潜伏キリシタン関
連遺産」（長崎県・熊本県 2018 年）、「百舌鳥・古市古墳群 —— 古代日本の墳墓
群」（大阪府 2019 年）、「北海道・北東北の縄文遺跡群」（北海道・青森県・岩手

県・秋田県 2021年）となっている[25]。このように、関連する複数の遺産群を束
ねた登録は、「姫路城」（兵庫県 1993年）や「原爆ドーム」（広島県 1996年）の
ように、ひとつの建造物や場所を登録するかたちのそれとは大きく異なってい
る。中でも、「明治日本の産業革命遺産」や、「北海道・北東北の縄文遺跡群」
のように、地理的につながっていないが共通の歴史等をもつような地域の遺産
を束ねたものは「シリアル・ノミネーション」や「シリアル・プロパティ」と
呼ばれ、世界的に増えている[26]。

　こうしたことを背景に日本政府が2015年につくったのが、日本遺産という枠
組みである。当初は世界遺産への推薦候補をリスト化することを意識したもの
だったが、観光立国構想の中で、インバウンドや地域振興を目的とする、より
広範なリストとして位置づけられるようになった。日本遺産のホームページに
よると、従来の日本の文化財行政（図1）が、国宝・重要文化財、無形文化財、
民俗文化財、史跡・名勝、といった個々の文化財を対象にしていたのに対して、
日本遺産はそれらをパッケージ化して一体としてPRすることで、地域の活性化
につなげることができるという。認定されれば、文化資源活用事業補助金や観
光振興事業費補助金等、さまざまな種類の補助金[27]が受けられる仕組みになっ
ており、各地域は、世界遺産の前にまずはこの日本遺産の認定を目指すように
なった[28]。

　2023年現在、日本遺産には104件のストーリーが登録されている。それぞれ、

25) これらに加え、「ル・コルビジェの建築作品――近代建築運動への顕著な貢献」（2016年）は日本、
　　フランス、アルゼンチン、ベルギー、ドイツ、インド、スイスをまたぐもので、日本の国立西洋美
　　術館本館（東京都）が構成群に入っている。
26) ICOMOSの報告によると、国を超えたものや、多数の資産が関わる複雑なもののノミネート数が顕
　　著に増加しているという（たとえば東アジアから地中海に至るシルクロード沿いの遺跡など）。
　　https://openarchive.icomos.org/id/eprint/3061/（2023.11.1取得）
27) 文化庁ホームページ「日本遺産関連　補助事業等のご案内」を参照されたい。
　　https://www.bunka.go.jp/seisaku/bunkazai/nihon_isan/2020080501.html（2023.11.1取得）
28) 文化庁は、日本遺産の各ストーリーに対して6年に一度総括評価を行い、集客効果や地域への経済
　　効果、住民の文化財への誇りなどを数値（増加率）として示すことを求めている。遺産化の力学
　　は、日本遺産の認定を受けた地域に、強力な作用をもたらすことがわかる。

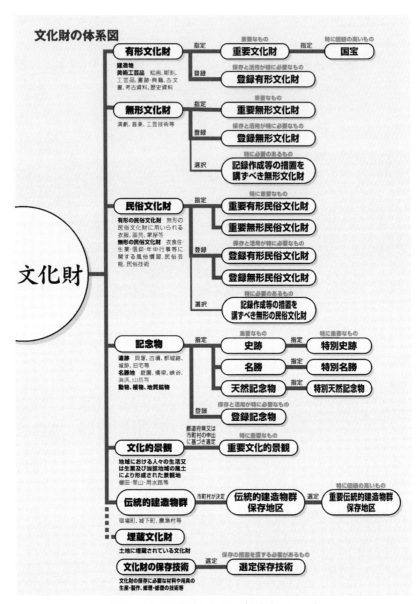

## 文化財の体系図

**有形文化財**
建造物
美術工芸品 絵画、彫刻、工芸品、書跡・典籍、古文書、考古資料、歴史資料

指定 → 重要なもの → **重要文化財** → 指定 → 特に価値の高いもの → **国宝**
登録 → 保存と活用が特に必要なもの → **登録有形文化財**

**無形文化財**
演劇、音楽、工芸技術等

指定 → 重要なもの → **重要無形文化財**
登録 → 保存と活用が特に必要なもの → **登録無形文化財**
選択 → 特に必要のあるもの → **記録作成等の措置を講ずべき無形文化財**

**民俗文化財**
有形の民俗文化財 無形の民俗文化財に用いられる衣服、器具、家屋等
無形の民俗文化財 衣食住・生業・信仰・年中行事等に関する風俗慣習、民俗芸能、民俗技術

指定 → 特に重要なもの → **重要有形民俗文化財**
**重要無形民俗文化財**
登録 → 保存と活用が特に必要なもの → **登録有形民俗文化財**
**登録無形民俗文化財**
選択 → 特に必要のあるもの → **記録作成等の措置を講ずべき無形の民俗文化財**

**記念物**
遺跡 貝塚、古墳、都城跡、城跡、旧宅等
名勝地 庭園、橋梁、峡谷、海浜、山岳等
動物、植物、地質鉱物

指定 → 重要なもの → **史跡** → 指定 → 特に重要なもの → **特別史跡**
**名勝** → 指定 → **特別名勝**
**天然記念物** → 指定 → **特別天然記念物**
登録 → 保存と活用が特に必要なもの → **登録記念物**

**文化的景観**
地域における人々の生活又は生業及び当該地域の風土により形成された景観地
棚田・里山・用水路等

都道府県又は市町村の申出に基づき選定 → 特に重要なもの → **重要文化的景観**

**伝統的建造物群**
宿場町、城下町、農漁村等

市町村が決定 → **伝統的建造物群保存地区** → 選定 → 特に価値の高いもの → **重要伝統的建造物群保存地区**

**埋蔵文化財**
土地に埋蔵されている文化財

**文化財の保存技術**
文化財の保存に必要な材料や用具の生産・製作、修理・修復の技術等

選定 → 保存の措置を講ずる必要があるもの → **選定保存技術**

文化財

図1　日本の文化財の体系図（文化庁 HP より）

全体を束ねるストーリーと、建造物、史跡、資料などを含む複数件の構成文化財から成り、その構成文化財のひとつひとつに、全体のストーリーとどのように関わるのかの説明がつけられている。

たとえば、もっとも新しく認定を受けた#104「八代を創造（たがや）した石工たちの軌跡──石工の郷に息づく石造りのレガシー」は、八代が、阿蘇山の噴火活動により堆積した地層をいかし、古来より地域で石材を活用したまちづくりが行われてきた場所であり、多くの名石工を輩出した「石工の郷」であるというストーリーになっているが、構成文化財を列挙してみると、水島（国名勝）、白島（未指定）、麦島城跡（国史跡）、八代城跡（国史跡）、美生地区の生姜棚田（未指定）、高島新地旧堤防跡（国史跡）、大鞘樋門群（国史跡）、鑑内橋（市指定（建造物））、岩永三五郎の墓（市指定（史跡））、文政神社（未指定）、旧郡築新地甲号樋門 附・潮受堤防（国重文（建造物）、国史跡）、郡築二番町樋門（国登録有形（建造物）、国史跡）、白髪岳天然石橋（市指定（天然記念物））、鍛冶屋上・中・下橋（市指定（建造物））、鹿路橋（市指定（建造物））、笠松橋（市指定（建造物））、谷川橋（未指定）、赤松第一号眼鏡橋（市指定（建造物））、めがね橋群（市指定ほか（建造物））、橋本家文書（未指定）、い草及びい草製品（未指定）、大鞘節／大鞘名所（市指定（無形民俗））、女相撲（市指定（無形民俗））、芝口棒踊り（市指定（無形民俗））、ひねり灯籠（若宮神社、菅原神社）（未指定）となっている。このように、このリストには、異なる文化財体系に指定・登録されたものと、特に指定のないものが、ひとつのまとまりを持ったストーリーとして束ねられている。

上記からもわかるように、世界遺産への推薦候補のリスト化という当初の目的に鑑み、日本遺産の特徴は、遺産をストーリーで束ねる発想にある。すなわち、地域の文化遺産を複数束ねてひとつの物語に仕立て、その物語のなかで観光客が各施設や文化遺産を訪問できるような展開が求められているのである[29]。

---

29) 単一の市町村内でストーリーが完結する「地域型」と、複数の市町村にまたがってストーリーが展

こうしたプロセスにおいては、地域の場所やモノが、そのストーリーの文脈にあわせて読み直され、新たな意味を付与される。そのなかで、複数の歴史や物語を持つような場やモノは、その「意味」をひとつに絞られ、結果としてそこにあった多様性は切り捨てられていくことになる。認定される過程で、まさに「〈名づけ〉の暴力」（小川 2020）が働いているのである。（ちなみに、この最新のストーリーに認定された熊本県八代市のすぐ近くには水俣市があるが、日本のきわめて重要な「負の遺産」をもつこの有名なまちよりも、近くのまちの石工の物語が日本遺産になっていることをみても、日本遺産という仕組みが、「不都合な」遺産を回避し、結果として後景に追いやり、風化させていく力学を持っていることがわかる。日本遺産はあくまで地域を「正」の物語に色づけていく制度でもある。）

　金子淳は、兵庫県朝来市が日本遺産認定を目指すプロセスを詳述した岡本真生の論文[30]を引用し、文化庁が朝来市の原案に対して下した厳しい評価コメントから、各ストーリーに求められているものを分析している（金子 2019b）。そして「ストーリーを練り上げるにあたっては、学術的な正確さや客観性というよりも、むしろ文化庁が求めるようなストーリーをコンパクトに単純化してアウトプットする技術が求められて」いると指摘したうえで、「こうした地域のもつストーリーの中に博物館も否応なく組み込まれ、観光施設としての役割が外側から与えられることにな」る（金子 2019b: 90）と述べ、日本遺産の認定制度が博物館に及ぼす影響に言及している。

　しかし、実は、日本遺産のリストには、博物館はほとんど入っていない。というのも、日本遺産を構成するものは、あくまで文化財に限られるからだ。博物館は、建物が歴史的建造物でないかぎりは、この構成文化財に直接入ることはない。たとえば、#097「『伊丹諸白』と『灘の生一本』」には、白鶴美術館本館、白鶴美術館事務棟、白鶴美術館土蔵、白鶴美術館茶室（崧庵）、甲南漬資料

　　　開する「シリアル型（ネットワーク型）」がある。
30）岡本真生　2019　「『日本遺産』のつくりかた──地域文化デザインの現場にて」『関西学院大学社会学部紀要』130。

館（旧高嶋家住宅主屋）が構成文化財として含まれているが、これらはいずれも文化財指定を受けている建造物が対象となっている。また、#050「きっと恋する六古窯」の「窯のある広場・資料館」（INAXライブミュージアムの一施設）や、#068「本邦国策を北海道に観よ！」の旧北炭夕張炭鉱模擬坑道（夕張市石炭博物館）のように、博物館の一角に文化財指定された建造物が含まれているケースもある。

　一方で、博物館の所有するコレクションの一部が文化財である場合は、その資料群だけが指定されることになる。たとえば、日本遺産#2「かかあ天下――ぐんまの絹物語」を例に取れば、構成文化財には「甘楽町の養蚕・製糸・織物資料」という項目があるが、この資料が所蔵されている甘楽町歴史民俗資料館の名称は、構成文化財の一覧には表記されていない。この民俗資料館には、養蚕・製糸・織物資料以外にも地域の歴史が展示されているが、これらの歴史も、総体としての博物館も、結果としてリストから「排除」されているのである。#056「山寺が支えた紅花文化」で絵画として構成文化財になっている「紅花商人山長谷川家の上方由来コレクション」（財団法人山形美術館）や、#073「海女（Ama）に出逢えるまち　鳥羽・志摩）」で歴史資料として構成文化財となっている「伊勢湾・志摩半島・熊野灘の漁撈用具」（海の博物館）についても同様のことが言え、博物館そのものは構成文化財に入っていないことがわかる。

　こうした日本遺産との微妙な関係は、博物館の立ち位置を難しいものにしている。というのも、このストーリーの中では、地域にある博物館は、建造物として、あるいは資料の収蔵庫としての位置しか与えられていないからである。ここでは、博物館という組織自体のプレゼンスはなく、結果として透明な箱のように不可視になっているともいえる。地域の博物館は、そこを訪れた観光客が、その土地の歴史や文化を知ることのできる重要なメディアであるはずだが、そうしたアイデンティティは全く考慮されていない。

　先の指摘で金子が述べているのは、日本遺産のこうした枠組が、いずれは博物館のコンテンツをも物語の鋳型に押し込んでいくような作用をもたらすので

はないか、という懸念である。というのも、2019年からは、公立博物館を各自治体の判断で教育委員会ではなく首長部局へ移管することが可能になり、自治体の意向をより直接的に反映できるようになったからだ[31]。その結果、構成文化財とは無関係な展示の規模が縮小されたり、博物館からなくなってしまうことは、当然起こりうる。

鎌倉市の文化財行政とまちづくり行政を手掛けた桝渕規彰[32]は、「日本遺産のストーリー及びそれによってネットワーク化された文化財群を、学術的な調査研究成果を駆使して積極的に紹介することで、地域の魅力発信を効果的に行うことが可能なのは博物館である」（桝渕 2018: 63-64）と述べ、観光や地域振興における博物館の重要性を強調する[33]。確かに、地域のモノや場所に学術的な意味付けを行うことは地域の博物館の役目のひとつであり、このような連携は、博物館側も上手く利用できるだろう。しかし、博物館を日本遺産の構成文化財を積極的に調査・紹介する（ための）場所として捉え、日本遺産と博物館を直に結びつけてしまうことには、博物館を画一的な表象の鋳型にはめ込んでしまうことにもつながる。

遺産化の力学は、一方では博物館に一定の語りからはみ出さないように自らの語りを軌道修正していくような作用をもたらす。博物館がより多様な物語を語ることや、来館者がそれ以上のものをそこから読み込むことを妨げる可能性にもつながる。そしてもう一方では、博物館を地域のネットワークの外へ置き去りにし、結果として観光客から遠ざけるような遠心力にもなる。構成文化財を所蔵・展示していることで、観光客が足を運ぶきっかけになるという効果は

---

31) 「地域の自主性及び自立性を高めるための改革の推進を図るための関係法律の整備に関する法律案」（第9次地方分権一括法案）
32) 2018年当時、鎌倉市教育委員会文化財部長、鎌倉市歴史まちづくり推進担当部長。
33) ここでは、2016年に開館した鎌倉歴史文化交流館（館長は青木豊、鎌倉市教育委員会文化財所管）が想定されている。鎌倉は、2013年の世界遺産登録を目指したが登録はかなわず、その後、歴史を利用したまちづくりを行い、2016年には日本遺産 #25「『いざ、鎌倉』——歴史と文化が描くモザイク画のまちへ」に認定されるが、2022年度の総括評価で再審査の対象となり、その後再審査の結果、条件付きでの認定継続となった。

期待できるものの、こうした事例は全体からみれば少ないのが現状で、結果としてほとんどの博物館が遺産化のネットからこぼれ落ちていくことになる。

　先に、地域の遺産化とは、文化を序列化したり、差異を均質化したりすることで管理するシステムに、地域が組み込まれていくことを意味すると述べたが、日本遺産と地域の博物館の関係をみてみると、博物館そのものが、こうした序列化や均質化の対象となっていることがわかる。

## 5　地域に及ぶグローバルな力学

　ところで、この日本遺産の遠景にある、世界遺産という枠組みは、1970年代に出来上がったものである。戦後ヨーロッパで、第二次世界大戦中に失われた貴重な建造物を保存しようとする機運[34]が高まり、ナショナル・アイデンティティと結びつく形で各国の法制化が進むが、やがてユネスコによるアスワンハイダムの保護キャンペーンのなかで、文化遺産の保護は国際社会全体の関心事だという考えが醸成されていくようになる（Harrison 2013）[35]。具体的な登録制度と評価基準は、1972年の条約採択を経て、ここで組織されたユネスコ世界遺産委員会とその諮問機関によりつくられた。

　ユネスコによる保護キャンペーンは、エジプトのダム建設にあたり水没する運命にあったアブ・シンベル神殿やヌビアのモニュメントなど23の神殿を、エジプトだけでなく各国が予算を出し合って救済し、移設することを採択したものである。その背景には1956年のスエズ動乱によるエジプトと旧宗主国（イギリスとフランス）との政治的・軍事的緊張関係や覇権争いがあった。また、出資した参加国が、考古学資料の半分を自国の博物館に引き取ることを求め、さ

---

34）武力紛争の際に歴史的建造物を保護する目的で採択された1907年の「陸戦法規慣習に関する条約」
　　（ハーグ条約）を指す。
35）同時に、ハリソンは、ハーグ条約が文化的資産の破壊を違法化することで、それを市民の殺害と同
　　列のものとして扱い、そうした価値観を国際的に根付かせていったと述べている。

らにはその後の貯水エリアの外での発掘許可の申請で優先権を与えられたという点でも、それは決して無垢な提案ではなく、新たな覇権主義の結果であった（Harrison 2013）。リチャード・ハリスンによれば、このような経緯を経て明確な形を為した世界遺産という枠組みは、「本質的には西洋のヘリテージの概念」（Harrison 2013＝2023: 81）を国際レベルで共有することに成功したものである。すなわち、世界遺産という枠組みそのものが、特定の時代の西洋の価値観に裏打ちされており、こうした「思想」がグローバルに共有されることで、成り立っているシステムなのである。

　2023年現在、合計で1199件の世界遺産が、世界168カ国に跨がって登録されているが[36]、その47％以上をヨーロッパと北米が占めている。また、文化遺産に至っては、51.9％と、ヨーロッパと北米が半数以上を占めている。そもそもユネスコも、またその諮問機関であるICOMOS（国際記念物遺跡会議）やIUCN（国際自然保護連合）も、世界の博物館を束ねるICOM（国際博物館会議）も、すべてヨーロッパ主導でつくられた機関であることを踏まえれば、それも当然のことといえるだろう。

　こうして1970年代に出来上がった世界遺産の仕組みは、80～90年代には学術的に議論されるようになり、西洋中心主義に対する批判が強まった。その結果、2003年には、非西洋や先住民にとっての文化の考え方や状況を反映させた無形文化遺産の制度が、世界遺産とは異なる位相としてユネスコに導入された。文化の多様性に配慮して出来たこの制度は、世界遺産制度とは異なり現地調査を行わずに提案書のみで決定されるため、以降、無形文化遺産の登録は急速に増えており、むしろ近年ではモノ（有形）よりも言説（無形）が保存される傾向が強まっている（Harrison 2013）。その結果、地域の伝統や風習は、ますます遺産化の枠組みに落とし込むことが容易になり、グローバルな遺産化の枠組みと連動して動くことが可能になった。

---

36）文化遺産933件、自然遺産227件、複合遺産39件から成る。https://whc.unesco.org/en/list/stat/

このように、日本における遺産化の力学の背後には、全世界的で西洋的な価値観に基づいた世界遺産と無形文化遺産という磁場があること、日本の地域の見せ方がこうしたよりグローバルな文脈のなかでつくられていることには十分留意しておく必要がある。

そして、この世界遺産という西洋発の枠組みと、地域のプレゼンテーションをパイプのようにつないでいるのが、日本遺産である（ストーリーで束ねるという同一の構造をもつことは先にみたとおりである）。この場合、ユネスコの枠組みは、ダイレクトに地域になにかを強いるものではない。しかし、日本遺産という仕組みが、世界遺産登録へと一足飛びせずとも「遺産化」できる手立てを各地域に示したことで、こうした大きな作用が、それぞれの地域にさらに強く働くようになっているといえる。

## 6　博物館学における観光の位置

ここまで、世界遺産と、その枠組みを継承してつくられた日本遺産を通して、遺産化の力学が、地域や、地域の博物館に与える影響についてみてきた。その権力作用は大きく、ヘリテージ・ツーリズムが地域に地殻変動をもたらしていることは、否定できない事実である。

しかし、観光客とは遺産化の力学に一方的に絡め取られるだけの存在ではないことも、ここでは指摘しておきたい。というのも、観光客が投げかける「観光のまなざし」（Urry 1990）は、あくまでも文化遺産を消費する側の機構であり、文化遺産を提供する側の権力作用を時にはいとも簡単に解体するからだ。先にみた山口他 2021や東 2017が観光客に寄せている期待も、こうした観光客が地域にもたらす異化作用を見越してのことである。とりわけ近年のプラットフォーム時代における観光客の観光行為や観光モードはきわめて複雑であり[37]、

---

37）観光客がメディア作品の世界観や物語で観光地をたどる聖地巡礼などもここに含まれる。

彼らの観光は時にホスト側の期待を大きく裏切る（Urry & Larsen 2011）。だからこそ、博物館界が、このような可能性を内包する観光客という存在を等閑視することは、博物館の可能性を閉ざすことにつながる。既にヘリテージ・ツーリズム一色の地域の現状と、それに背を向ける博物館界や、博物館学の議論との間に大きな温度差が生じていることの問題点も、ここにある。博物館界が、観光やヘリテージ・ツーリズムに対してしっかり検討・議論できるような理論や方法を手に入れなければ、博物館は単なるバイプレイヤーとして、さまざまな力学に翻弄されるだけになってしまう。

　そこで、最後に、本来であれば博物館の現状について議論するべき博物館学が、観光やヘリテージ・ツーリズムと主体的に向き合う枠組みを提示してこなかった現状とその理由について検討し、そこからのブレイクスルーを期待したい。

　布谷 2003 にまとめられているように、地域博物館論は、博物館は地域の自然や文化を伝える媒体であること、そして地域の利用者に供することで、地域のアイデンティティを形成することを前提とした議論である。ここでは地域博物館は、どこまでも地域や住民のためのものであり、外から訪れる観光客の存在はほとんど射程に入っていないことがわかる。つまり、一連の議論のなかで、観光客の存在は等閑に付されており、観光客が博物館で何をみている（している）のかも、観光客にとって地域の博物館がどのような意味をもつのかも、ほとんど論じられてこなかったのである。

　問題は、住民のための博物館を謳うことそのものにあるのではない。そうではなく、教育と観光、住民と観光客を切り分け、後者が前者と相容れないものとする思考が、いまだに関係者の認識のなかで支配的なことにある。冒頭で「地域博物館とは何かという議論は存在するが、ここには観光という軸は存在しない」と述べたように、観光と博物館の関係について、博物界では、企業博物館やPR館を除いてほぼ議論されてこなかったのである。

　このような博物館学の議論の在り方に大きな影響力を与えたのは、伊藤寿朗

（1947-1991年）の地域博物館論である。伊藤は、博物館を、地域指向型博物館、中央志向型博物館、観光志向型博物館の3つに区分し、このうち地域の新しい価値を発見し、地域の住民たちが主体となって取り組めるように支えていくことのできる博物館として、地域（志向型）博物館を定義づけた（伊藤 1986, 1991, 1993）[38]。すなわち、「『地域の資料を中心としているから地域博物館』なのではなく、地域の課題に、博物館の機能を通して、市民とともに応えてい」（伊藤 1986: 265）くことを掲げ、あくまで市民が主体となり、博物館はそれをサポートする、という枠組みを提示したのである。「地域博物館は、市民を成果の享受者として客体化することを否定する」（伊藤 1986: 264）という伊藤の力強い言説の影響力は博物館界では大きく、戦後、雨後の竹の子のように増えていった地域博物館の多くがこれを理想とした。

　伊藤がこれを唱えた1980年代の状況を振り返れば、それは日本に多くの博物館が誕生した時期である。ここには、高度経済成長によって豊かになりつつあった地方財源による博物館建設という側面が一方にはあり、もう一方には、過剰で急速な産業化がもたらした公害問題（大気汚染や水汚染、公害病の発生）や、景観や風習の変化や消失といった側面があった。そして、さまざまな構造的問題を抱えた70〜80年代は、公害反対運動、公共事業反対運動、生活要求運動など、地域の住民による主体的な運動があちこちで興った時代でもある。この時期、地域住民によるまちづくり系のNPOが次々と誕生している。伊藤の地域博物館論は、こうした住民運動のイメージと分かちがたく結びついている。

　したがって、博物館の学芸員ではなく市民が主体であるべきだという伊藤の理論は、ある時代を反映した特殊なものである。しかし、伊藤が早逝したために、それを本人が更新することは不可能となり、そのままに読まれ、論じられ、そして神格化されてきた。地域の博物館の多くが公立であり、自治体からの予

---

38）地域博物館論をめぐる諸説の詳細に関しては、布谷 2003を参照されたい。類型も複数あるが、ここではもっとも影響力のあった伊藤のそれに議論を集約させる。

算＝市民の税金で運営されていること、そして館の自立的な運営が難しいことが、伊藤の理論を拠り所にすることに拍車をかけた。

　現在では先のような自治体との対立構造をもつわかりやすい住民運動は少なく、この博物館像ももはや過去のものである。しかし、こうした時代状況の中で定義づけられた住民像や市民像はその後大きく変化しているにもかかわらず、「市民主体」や「市民参加」の市民とは誰のことを指すのか、主体や参加とはどのような状態を指すのかを具体的に問うことなく（布谷 2003）、そのまま論じられてきたのである。繰り返せば、「市民主体」や「市民参加」という議論そのものに問題があるのではなく、問題は、それが結果として、観光志向型博物館は「観光行政の対象とはなっても、博物館行政の積極的対象とはならない」（伊藤 1986: 263）という考え方を深く関係者の意識に根付かせてしまった点にある。博物館文化も観光文化もここまで成熟した現在、これまでのような観光と教育、観光客と住民という二項対立を捨て、共存できるような議論を展開していく必要がある。

　総じて、博物館学において、そしてその結果として博物館界全体において、地域の博物館を扱う議論のチャンネルが他にないままにここまできたこと、さらに地域の博物館を巡る議論に観光社会学や文化遺産学（ヘリテージ研究）などの見地が全く入っていないことが、議論と現場のギャップを大きくしていった。

# 7　さいごに　ヘリテージ・ツーリズムに向き合う

　冒頭に述べたように、本稿の目的は、地域の博物館に昨今の「遺産化」が及ぼす影響力を、まずはしっかりと考察し、可視化することであった。ツーリズムが地域にとって重要になるなか、遺産を巡るグローバルな作用が日本の地域にも働くようになり、地域の文化遺産と博物館の在り方や、その関係性に変化をもたらしていることをみてきた。

　本稿でみてきたように、ヘリテージ・ツーリズムは、日本の地域の博物館を悩ましい位置にたたせているが、遺産化の流れに背を向けることはもはや出来ない。脱工業化した社会においては、ツーリズムが地域を支える重要な産業であり、特にグローバルな観光の促進にとって遺産化は重要なブランディング戦略なのである。

　日本の地域の博物館は、地方に均等に配置されていったという設立経緯や、政治的に偏らないことを是とする公立館の割合が多いことに起因して、比較的素朴にモノだけで語ろうとしてきた（モノにすべてを語らせようとしてきた）。つまり、そもそもの博物館における物語の不在が、昨今の遺産化の力学と対峙することを困難にしている。

　同時に、地域の博物館が語りうる物語を、地域のなかだけで考えることには限界はある。自分たちの地域をどのように語りたいのかは、外からのまなざしがあって初めて形になるが、観光客を想定しない博物館には、それが決定的に欠如している。筆者は地域の小さな博物館を相当数訪問しているが、それぞれの館が、自分の地域の特性を認識しておらず（少なくとも展示には反映されておらず）、ただモノを並べているだけで、もったいないと思うことが多い。ここで、筆者のまなざしは、観光客のそれである。実際、地域は、観光客にまなざされることによってむしろそのアイデンティティを自覚し、ローカル性を獲得する。それぞれの地域が、国内の他の地域と比較してどのような特徴がある場所なのかを地域の博物館がきちんと語れることが、ここまでみてきた遺産化の力学に対抗することにもつながる。

　ひとつはっきりしていることは、博物館は、いかなる種類や規模のものであれ、観光客に来てもらうべきであり、そのための努力をすべきである、ということだ。博物館は人が出入りしなければ寂れていくメディアだ。送り手と受け手（来館者）の双方がいて、初めて意味を持つ（メディア論的にいえば、メディア＝博物館が意味決定の場となる）。仮に伊藤のいうように、あるいは近年のまちづくりに取り組む博物館がそうであるように、住民が主体となって運営する

ならば、住民はここでは送り手側であり、それを意味のある取り組みにしていくには、観光客は必要な存在なのだ。遺産化のネットが張り巡らされ、様々な観光コースやそのための情報発信が格段に洗練されていくなかで、この力学に一方的に囲い込まれるのでも、無化されるのでもない形で、地域を訪れる観光客とどのような対話を切り開き、どのような関係性を切り結んでいけるのかを柔軟かつしたたかに考えていける思考をもてることが重要だ。美術史家で静岡県立美術館館長の木下直之は、文化観光と博物館を考える対談[39]のなかで、現在の観光にまつわるさまざまな事業の結果、どの館も国策に沿った似たり寄ったりの事業展開になりかねないことや、桁違いの予算がつく推進事業に手を挙げて実践するなかで、従来地域の中でしてきた取り組みが蔑ろになる可能性があることを述べている。つまり、国策の枠組みをなぞりなおすことでかえって地域性が失われ、観光資源としても役に立たなくなるということだ。逆に、すでに地域で行われている実践を、観光という切り口で見直してみるだけで小さな変化が起きる可能性もある。

　もちろん、観光を視野にいれた取り組みやその実践報告がこれまでに全くないわけではない。また、ほとんど予算のつかない小さな博物館に対して、自力で観光と向きあうべきだと理想論を押しつけるつもりもない。本稿で問題にしてきたのは、地域の博物館の置かれた状況と、博物館界の観光に対するビジョンのなさという温度差である。必要なのは、観光や観光客に対する発想の転換と、遺産化の力学のなかで自らの立ち位置をある程度定めていけるような理論と展望を提示していくことである。そして、博物館学と博物館界には、そうした地域の博物館を支えられるような研究と助言が求められている。

---

39）リア政策室 2022 の企画。「対談 木下直之×副田一穂　博物館は立ち止まる場所──見えないものを見せる内省の場へ」8-9 頁。

【参考・引用文献】

青木豊・中村浩・前川公秀・落合知子編著　2018　『博物館と観光 ── 社会資源としての博物館論』雄山閣。

東浩紀　2017　『ゲンロン 0　観光客の哲学』株式会社ゲンロン。

天草市文化課　2020　『天草の崎津集落　世界文化遺産登録までのあゆみ』

生島美和　2006　「棚橋源太郎の郷土博物館論の現代的意義 ── 地域博物館論の基盤としての位置づけ」『教育学論集』2，筑波大学大学院人間総合学科研究科教育学専攻。

石森秀三　2020　「巻頭エッセイ　稼ぐ文化の時代と博物館」『博物館研究』55(2)〈特集＝観光と博物館(2)〉日本博物館協会。

伊藤寿朗　1986　「地域博物館論 ── 現代博物館の課題と展望」長浜巧編『現代社会教育の課題と展望』明石書店。

伊藤寿朗　1991　『ひらけ、博物館（岩波ブックレット No.188）』岩波書店。

伊藤寿朗　1993　『市民のなかの博物館』吉川弘文館。

今村信隆・佐々木亨編著『学芸員がミュージアムを変える！ 公共文化施設の地域力』水曜社。

岩城卓二・高木博志編　2020　『博物館と文化財の危機』人文書院。

小川伸彦　2020　「制度の作用 ──〈遺産化〉は何をどのように変えるのか」木村至聖・森久聡編　2020　『社会学で読み解く文化遺産 ── 新しい研究の視点とフィールド』新曜社。

金山嘉昭　2012　『公立博物館を NPO に任せたら ── 市民・自治体・地域の連携』同成社。

金山嘉昭　2017　『博物館と地方再生 ── 市民・自治体・企業・地域との連携』同成社。

金子淳　2019a　「博物館と文化財をめぐる政策的動向 ──『観光立国』政策との関わりを中心に」『月刊 社会教育』762。

金子淳　2019b　「博物館を取り巻く『物語性』をめぐって ──『観光立国』政策と日本遺産を中心に」『桜美林論人文研究』11。

木村至聖　2014　『産業遺産の記憶と表象 ──「軍艦島」をめぐるポリティクス』京都大学学術出版会。

木村至聖・森久聡編　2020　『社会学で読み解く文化遺産 ── 新しい研究の視点とフィールド』新曜社。

栗原祐司　2018　「観光行政と博物館」青木豊・中村浩・前川公秀・落合知子編著『博物館と観光 ── 社会資源としての博物館論』雄山閣。

佐久間大輔　2021　「都市のコアとしてのミュージアムを模索する ── 対話と共創の場としての自然史博物館」今村信隆・佐々木亨編著『学芸員がミュージアムを変える！ 公共文化施設の地域力』水曜社。

高木規矩郎　2017.5.14～2018.5.27「歴史文化交流館の光と影　鎌倉歴史文化交流館 1～5」ジャーナリストの取材ノート（鎌倉）。http://blog.livedoor.jp/kikurotakagi/archives/cat_133184.html（2023.11.1 取得）。

棚橋源太郎 1930 『眼に訴へる機関』宝文館（出典：伊藤寿朗（監）1990『博物館基本文献集』1、大空社所収）。

棚橋源太郎 1932 『郷土博物館』刀江書院（出典：伊藤寿朗（監）1990『博物館基本文献集』2、大空社所収）。

中村浩・青木豊編著 2016 『観光資源としての博物館』芙蓉書房出版。

日本博物館協会編 2015 『博物館研究』〈特集＝観光と博物館〉50(9)。

日本博物館協会編 2020 『博物館研究』〈特集＝観光と博物館(2)〉55(2)。

布谷知夫 2003 「日本における地域博物館という概念」『博物館学雑誌』28(2)。

桝渕規彰 2018 「観光施策としての日本遺産にみる博物館の位置づけ」青木豊・中村浩・前川公秀・落合知子編著『博物館と観光――社会資源としての博物館論』雄山閣。

村田麻里子 2014 『思想としてのミュージアム――ものと空間のメディア論』人文書院。

村野正景 2021 「京都文化博物館と地域コミュニティ――まちづくりを担う博物館」『2020年度文化遺産に関わる国際会議　博物館と地域社会』ユネスコ・アジア文化センター文化遺産保護協力事務所。

森屋雅幸 2019 「博物館と観光の関わりについて――近年の博物館政策と『ミュージアム・ツーリズム』を中心に」『都留文科大学研究紀要』89。

矢島國雄 2017 「観光と博物館」『國學院雑誌』118(11)。

山口誠・須永和博・鈴木涼太郎 2021 『観光のレッスン――ツーリズム・リテラシー入門』新曜社。

リア制作室 2022 『REAR: 芸術批評誌リア』49〈特集＝どう変わる？ 文化観光と博物館〉。

Harrison, Rodney 2013 *Heritage: Critical Approaches*, Routledge（ハリソン、ロドニー著、木村至聖・田中英資・平井健文・森嶋俊行・山本理佳訳 2023 『文化遺産（ヘリテージ）といかに向き合うのか――「対話的モデル」から考える持続可能な未来』ミネルヴァ書房）。

MacCannell, Dean 1999 *The Tourist: A New Theory of the Leisure Class*, University of California Press（マキァーネル、ディーン著・安村克己他訳 2012 『ザ・ツーリスト――高度近代社会の構造分析』学文社）。

Urry, John 1990 *The Tourist Gaze: Leisure and Travel in Contemporary Societies*, Sage（アーリ、ジョン著、加太宏邦訳 1995 『観光のまなざし――現代社会におけるレジャーと旅行』法政大学出版局）。

Urry, John & Jonas Larsen 2011 *The Tourist Gaze 3.0*, Sage（アーリ、ジョン＆ラースン、ヨナス著、加太宏邦訳 2014 『観光のまなざし［増補改訂版］』法政大学出版局）。

Walsh, Kevin 1992 *The Representation of the Past: Museums and Heritage in the Post-Modern World*, Routledge.

White, Chris 2023 *Museums and Heritage Tourism: Theory, Practice and People*, Routledge.

# 第2章　メディウムとしての語り部
## ──「当事者性」の継承という視点から

小 川 明 子

## 1　はじめに　本稿の射程

　近年、その土地が被ってきた負の歴史に焦点をあてることで、「戦争や災害の跡などの、人類の悲しみの記憶をめぐる旅（井出 2014: 216）」として「ダークツーリズム」が注目されるようになった。娯楽として見栄えのする風景や歴史的な史跡を訪れるのではなく、「ダークツーリズム」という概念が提唱されたことについて、古賀（2022）は、「死を通じて生を感じるという「死と生の円環活動」（同: 264）」を行うことが概念としてのダークツーリズムに着目する意義だと述べ、遠藤（2016）は、「近代的な普遍性に刻印づけられた枠組（同: 14）」のもとでの反省性の高い問いかけが観光において起きていると述べている。いずれも、「観光のまなざし」に絡め取られた近代、あるいは現代の消費的な旅行に対する省察が含み込まれた旅だといえる。

　もちろん、負の歴史を理解したり悼んだりするためだけに旅をするわけではなく、多くは通常の旅行の一環でそうした場所を訪れるのだろうが、そのとき、日本で重要な役割を担っているのが、当の歴史を体験した「語り部」の講話、あるいはガイドである。日本では、戦争や公害、災害といった体験を余儀なくされた当事者らに出会い、その生の声を聞く機会が関連施設等において盛んに設定されてきた。個人の経験にすぎないが、海外では、「語り部」的な講話は日本ほど一般的ではないように感じる。西欧の戦争関連のミュージアムでは、証言映像の上映や、パネルスクリーンで証言を選んで視聴することが多いように

思われる。民俗学の関沢（2010）によると、フランスのオラドゥール虐殺の生存者は、そのときの感情などは含めず、あくまでも自分の経験だけ話すといい、また記念館のガイドもまた、「数字」と「起こったこと」しか話さないよう指導されているという。基本的に生存者もガイドも、「事実」を説明するのであり、戦争は良くないという意見や恨み言などは言わず、あくまでも見学者の側に評価を任せるのが基本姿勢だという。こうした姿勢は、想いや感情を表出し、ときに「遺言」を想起させるような日本の「体験の語り部」とはずいぶん異なるスタンスである。この差について、関沢は、硬い自我を基本とするフランスと異なり、日本では、柔らかい自我を前提とし、感情を混入させることで共有の範囲を拡大させようとしているのではないかと推測している。

本稿では、日本で盛んに行われている「語り部」というコミュニケーション行為を通して、災禍に苦しむ人たちの切実な声を、いかに理解し、連帯や行動に移すことができるのか、「当事者性の獲得」という視座からそのプロセスについて考察してみたい。私たちは通常、戦争や災害、公害といった事象を、教科書やメディアで学ぶ。しかし旅先で出会う「語り部」は、こうした事象を自ら体験した者として、時にその感情や意見を直接自分に伝える存在である。

語り部活動の多くは、広義の教育的視座から行われてきた。村上（2018）は、宮地（2007）のトラウマをめぐる「環状島モデル[1]」を引きながら、戦争などの継承活動の意義を、生徒たちの当事者意識の育成に見出している。「当事者」という用語は、英語に翻訳しづらい用語とされるが、基本的には、ある事件や事象に直接関わった者を指し、社会学などでは、何らかの内面的な課題を抱えた者を指す際にも使われる。

---

1) 「環状島モデル」とはトラウマを抱えた人々がいかに語ることができるか、そしてそれを伝えることができるかを示したモデル図である。海に浮かぶドーナツ型の島を思い浮かべてほしい。トラウマが最も重い人びと、事態の中心にいる人は死をはじめとして沈黙の内海に沈んでしまい、語ることができない。しかし内海から水面上の内斜面には、トラウマを抱えながら何とか声を上げようとする人、語らねばならないともがく人たちがいる。そして外海には無関心な傍観者が存在する一方で外斜面から尾根をめがけて支援しようと登ろうとする支援者たちが存在する（宮地 2007）。

　本稿では、直接負の事象に遭遇した体験者をさしあたり当事者と呼ぶこととする。しかしこの定義について議論が絶えないことが示すように、当事者の定義は時に曖昧になる。たとえば原爆の被爆者のなかには、いまだに確たる証明ができず認定が下りない人々もいる。あるいは直接経験していなくとも、その家族は被爆者家族という当事者でもある。言うまでもなく、原爆を直接体験した当事者と、その家族、あるいは支援者との間には、トラウマやニーズに比較できないほど大きな差異がある。しかし、敷衍してみれば、当事者とは、はっきりと線引きされるものではなく、何らかの事象や問題を媒介に、多様なスペクトラムの中に位置づけられる側面もある[2]。

　本稿では、当事者への近接性、あるいはスペクトラムを示す用語として「当事者性」に着目する。そして語り部講話を継承活動だとするならば、聞き手は当事者の話から、なんらかの形で「当事者性」を受け継ぎ、そのスペクトラムのどこかに自らを位置付けることが期待されると想定する。ちなみに、岡田・神戸（2019）は、「当事者性」という用語について、似た用語である「自分事」と比較するなかから、単に自分のこととして考えるだけでなく、「不在の他者」としての当事者たちを想像できるかに用語の特徴があると論じる。「当事者「性」を継承する」とは、負の経験を余儀なくされた当事者に対し、無関心な状態からまずは知識として理解し、同じことが自分の身に起きたらと想像することで当事者の内面やその後を含めたより深い理解を求め、そして同じような苦しみを抱く人びと全体に対しての連帯や行動の志を抱くことといったスペクトラムを本稿では想定している。

---

2) たとえば私が東日本大震災のボランティアに出向いた折、朝のミーティングで、受け入れ責任者から、「あなたたちも被害者だ。もちろん、本当に家族や家を失っている被害者もいる。しかしわざわざ仕事や家族を置いてボランティアに来たあなたたちも被害者で、あなたを送り出した人たちもまた小さな被害者なのであって、この災害では本当にたくさんの人たちがさまざまな濃淡のなかで被害者になっている」という挨拶があった。「世界で唯一の被爆国」と言われるとき、日本人はすべて当事者とみなされがちである。一方、直接体験者に限らず、何らかの形でその事象に関わらざるを得ない、あるいは関わろうとする人びともまた「当事者性」のスペクトラム上に存在する。

## 2　語り部とは何か

### 1.「語り部」の構造転換

　そもそも「語り部」とは何だろうか。職業を意味する「部」であることから、文字の時代に口承での社会的な記録を任された職業だとされてきた[3]。そして一般には、「昔話の語り部」など、伝承を誦じて歴史や物語を伝える役割を担うものとして認識されている。

　一方で、改めて考えてみれば、メディアにあふれた現在、語り部とは、多くの場合、戦争や災害をめぐる「自らの経験を語る」行為である。「語り部」という用語の使用経緯を全国紙の新聞検索から明らかにした川松（2018）によれば、この用語は1964年ごろまで使用されることはほとんどなく、1995年前後になって急上昇し、定着していった。さらに、この時期に新聞で取り上げられている「語り部」は、第五福竜丸事件、水俣、ハンセン病、そして阪神淡路大震災といった事象を、自ら体験した人が人びとに向かって一人称で伝える「体験の語り部（同: 11）」であり、前近代的な「伝承の語り部」とは異なる使われ方をしていると指摘する。

　語り部という用語が注目を集め始めた時期は、阪神淡路大震災とともに、戦争体験者が鬼籍に入り始めた頃でもある。語り部への注目は、一人ひとりが持つ記憶が失われていくことへの恐怖であるとともに、それを集合的記憶にしていかねばならないとする意志の表れとも言える。こうした恐怖や意志を持つのは、継承する側だけでなく、当事者も同様だろう。第二次世界大戦をめぐる多様な記憶は、加害、被害ともにきわめて凄惨なものであり、当事者にとってはできれば語りたくない事象であり続けた。しかし体験者たちは、戦後50年が過ぎ、仲間の老いや死を経験することによって、体験を語り継ぐ必要性を自覚し、

---

3)　ちなみに柳田國男（1962）は、巫女の一族に神が取り憑いて一人称で語った古代の「語部」に起源を見出し、神による「一人称の自伝」という様式に語り部の特徴があると述べている。

トラウマを抱えながら証言を引き受けていった。

　そして戦後80年が間近に迫った現在では、当事者の証言を、自ら次世代へと伝えていくことを引き受けた「伝承の語り部」たちが活躍し始めている。

## 2.　ミュージアムと語り部：パブリック・ヒストリーと観光学の視点から

　先に述べたように、「語り部」講話が実施されるのは、多くが資料館やミュージアムだ。村田（2021）によれば、1990年代以降、つまり先の変化と同時期に、「負の記憶」を留める「記憶の場（ノラ　1984＝2002）」として、ミュージアムが各地で整備されるとともに、映像や経験者個人の物語などを取り入れるなど、展示を通して、負の記憶を語る手法が検討されてきたという。「語り部」もその一環だろう。広島や長崎のように、ホールや一室で大勢に向かって語る「講話型」と、ひめゆり平和祈念館などのように、現場を案内しながらその経験を語る「ガイド型」が主たる様式だ。

　これら地域のミュージアムと語り部の関係について二つ特徴を指摘しておこう。一つ目に、ローカルな当事者たちのナラティヴ[4]が重視されている点が挙げられる。その地域で起きた戦争や災害などの負の歴史は、多くの国民が記憶するナショナルな事象の記憶と結びつくと同時に、その事象を体験した地域住民の多様な記憶、下からの声がミュージアムでも記録される傾向にある。背後には、歴史の「専門家／非専門家」「発信者／受信者」といった従来の分断された上下関係ではなく、一般の民衆を含む多様な主体がフラットにつながることで歴史の「協働的統治」を目指す（菅　2019）パブリック・ヒストリーの思想があるだろう。地域の「体験の語り部」は、これまで専門家によって、信憑性において低く見積もられていた人びとの語りが、オーラルヒストリーという視点から注目されるとともに、ミュージアムが存在する地域における住民の生の声

---

4)　一般的にナラティヴとは、狭義には、人びとによって紡がれる、起承転結を持たないようなおしゃべりやエピソードなどの「語り」を指し、広義には起承転結を持つ物語を含む用語として用いられる。

として尊重されるようになり、また地域社会の側も、自らの受けた被害を異なる地域からの来訪者に伝えることで、より広く事象を認識し、理解を深めてもらうことを期待して実施されるのだといえる。

二点目に、こうした声が求められる背景に、ミュージアムが依拠する客観的真正性との間に、補完関係があることが指摘できるだろう。「モノを蒐集し、そのコレクションを保管し、公開することで社会に貢献する公共施設（村田 2014: 25）」を一義的役割とし、展示対象となるモノや資料に、客観的・学術的真正性が求められるミュージアムにとって、展示資料だけでは伝えきれない記憶や小さな物語、そして何より、関わった人びとの経験や想いを直に訴える「体験の語り部」は、来館者の感情的満足度を高める上で意味を持つのではないだろうか。

自らがその事象を体験した語り部と出会い、直に話を聞くことは、来館者に客観的・学術的とは別の「真正性」の感覚を抱かせる。Wang（1999）は、ミュージアムに置かれたモノに見出せる客観的真正性だけでなく、旅では日常生活の平凡さから脱し、自分で自分の存在意義が確信できるような「実存的真正性」が模索されていると論じた。なかでも、旅という非日常で個人間に生まれる感情的な交流、共同感覚の本当らしさを「間人的真正性（inter-personal authenticity）」と呼ぶ。メディアを介してしか知らなかったことについて、語り部という生身の体験者から聞く経験は、そうした間人的真正性を感じる契機となりうる。

語り部はその事象を知識として教えるのではなく、自らの「物語」として一人称で語る。J. ブルーナー（1986＝1998）は、人間が物事を理解したり、思考したりする際には、科学的思考に裏付けられた「論理科学モード（paradigmatic mode）」よりも、「物語モード（narrative mode）」を好むと指摘した。旅の一部として講話を聞く観光客に対し、語り部は、ミュージアムが拠り所とする客観的真正性だけでは理解し尽くせない悲劇を、間人的真正性でもって補完しているといえるのではないだろうか。

# 3　モデルとしての広島修学旅行と原爆被爆体験者講話

## 1.　広島修学旅行の始まり

　語り部としてのミュージアムとして思い浮かべるのが、今では修学旅行の一大目的地となっている広島や長崎だろう。学校などの集団で原爆被爆者の話を聞くという平和教育のプログラムが組み込まれた修学旅行は、1970年代後半に始まった。広島修学旅行は、自らも長崎で被爆し、東京で中学教師をしていた江口保（1928-1998）が、平和教育の一環としてモデルを提示し、普及させていったものである。背景には、当時、冷戦構造において反核運動が日本全体で高まっていたこと、1969年に広島、また1970年に長崎で被爆教師の会が結成されたこと、1975年に山陽新幹線が開通し、東京から72時間以内の旅行が可能になったことなどが指摘される。当初は、「県立第一高等女学校追憶之碑」「韓国人原爆犠牲者慰霊碑」など平和記念公園内に点在する10余の慰霊碑の前で1-2時間、関連する被爆者や家族の声を聞くという「碑前証言」のスタイルだったという（山口 2011）。

　こうした修学旅行における広島訪問、あるいは被爆者証言の開始にあたっては、江口の熱意によるところが大きかったようだ。彼は、自ら原爆体験を語ることはなかったが、生徒たちに話をしてくれる被爆者を直接探し、修学旅行生に話してやってくれと頭を下げて回った。切明千枝子氏も依頼を受けた一人だ。桐谷（2023）のインタビューによれば、当時高等女学校の学生だった彼女は、原爆当日、街の延焼を防ぐために空地を作る建物疎開の作業に携わっていた下級生たちが、遮るものなく大火傷を負い、腫れ上がって誰が誰だかわからない状態で学校に戻ってきたところを救援活動にあたった。そして甲斐なく亡くなった生徒を火葬するという「地獄絵のような」体験をしている。その後、彼女自らにも紫色の斑点が表れ、高熱や出血で数ヶ月の闘病を余儀なくされたこともあり、「被爆体験を思い出すことがとても怖」く、「胸が苦しくなって息ができないような感覚」になって、「逃げだしたくなる気持ち」に襲われることがあっ

たという。人づてに彼女を知った江口が何度訪ねても証言を断り続けてきたが、代わりに高等女学校の恩師が「あなたたちが話さないなら私が話します」とその役割を引き受け、数年の間、数人の同窓生が付き添って涙ながらに聞くということが続いた。しかしその恩師も体調を崩し、江口に「どうか、同窓生の方で、肉声で聞かせてやってくれないか」と畳の上で土下座するようにして頼み込まれたため、一回の講話をしぶしぶ同級生複数で分担してチームで話をするようになったという。それでも当初、フラッシュバックがひどく、涙が止まらないことがあったそうだ（同上: 25-31）。

　切明氏をはじめ、被爆者たちの数々のインタビュー記録から分かることは、当事者の間でも、子孫への配慮もあって互いに被曝について語ることが長くタブーであったことに加え、原爆という他に類を見ない体験を語ることは、空襲の記憶とも比にならないほど、「触れると血を噴く（同上: 33）」ような痛みを伴うものだったということだ。生き残った当事者たちは、広島で何が起こったかを知らない修学旅行生たちに語ってほしいという同じ被爆当事者の熱意に促され、ようやく環状島の死の淵から這い上がり、「語り部になる」。碑の前で、「涙が止まらない」状態で、その時の経験を小グループに語ったという切明氏の話は、外海でただよう関心の薄い生徒たちを島へ引きずり上げ、それなりの覚悟と感情移入を求める力を持っていたことだろう。

## 2. 「碑前証言」から「体験者講話」へ

　1975年以降の広島修学旅行の増加に伴い、1978年には、(財)広島平和文化センターでも、他団体との協力体制のもと、財団職員2名を含む被爆者8名による体験講話が始まった[5]（広島平和文化センター 1997）。訪れる生徒の数が増え、また自動車が増加し、声が聞き取りにくくなったことから、コミュニティの集合

---

5）広島、長崎や沖縄における戦争体験伝承事業と語り、伝承者についての詳細は、外池智による「戦争体験「語り」の継承とアーカイブ（秋田大学教育文化学部教育実践研究紀要）」シリーズ（2014-2023）を参照されたい。

的記憶がこめられた慰霊碑から切り離され、近くの学校や会場での講話が増えていったようだ。切明氏は、「本来ならば、慰霊碑の前で共に涙しながら語り合いたいのですが、それが叶わなくなった」とその変化をネガティヴに述べている[6]。そして講堂などで修学旅行生など大勢に向かって一方的に話をする「講話」の構図が、「体験の語り部」の主流モデルとして各地のミュージアムにも採用されていったのではないだろうか。広島への修学旅行は、沖縄や海外などへの修学旅行が増加したこともあり、1996年以降減少傾向にあるが、それでも2022年度には、「被爆体験証言者」と、広島市が養成・認定した「被爆体験伝承者」、合わせて1464件の講話を11万人が聞いており、語り部講話は重要な観光資源としての側面も有する。2023年10月現在では、体験者32名だけでなく、養成事業を経て、家族伝承者16名、伝承者209名が講話に関わっており、今では伝承者講話の数が体験者講話の7倍ほどになっている。

　なお広島では、「講話」以外に、記念公園内の慰霊碑を案内する財団法人広島平和文化センター主導の「ヒロシマ・ピース・ボランティア」202名も、2022年度には年間2490団体、16067名に対して案内を行っている。長崎でも、被爆体験講話、被爆体験家族・交流証言者と、ほぼ同様の体験伝承者が活躍している[7]。

## 4　「語り部」のコミュニケーション空間：その魅力と課題

### 1.「体験の語り部」の魅力：当事者による一人称のストーリーテリング

　それでは、語り部という様式で体験談を語る魅力はどのようなところにあるのだろうか。結論を急げば、それは、生身の当事者が自らの体験をその場で自ら語ってくれるという証言的価値であり、唯一無二の当事者の視点からの「物語」様式で伝えられること、そしてその物語が「見えない」ことから、受け手

---

6）筆者への書面回答（2023.11.24）。
7）なお、これらの継承をめぐる事例をもとに、2016年以降、厚生労働省でも「戦中・戦後の労苦を語り継ぐ次世代の「語り部」育成」事業が行われ、東京などでも伝承の語り部たちが活動している。

の想像を通じて理解される点にあるだろう。

　事象の発生から時を経た現在、歴史的事象の当事者が、自分と同じ空間で語りかけてくれるということは、その出来事が本当に存在したことを確信する契機を与えうる。さらにそれが興味深いのは、メディアで見聞きしたことを語り部たちがそのまま証言するからではなく、その場にいた当事者しかわからないような事象や思いが語られるからであり、その様子が少なからず聞き手の日常や生活とも地続きである点だ。変わらない朝の風景、嫌なことや楽しかったこと、家族や友人への想いといった、聞き手とさほど変わらない日常が、戦争や公害、災害といったできごとによって一変する。こうした物語性の強度が、聞き手を引き込む。体験は、基本的には、導入、事態の展開、そしてある種の終息を迎える（平和な日常がある）という物語構造で語られ、個人の物語として語られる体験は、わかりやすく、納得しやすく、また記憶に留まりやすい。

　さらにそのストーリーテリングが、多くの場合、音声を主としたコミュニケーションである点にも注目したい。最近はスライドなどを用いて、地図や写真、「原爆の絵」を使うことも少なくないが、それでもその数は概して多くはない。その間、聞き手は情景を思い浮かべながら物語を聞く。真剣に話を聞こうとする聞き手であれば、原爆で、焼けただれた人々が呆然と向かってくる様子、水をくれとせがまれ、助けてくれと言われても助けられない自分を想像しながら聞くだろう。語り部が伝えようとする情景は、現代の平和な世界に生きる私たちの想像をはるかに超える悲惨さに違いなく、その経験はそのまま想像できるわけではない。しかしそれでも聞き手は、自分が知る限りの知識やイメージを駆使し、自分の知識や経験をもとに頭の中に描き出そうとする。つまり、聞き手の頭の中では、語り部との内的対話を通じて、自分の経験と結び付けながら理解が試みられる。

　この点において声で聞く物語は、映像表現の理解とは異なり、読書とも似ている。ドイツの文学者イーザー（1976 = 1998）は、小説などについて、読者によって読まれることで初めて意味形成がなされるのだとして、読書という行為

を読者とテクストが対話するコミュニケーションの場と捉えた。だとすれば、声で聞く物語もまた、聞き手が体験者の経験と意味世界を、知識や自らの経験とともに想像、理解し、共有する行為である。そして体験者本人から話を聞いたという一期一会的な間人的真正性も加わり、聞き手はそのときの自らの情動とともにエピソードや物語を記憶に留める。体験者が語ったことを理解するとは、「聞き手が語りの一部を自らの意味世界の中に所有すること（八木 2015: 163）」であり、言いかえれば、その経験を疑似体験し、当事者性を少しばかり共有することと言える。

　付け加えておくと、語り部のストーリーを唯一無二のものにしているのが、一人称の語りであり、一人称的視点だ。近代小説は視点を重層化し、物語を多面的に提示してきたが、一人称の語りでは、当時見たものや聞いたことがその視点からそのまま表現され、そのときの自分の気持ちや心の動きも直接的に語られるため、聞く者にも追体験を促しやすい。

　さらに、対面状況による語り、とりわけパラ言語からは、その「想い」もより深く伝わるだろう。パラ言語とは、言語情報のうち、リズムやポーズ、声質、イントネーションなど音声での表現部分を指す。水俣病の語りについて研究を重ねる池田（2015）は、水俣病資料館で講話を観察する中で、ある語り部が、マイクを使いたがらず、最初から最後まで一度も椅子に座ることなく話す様子に、語りの力強さと伝えたいという意気込みを受け取ったと記している。聞き手は、語り部の姿勢や言動からも、感情や想い、意志を読み取る。

　このように、「語り部」は、論理科学的思考と近代的な客観性に基づくミュージアムと相補的な関係にあるといえる。つまり、制度の変遷や死傷者数、距離や時間といった、公的資料やデータや基づく展示は、その事象を客観的に理解する知識としては不可欠であっても、来館者の記憶や感情には残りづらい。逆に生身の身体を介して、ストーリーとして来館者に直接体験を伝える「語り部」の存在は、来館者の感情や記憶に少なからずより強い印象を与えうる。実際、村上ら（2019）は、平和教育を行う茨城県笠間市の高校で、平和教育の半年後、

どのような戦争に関する知識が心に残っているかのアンケートを行った結果、最も多くの生徒の心に残っていたのは、戦争体験者の講話や遺書などいった体験談、すなわちナラティヴ、物語であったという。

　ちなみに欧州における戦争関連のミュージアムにおいても、ナラティヴやストーリーテリングは少なからず意識されている。特定の個人（死者であることが多い）にスポットを当てて、その人物関連の資料や手記とともに置かれた状況を物語風に表して歴史的事象を見ていく展示が多く取り入れられ、来館者と近い市井の人びとが犠牲になったことを感じさせる演出も少なくない[8]。しかしそうしたエピソードやストーリーは、文字資料や映像など、書き換え不能なかたちで展示されている。おそらく、影響力の大きさから、語り部側の自由度が高いストーリーテリングには慎重なのではないだろうか。

## 2．語り部活動の課題

　このような魅力を有する「語り部」であるが、最近では、特に戦争体験談などにおいて、そのメッセージが響きにくくなったという指摘も少なくない。2014年には、中学生が、長崎の被爆遺構めぐりでガイドをしていた男性に「死に損ない」と声をかける事件が話題となり、その後、長崎証言の会では、「聞かない子ども、関心のない教員にどう向き合うか」という意見交換会が開かれ、タイトルどおりの困難について、現状と対処法が議論されている（長崎証言の会 2014）。

　村上ら（2019）も茨城県阿見町にある予科練記念館で行われた高校2年生向けの30分ほどの語り部講話（写真やスライド等を併用）で、居眠りや退席が相次ぎ、半数以上が聞いていないという状況を目の当たりにして、その後生徒にインタビューを行っている。次項以降、インタビューで否定的な意見を述べた

---

8）ポーランド、クラクフ歴史博物館（2023.3.15）、フランス、パリ解放博物館（2023.3.18）、フランス、パリ、ショア記念館（2023.7.16）など。

生徒の言葉を参考にしながら、その課題を確認してみたい。

　その前に、誰かの話が理解されるかどうか、伝わるかどうかというプロセスについて、メディア・コミュニケーション論の基本ともいえる Hall（1973）のエンコーディング・ディコーディングモデルを介して簡単に確認しておこう。私たちは普段、自分の言ったことは相手にも伝わると素朴に信じている。しかしホールは、メッセージ（この場合はテレビ番組が想定されている）の送り手側と受け手（視聴者）側に知識枠組や知識量の違い（frameworks of knowledge）、置かれたポジション[9]（structures of production）、技術インフラの差があれば、誤解が生じうると述べている。つまり、送り手側が「こう理解してほしい、こう理解されるだろう」と思って作品やメッセージを送っても（エンコード）、その作品をどう読み解き、どう反応するか（ディコード）は、受け手側の知識量やポジション、情報を入手する技術インフラや環境などに応じて異なる。彼はこのモデルを用いてテレビの影響を説明したが、これらの差によって、（世の中の主流とほぼ同義といえる）マスメディアの送り手側と同じように理解する人もいれば（支配的読解）、その情報や意見に反対する場合（対抗的読解）、あるいはよくわからなかったり、疑問を持ちながら理解しようとしたり（折衝的読解）と反応は異なるのだと述べた。実際、戦争体験を聞いて、子どもたちが、「戦争の時代はかわいそう」「今の時代に生まれてよかった」などという感想[10] を持ったりするのも、知識量や時代背景、立ち位置やメディア環境が、「体験の語り部」たちと大きく異なっているからに他ならない。そこで上記のモデルに即して、語り部の中でも「講話」というコミュニケーション様式の課題について考えていきたい。

---

9）原文では生産関係の構造となっているが、ここではテレビ以外のメディア・コミュニケーション状況においてもわかりやすく説明するためにあえてこのように言い換えている。
10）兵庫教育文化研究所平和教育部会（2016）「平和教育実態調査2015の報告」『子どもと教育』No. 153, 22頁（村上 2018 より引用）。

**（1）語り部活動の困難1：コンテクストとメディエーターの不在**

　言うまでもなく、戦後75年が過ぎ、戦争について語れる身近な人びとが、子どもたちのまわりにいなくなりつつあるという事情がある。同様のことは今後、全ての災禍について当てはまるだろう。語り部の話が理解できるかどうかには、まず、その語りの背景となる知識が必要となるが、戦争や災禍をめぐる知識は、子どもたちの膨大な学習内容の一部に過ぎない。また終戦記念日が近づけばマスメディアで特集が組まれるが、昔に比べれば戦争関連の報道量も減少しているだろう。戦争でも災害でも、教科書で学ぶ以上の知識や情報は、ネット中心でフィルターバブルに囲い込まれた現代の若者の情報環境にはほとんど現れてはこないことに注意する必要がある。

　村上（2017）は、2005年の段階で戦前生まれの教員が退職し、親などからその話を聞いた世代の教師も既に現場を離れていることなどの理由から、学校教育においても、2006年から2016年の10年間で、中学生が第二次世界大戦の出来事を聞く主な相手が「先生」から「テレビ」へと変化したと指摘する。ゆえに平和教育の舞台がミュージアムや語り部頼りになりがちなのだが、語り部講話を行えば子どもたちが理解を深めるとは限らない。村上ら（2019）が行った講話後の生徒インタビューでも「戦争中の言葉の意味が分からず、難しく感じた」という回答があり、理解には前もって細かい知識や視座が必要となる。教科書で学ぶ戦争と、講話で表現される状況とはまた異なり、比喩的に言えば、「大文字の歴史」と、「下から見た戦争」との視座（ポジション）の違いなどが影響するだろう。筆者が聞き取りをした戦争体験のある語り部[11]は、講話の後に、小学校低学年の生徒に、「〇〇さんは、どんな武器で戦いましたか」と聞かれ、最初、訳が分からなかったとぼやいていた。今、子どもたちにとって最初に戦争を知るのはゲームだというのだ。

　ホールのモデルに従えば、語り部の体験を理解するためには、知識の差を埋

---

11）語り部活動をしている女性Aさんへのインタビュー（2023.2.18 @満蒙開拓平和記念館）

めるだけでなく、置かれた環境の違いについても考える必要がある。戦時中の食糧難や空襲警報の怖さなどは知識として知っていても、暖衣飽食の時代には手がかりとなる経験が乏しく、その苦しみを理解するには限界がある。

　重要なのは、こうした「伝わらなさ」を解決できるのは送り手側だけではないということだ。学校教育では教師の役割、あるいはミュージアムの学芸員ら、語り部と聞き手の間を調整する人物の役割が指摘される。広島修学旅行の活動を始めた江口も、教師自身が下見で語り手に事前に会って話を聞き、教師自らが感動した話を子どもたちに聴かせることを重視していた。旅行業者任せの学校が増えていくことを問題視し、時に自ら学校の教師をつかまえてその無関心さに説教をすることもあったという（山口 2011、桐谷 2023）。

　山口（2011）は、江口の問題関心を踏まえ、「語る者」としての証言者と、「聴く者」すなわち訪れる生徒との間に横たわる、それぞれの文脈のズレを橋渡しする役割として、「メディエーターとしての教員（同：15）」の役割に期待をかける。生徒たちの日常を熟知している教員が、熱意を持ってまず体験者の話を聞き、その体験に必要な知識を事前に与え、ギャップを埋めるよう背景を丁寧に説明する準備が必要だというのだ。実際、証言者らも、生徒たちが事前学習、事後学習をすることを重視し、教員やガイドにもぜひ聞いてほしいと思っているが、関心の低い教員が少なくないとの指摘もある（長崎証言の会 2014）。

　聞き手側は、語り部と生きる時代も違えば、経験も異なる。水島（2000）は、戦争の語りをめぐって現代の子どもたちが置かれている状況について、「学校などで子どもたちに与えられる戦争に関する「知識」はいつも唐突で断片的」であり、「彼らのまだ乏しい人生経験や、生き抜かれねばならない現実生活のいずれともつながりのない情報として突きつけられる（同：230）」と、その困難を的確に指摘している。村上ら（2019）の生徒インタビューでも、「知らない人の話をされてもわからないし、難しかった」という回答がある。「知らない人」に関心を持ちづらい若者たちの人生にとって、語り部の講話が何を意味しうるのか。聞き手側が当事者性を感じられるような講話の「コンテクスト」、文脈を、

上の世代や社会は準備できているのだろうか。「戦争はいけない」以外のこと、すなわちなぜ講話を聞くのか、そして自分に何ができるのかといった道筋が、戦後75年経っても、実は十分に準備できていないことに気づかされる。

## (2) 語り部活動の困難2：対話的コミュニケーションの不在

　最近の講話はプレゼンテーション方式が多く、広島市内の地図や被害データ、あるいは後述する「原爆の絵」や焼け跡の写真などが補助的に用いられる。これらはメディアにあふれた世界を生きる聞き手、とりわけ若者にとって理解の補助になる（外池 2022）。しかしそれでも、講話を真剣に聞けば聞くほど、理解できないことが浮かんでは消えるに違いない。こうした「わからなさ」を解決すべき方法として質疑応答の時間が準備されているが、日本の教育で育った若者たちにとって、そこで手を挙げて発言するのはハードルが高く、わからなくてもそのまま聴き続けることが暗黙の了解になっている。村上ら（2019）の生徒インタビューでも、「自分に話しているわけではないから分からなくても仕方ない」「分からなくなった時に聞き返せないから、つまらなくなってしまった」など、基本的に講義型、一方向の伝達様式ゆえの問題点が散見される。体験者の切明氏が「本来ならば……共に涙しながら語り合いたい」（傍点筆者）と述べているように、本来、誰かに伝えるということは対話的な行為であるのかもしれない。つまりインタラクティヴかつヴィジュアル中心のメディア環境で育った若者たちにとっては、わからないことが多く、「利点」で述べたような想像による理解が十分行われていない可能性もある。また団体で話を聞く行為は、誠実に歴史に向きあう姿勢を小馬鹿にする態度が大方になると集団圧力が働いてしまい、個人として、死を悼む行為を実践しにくくなる（古賀 2023）という指摘もある。

　実際、講話というスタイルだけでなく、語り部たちが対話型の展示室ガイドとして来館者と向き合ってきたケースもある。太平洋戦争末期、米軍侵攻に備える日本の沖縄守備軍の看護に動員された元ひめゆり学徒たちが自ら設立、運

営に関わってきた「ひめゆり平和祈念館」では、展示室の「モノ」で伝えられない史実や思いを、体験者が展示の一部となり、見学者と「対話」（君塚 2017）することで、互いの知識や立場のギャップが乗り越えられてきた。展示室内での来館者たちの対話によって、何が伝わったのか、何が理解されていないのかなどが理解され、体験者が高齢化する中でのリニューアルなどでも生かされてきた（普天間 2015）という。

　しかし対話は言うほど単純ではない。知識と議論の経験がないと、現代日本の教育空間では教員がその場を制御するのは難しいと感じるのが現状ではないだろうか。また体験者ならある程度説得力もあるが、「伝承者」となればその応答はより困難になる。


## 3.「体験の語り部」から「伝承の語り部」へ

　第二次大戦の語り部をめぐっては、「体験の語り部」が減少しつつあるなかで「伝承の語り部」が各地で育成されている。ここまで検討してきた「体験の語り部」の可能性と課題を、「伝承の語り部」はいかに引き継ぎ、また克服することができるのだろうか。

　広島市は、体験講話ができる被爆者の減少を見据え、2012 年以降、「被爆体験伝承者」を育成してきた。被爆者の体験を伝承しようとする候補は、2 〜 3 年をかけ、「被爆の実相や話法技術等の講義を受講後、証言者から被爆体験の伝授を受け、講話原稿を作成したのち、講話実習[12]」を行うことになっている。体験証言者とは毎月のように複数回会い、その体験を聞き取るだけでなく、時には自宅や思い出の場を訪問し、その時の想いや見方に注目して質問を繰り返す。そして「地理や原子爆弾、歴史などに関してあまり詳しくない小学 6 年生でもわかるような[13]」45 分の講話用原稿（9,000 〜 10,000 字）を作成する。その際に

---

12)　広島市「被爆体験証言者、被爆体験伝承者を募集します」　https://www.city.hiroshima.lg.jp/site/atomic bomb-peace/329415.html（2023 年 11 月 1 日アクセス）。
13)　広島市市民局国際平和推進部平和推進課からの筆者への返信メール（2023 年 10 月 19 日）。

は、広島平和記念資料館の展示内容や資料館の図録などにある広島市の公式見解等に基づく「実相」をある程度組み込むことが求められる。また原稿完成後は、聴講者がいることを想定して質疑応答を含む講話実習を市のスタッフや被爆体験者の前で行い、話の聞き取りやすさや、聴衆の顔を見ているか、訴えたいことが明確に伝わるか、質疑応答に対する回答は的確かなど確認を受けて、晴れて講話を開始する。そのほかアナウンサーなどによる話し方の指導も受ける。

　それでは、こうした過程を経た「伝承の語り部」の可能性と課題について、外池の先行研究（2014-2023）と筆者による広島の被爆体験証言者1名、被爆体験伝承者2名のインタビューからまずは概観しておきたい。

　被爆二世でもある小野寺京子氏[14]は被爆体験伝承者第一期生である。1年目には放射能の影響などを含め、「大学の講義のような」講習が毎月集中的に行われ、2年目になると伝承しようとする被爆体験者の話を1年かけて深く聞き取っていく。それは「戦争の日々に、戦争のときにどんな体験をしたとか、被爆のときの体験だけではなくて、本当に家族も知らないような深い話まで」聴きとっていく経験だったという。体験者の側もまた、原爆で亡くなった妹の日記帳や、万年筆、大切にしていたネックレスなどを袋の中から出して伝承者に見せ、触ってもらったり、当日どのように逃げたのか、道を一緒に歩いたりと、「自分のことを伝えてもらうんだからと、胸を開いて、生い立ちとか、生き方とか、人となり含めて、もう本当に本当に伝えてくださった」という。小野寺氏にとっても、この作業は「（体験者のことを）知れば知るほど大好きになっていく」過程でもあった。このように、伝承者は、そのときの場所の様子、五感で感じたあらゆること、気持ちなど、詳細に被爆体験を聞き取る。さらにそうした体験に至った、あるいはその後の生活背景や心の動き、例えば被爆者が感じた悲しみ

---

14）広島市被爆体験伝承者、小野寺京子氏へのインタビュー（＠広島平和記念資料館　2023年9月5日　50分　28,643字）

や希望といった感情、味などの感覚、体に残る想いなども大事に聞き取っていくのだという[15]。つまり、被爆体験の一瞬を理解するだけでなく、聞き手の質問にもより広く答えられるよう、体験者の価値観や思いを含め、その人にとっての世界観を理解しようと試みる。八木（2015）は、ライフストーリー研究を援用しながら、語り継ぐとは、「（語り手である）他者の構築した意味世界を通して伝えられた（被爆者という）他者を理解しようとする実践（p.166）」だと論じているが、「伝承の語り部」も同じプロセスを辿っているように見える。

　話を聞いてまとめた講話原稿は、市から公的記録と異なる記述がないか何度かチェックが入り、体験証言者の承認を得、数値など客観的情報を加筆して完成させる。体験者が比較的自由に経験を語っていたのに対し、伝承者に対しては、体験者と異なる描写や公式見解と異なる語りが出てくることを警戒し、当初はかなり厳しいチェック体制が敷かれていたようだ。小野寺氏の家族も被爆者であるが、その体験は広島市が把握する史実と異なるとして、当初講話に入れることが認められていなかったという（その後史実と一致し、変更）。

　伝承者講話は、扱う証言者の数、定番とされるエピソードの盛り込み方、語り口などは語り手によってさまざまであるが、概ね物語構造としては、1) 自己紹介と伝承者になろうとした動機、2) 原爆投下までの社会的背景とデータ、伝承する証言者の紹介、3) 被爆者から見た実相、体験、4) 被爆証言者が伝えたかったこと／平和への思いという流れで構成されている。なお被爆の実相部分の説明には、概ね死者数、原爆が炸裂した高さや大きさ、爆風のスピード、地上の温度などが数字とともに説明されている。見方によっては、被爆体験者の証言を部分的に含んだ原爆についてのスライド説明と考えることもできる。ちなみに外池（2022）によれば、広島はパワーポイント中心で、「原爆の絵」プロジェクトもあることなどから絵や写真が多く利用されるのが特徴で、一方、長崎の伝承者は、家族証言者が多かったこともあって、紙芝居や体験者の日記、

---

15) NHKテレビ『コネクト』「ヒロシマをつなぐ：被爆体験継承のいま」2023年2月17日。

ラジオドキュメンタリーの一部分、動画など、どちらかというとより独自にメディアを活用して伝えられる傾向があるという。ちなみに家族伝承者は、体験者と生活そのものをともにしているため、その意味世界を普段からより共有しており、また語ることの正統性と体験者の了解もあるため、自由に内容を構成できているように感じられる[16]。

## 4.「伝承の語り部」の課題

### (1)「伝承の語り部」の課題１：共有する意味世界の限界

　このように、被爆体験伝承者は、被爆当事者との交流を深めることによって、その意味世界を理解、共有し、そこから聴衆に向けて語りかける。

　それではその課題から考えてみよう。まず挙げられるのは、何より伝承者自身が体験していないことによる困難である。相当長い期間、証言者とともに過ごし、さまざまな質問をしてきた伝承者である小野田氏も、講話の際、「ものすごく勉強をしてきた学生さんが、講話が終わったあとで、どうしてもその場（原爆投下時）にいなければわからない質問」をした際には、たまたま聴衆の中にいた被爆体験者が答えてくれて事なきを得たが、うまく答えられなかったという。被爆体験者側の大田金次氏[17]も、自分の語りをめぐる伝承者たちとのやりとりの中で「聞き間違えるやなしに間違える」様子を見ていて、「歯がゆいいうか、気の毒」だと述べ、被爆体験の前後の様子など、尋ねられないと、本人も

---

16) とはいえ、被曝の影響が遺伝することに対する恐怖も加わり、広島において原爆について家の中で語るということが稀であったことは数々の証言や研究からも明らかである。生まれて24日目に爆心地から1.7kmで被爆した高田直久は、家族証言者ではなく、被爆体験伝承者として活動している理由として、より爆心地に近いところで被爆したきょうだいをはじめ、家族全員が話をしなかったからだという（2023年9月5日 @広島平和記念資料館、28分　8,111字）。同様に小野寺氏も家の中や学校で原爆の話をすることは稀で、広島という地域でわざわざ平和公園を訪れたり、原爆について積極的に理解しようとすることは決して多くないと語る（小野寺京子氏へのインタビュー2023年9月5日 @広島平和記念資料館）。

17) 被爆体験証言者 大田金次氏へのインタビュー（2023年9月7日 @広島平和記念資料館　50分，18,798字）

忘れていることも多いために、伝わっていないことがたくさんあるのではないかと危惧する。聞かれれば思い出すが、尋ねられる機会がなければ思い出さないし、伝えられない。また、一番大事な被爆の実相部分やメッセージについて、伝承者の語りが伝聞になってしまう点でも、やりにくさがあるだろうと述べる。

　実際、こうした事情もあってか、伝承講話は、ストーリーの主体、場、日時、その時の戦況や状況といった客観的状況に関する説明的な語りを指す「事象の語り（外池 2017: 68）」部分が長くなりがちで、体験者の置かれた状況下で何が起きたのかを現象として語る「現象的語り（外池 2017: 68）」や、体験者が感じた臭いや肌触りといった感触の情報、またその時の思いや気持ち、願いといった内面の心情に関する「感性的語り（外池 2017: 68）」部分が少なくなりがちだという。したがって、どうしても証言者の語りのように、物語、ナラティヴとして引き込まれづらい傾向が見られる。

## (2)「伝承の語り部」の課題2：語りの制限

　二つ目の課題は、上記のような状態に伴う、語りの正統性への疑義と制限である。

　現在では、第三者が誰かの証言を伝承する様式になっているため、「証言」と「伝承」に語義矛盾を感じる向きもあるだろう。実際、自分がその人になりきって語る部分を作っている伝承者もいる[18] が、多くは回数を重ねるにつれ、自らの個性や、伝承する体験証言者の意向、その後の試行錯誤などを経て、適切な人称や語尾を見つけ出し、説明と語りの自然な使い分けをしていくように感じ

---

18) パワーポイントでの講話において、証言部分では人称を切り替え、体験者の立場になりきって語る伝承者もいる。外池（2017）の伝承者の語りの記録には、体験証言者である父の紙芝居をそのまま用いて、「私は」と一人称で語る事例が出てくる。その印象について外池は「紙芝居というと、どうしても低い年齢層を考えてしまうが、実際に大学生や院生、もっと高い年齢層が対象であっても、実に効果的であることが実証」されたと述べ、「今後の「語り」の在り方について、実に示唆的なツール（同: 65）」だと評価している。紙芝居というツールを挟むことで違和感なく物語世界に引き込んでいる事例と言える。

る。

　広島の場合、関心と熱意さえあれば、誰でも伝承者に応募でき、研修を終えれば講話デビューとなるが、体験者と比べれば、（以前と比べれば緩くなっているものの）広島市の側から何度もチェックが入ったり基本的には原稿以外のことを語ることが認められていなかったりと制限が大きい。もちろん、原稿からあまりに外れ、証言者と異なる内容になれば、その語りの正統性自体が問われるため致し方ないものの、外池（2017）に紹介されているように、原稿に忠実に話そうとすればするほど、その部分の語りが「固く」なってしまった被爆体験伝承者の例もある。

　ちなみにこうした表現上の制約は、公式見解の影響下にある「官」主導型ミュージアムではめずらしくなく、明に暗に政治的圧力がかかることさえあるという（菅 2021）[19]。長崎ではそうした限界を踏まえ、新たに非体験者でも可能な被爆をめぐる語りや継承のありかたを目指して、より制約が少ない私的なNPOを立ち上げて、新しい表現活動を模索した事例もあるようだ（冨永 2014）。

## 5. 「伝承の語り部」の未来

　一方で、伝承ゆえの可能性もある。興味深いことに、外池（2017-2023）の記録にある「伝承の語り部」に対する大学生たちの反応を見ても、淡々と語るにせよ、感性的に語るにせよ、どの語り部に対しても賛否両論あり、好みがあるという。むしろ、感情を込めずに客観的に背景を語ることで、時に被爆体験者の話よりも状況がよりよく伝わり、わかりやすいという意見も少なくないことが注目される。伝承者は体験者よりは世代が近いこともあり、生徒たちや聴衆の背景をより考察した上で、必要となる説明や画像などを加え、世代ギャップ

---

19）その一方で、公立ミュージアムの制限下にあっても、その機会をとらえ、より多くの人に語りかけ、関心を持ってもらうために語り部活動を続けるということもあるだろう。池田（2015）は、水俣病の語り部が、したたかに言葉を選び、聴衆に向けて戦略的に問いを投げかけ、メッセージをより遠くへ伝えようとしている様子を描き出している。語り部になるとは、沈黙する被害者が、当事者として立ち上がることも意味する。

を意識し、その差を埋めるような知識や情報を加えている。このように、メディアを活用することで、内容そのものはわかりやすくなっている可能性もある。つまり、伝承の語り部ならではの継承の利点も少なくない。

　しかしその一方で、これほど「講話」という様式や原稿にこだわらなければならないのかという疑問も浮かぶ。講話は効率性において優れ、多くの聴衆に体験の証言を伝えることができるが、「伝わるかどうか」という視点から見れば、モノや場の持つ客観的真正性とアウラを借りながら、「ガイド」という方法で個別状況を慮った上で対話的に語り継ぐこともできるだろう。紙幅の都合、2つの対話的ガイドの事例を挙げることで、その利点を示しておく。

　平井（2015）は、水俣病被害者に関する調査研究とともに支援活動を行う相思社スタッフの展示解説において、自らの経験を介した体験の伝承が行われるとともに、来館者に考察を求める問いかけがなされていることに着目している。ガイドでは、体験者との活動をもとに生まれたエピソードや、自らの生活様式、価値観についての反省など、自らの実体験や実情が織り込まれ、自身の経験として語られる。そして聞き手も自分の問題として熟慮できるよう、来館者に解釈を促す素材を提供し、意見や感想を求める双方向的な様式となっている。ここでは、来館者が「自ら道徳的、倫理的意味を作り上げる主体的存在（同: 166）」として扱われているのだという。広島修学旅行を牽引した江口が、聞き手と体験者をつなぐ役割として教師の役割を重視したのと同様、第三者的立場にありながら、「伝承のガイド」は対話を通して体験者と聞き手を繋ぐ役割を果たしうる。

　もう一つの事例は、アウシュビッツ＝ビルケナウで公式ガイドの試験を受け、ポーランド人元収容者らとともに外国人初の認定ガイドとして活動してきた中谷剛氏の事例である。中谷氏によれば、日本からの多様な訪問者に対してガイドをしつつ、非体験者、さらに外国籍としてどのようなスタンスで活動をする

か、試行錯誤のなかから独自のスタイルを築いていったという[20]。ガイドとしての説明はポーランドの国の方針として強制されるものでもなく、しかしまた全く自由というわけでもなく、公共施設としてのアウシュビッツ・ミュージアムの方針と自分の考え方が合致して、その信頼関係をもとに案内するという構図になっている。「史実を忠実に伝えるだけではわかってもらえないこともあるので、自分の意見を伝えてもよいか」という質問に対して、上司は、自分の意見であることを断ってから説明すればよいと答えてくれたという（中谷 2007: 59）。基本的には、対話や雰囲気から見学者の背景や関心、知識を探り、それに合わせて説明し、対話しながら、何が起きたかだけではなく、「なぜこのようなことが起きたのか」を考えてもらえるよう情報を提供しているという。驚くほど説明書きが少ないこのフィールド・ミュージアムでは、来客が当時の様子を想像することが強く期待されると同時に、ガイドの説明が重要な位置を占めるが、その際、彼のガイドでは、死者への追悼や、戦争はいけないということだけでなく、豊富な知識とともに、来館者にさまざまな問いかけがなされ、私たちの内に潜む優生思想や差別意識、命令に従ってしまう心性などに光が当てられる。この「なぜ」を考えさせる感覚は、体験者でなく伝承者だからこそともいえ、日本の語り部活動に欠落している部分かもしれない。講話では、聞き手の側が瞬間的に「なぜ」と疑問を持ったとしてもそれを確かめることは難しく、質疑応答の時間内で簡単に答えられるものではないかもしれない。講話というスタイルは、むしろそうした問いを抑え込む構造になっているというのは深読みだろうか。

　この二つの事例はいずれも職業としてのガイドであり、体験者と共にした時間も長く、ボランティアベースの伝承者とは異なる。しかし本来は、伝承者だからこそ、聞き手は相手の傷についてさほど気にする必要なく、対等に問いをぶつけ、対話へ、未来へと議論をつなげていくことで当事者性を引き継ぐ可能

---

20) 中谷剛氏によるインタビューとガイド（2023年3月14日 @アウシュビッツ・ビルケナウ）

性もあるはずだ。

# 5　伝承と表現活動

## 1. 戦争体験のリライティングと当事者性の獲得

　村上ら（2019）は、戦争体験の伝わらなさを検証するなかから、戦争体験に関心を持つプロセスとして、1）戦争体験への共感的な理解を深める「知識」を養う。2）過去の戦争体験と出会う際の心理的距離を縮める。人、モノ、場所、時間などで「現在とつながる方法」で学ぶ。3）戦争体験を知識として知るだけでなく、体験者が持つ「想いも共有」する。4）戦争体験の継承を「自分ゴト」と捉える。5）戦争体験を知るだけではなく、その継承に対して一定程度以上の理解を示し、自分ができる活動に参加するという 5 点を挙げ、その一つの実践事例として、「戦争体験手記のリライティング」という表現活動を提案している。これは対象者に近い地域、年齢などの戦争体験手記を選び、知らない言葉を調べて現在の言葉に置き換えることで、「自分ゴト化」する効果を期待するものだ。実際、活動を行なった大学生たちは、「身近な都市で多くの若者が亡くなったという事実を知った」「無関係ではない」「危機感を感じた」など自分との接点を感じるなど一定の効果が得られたという。

　空襲警報を、 J アラートと隣国からの攻撃として想定した学生たちがこの先どのように当事者性を発揮するのかはわからないが、話をただ聞くのではなく、他者の経験をいったん自ら表現する活動には可能性を感じる。というのも、表現するためには、ただ話を聞くだけでなく、他者の経験を自分の経験と結びつけながら「より深く」想像することを必要とするからである。そしてそうした他者理解を通じて行動へと向かわせる道筋になりうる。筆者も以前、学生とともに、戦争体験者にインタビューをしながら、体験者の声と写真で 2 分程度の映像（デジタルストーリー）を作成したことがあるが、その際、学生は今どき見たことも食べたこともない「固くて苦いパン」などをどのように表現したら

いいのか、自らの経験や知識と重ね合わせながら想像し、いかに表現するかを通して、より体験者の意味世界をより深く理解しようとしていた（小川 2017）。他者の苦痛を表現することは、いったん他者の経験した世界を自らの経験や知識や感情と重ね合わせて想像し、内面へと写し取って疑似体験することを必要とするからだ。証言伝承者がインタビューを繰り返しながら、体験者の意味世界を共有していったのも、いわば自らがその経験を講話という形で他者に「表現する」「伝える」ことを目的としているからでもあるだろう。

## 2. 「原爆の絵」を描くということ

　広島市立基町高校創造表現コースで2007年から続く「原爆の絵」プロジェクトは、対話的な表現活動が、継承活動、そして当事者性の獲得において有効であることを示す好例である。被爆者の頭の中に残るシーンを高校生が質問を重ねながら絵に描いて残すというこのプロジェクトに関しては、小倉（2018）の優れた分析があるが、ここでは筆者が二名の高校二年生に行ったインタビュー[21]からごく一部を抜粋し、そのプロセスの意義を簡単に紹介したい。

　この活動では、被爆体験者の頭の中に記憶されるシーンを表現することを目的に、高校生たちは幾度も質問を繰り返し、そのシーンに存在するあらゆる人物の背景や気持ち、そして描かれるモノ、光景について多面的に想像、考察し、何度も本人に確かめ、要求に沿って幾度も描き直して作品を作り上げていく。興味深いのは、参加した高校生、田邊さんが、描いたシーンを私に説明するときの口調である。

　　そのときに、（被爆体験者が）その女の人の近くを通りかかったんですけど、あの、通りかかっただけなのに、なぜか棒ですごい追い払ってくるんで

---

21）プロジェクトに関わった高校2年生女子　田邊美羽さんと持田杏樹さんに対するインタビュー。（2023年9月7日 @広島市立基町高校、139分、53,539字）

すよ。だから、なんでこんな必死に、追い払ってくるんだろうと思って、そ
の女性の顔を見たら、もう完璧に気の狂ってる女性で。なんで気が狂ってる
んだろうって、ふと奥を見たときに、誰か大切な人の遺骨を包んだと思われ
る箱があって。あー、誰か大切な人を亡くしてしまって、気が狂ってしまっ
て。で、自分は別に取るわけでもないのに、取られると思って必死に追い払っ
たんだなっていう場面です。（田邊さんへのインタビュー。2023 年 9 月 7 日
@広島市立基町高校）

　彼女の口調は一人称になっている。体験者の経験を追体験し、その意味世界
や登場人物の気持ちまで共有しているのだといえる。それは、そのシーンの構
図、女性の表情、棒の握り方、布地の汚れ、こうしたものを想像し、体験者と
ともに検証しつつ、時にともに描き出した結果だろう。彼女たちは、そのとき
の空気感や匂い、画面の外の光景、顔の見えない登場人物の気持ちなどを体験
者に尋ねながら、自らのあらゆる感覚や知識、経験を駆使しながら想像し、時
にそのシーンを自ら演じてみて写真に撮り、参考にしながら作品へと仕上げて
いった。原爆の絵を描いた生徒たちにインタビューを続ける小倉（2018）は、
生徒たちの表現は、被爆者の体験を能動的に探りながら感受し、それを表出し
ていくという、いわば「能動的受動性（同: 27）」とでもいうべき行為であると
説明している。
　そしてそれは、自らの経験と重ね合わせながら理解、表現される。8 歳の時、
父を原爆で亡くした被爆体験者の経験を聞きながら、持田さんは遠く離れた75
年前の彼の様子を以下のように理解しようとしていた。

　　廣中さんのお父さんは、通勤中、電車に乗って通勤してるときに被爆され
　て。そしたら背中に、電車のガラスが刺さって。それで、何とか頑張って家
　までたどり着いて。それで当時、5 歳の廣中さんにペンチを持たせて、それ
　を抜いてくれって言うっていうシーンがこれで。そのときにやっぱり、自分

の父親がさっきまで元気だったのに、こんな姿になって帰ってくるなんて思ってもなくて、なんかそういう苦しみとか、悲しみとかがあふれて。最初の顔合わせ会のときにも泣かれてたし、なんか、何だろう、本当に自分の父親がこんなになったら、なんかもう涙が出ないと逆におかしいよなって。(持田さんへのインタビュー。2023年9月7日 @広島市立基町高校)

　75年前の他者の出来事を、自らの父との関係や気持ちと重ね合わせて理解しようとする様子が見える。そしてそれが決して「自分ゴト」に留まっているだけではないことにも触れておきたい。彼女らは広島の出身で、家族も含めさまざまな被爆体験講話を聞き、平和教育を受けてきたというが、その経験と「原爆の絵」を描くという表現活動の経験とは大きく異なっていたとして、その変化を次のように語る。

　　小学校から中学校の間は、なんか別に発信する必要がないから、なんか自分事に捉えてはなかった感じはして。へー、こういうことがあったんだ、怖いなぐらいの、すごい浅く捉えてたっていうか。自分とは違う時代のことで、今とは全然違う世界のことだから、自分には関係ないって、壁を自分で作ってたんですけど。でもなんか、こうやって発信しないといけないっていう状況にいたったときに、なんか、知識だけじゃいけないし、当時の証言者さんの思い、どんな思いをして、この場面を見ていたのかとか、原爆の8月6日のその当時に、何て言ったらいいのかな、タイムスリップはしてないけど、入り込むっていうか、自分で一歩、入り込んでイメージして考えるっていうことをしたことで、なんかもっと、怖いとか悲しいとかそういう気持ちよりも、言葉では表すのが難しいんですけど、もっと深くなったような。怖いとか悲しいとかじゃ済ましちゃいけないんだなっていう気持ちになりました。(下線部筆者。持田さんのインタビュー。2023年9月7日 @広島市立基町高校)

　小倉（2018）は、こうしたプロセスを経て、生徒たちが、単なる「怖い」という感情を抱くだけでなく、徐々に苦しみ、怒りといった感情が生起していることに着目し、そこから、原爆が、生徒たちにとって自分につながる身近な、いま、こことつながっている感覚（同: 35）へと結びつくと説明している。このケースでも、他者にすぎない被爆体験者の気持ちに寄り添い、ひいてはその場に居合わせた被爆者たちすべてに対しての連帯さえ感じられる。発信や表現が課されることによって、聞き手には責任感が生まれ、その体験者の内面を深く探る必要に駆られる。さらに対話を通して、感情や想い、当日のことだけでなくその前後の暮らしを深く想像し、その意味世界を理解、疑似体験していくことで、体験者が有する意味世界が、表現者側にも一定理解、共有され、今までのようではいられないと気づく。

　つまり話を聞くだけでなく、対話と表現を経ることで、生徒たちに、より「当事者性」が獲得されていく回路が生まれるのではないだろうか[22]。語り部の話を単に聞き、感想を書くだけでなく、自分が聞いた話を絵や紙芝居にして誰かに伝える、作品化するという伝承の表現活動を組み込むことで、より、相手の状況を深く想像する必要性にかられ、「自分ゴト」化が容易になるとともに、そこから当事者性が継承されていく道筋が見えてくる。

## 6　おわりに　メディウムとしての語り部

　伝承の語り部育成と時を同じくして、証言映像のアーカイブ化も進んだ。広島平和記念資料館では、1,000以上の原爆の証言映像が収集されているが、デジタル化以前に収録したために著作権、二次使用に関するデータ整備が十分では

---

22) 被爆体験者の語りは、知識や環境が異なれば、この生徒たちのようには伝わらないかもしれない。実際、彼女たちが素直に体験者の声を理解できたのは、「自分で考えるっていうよりかは（原爆の）知識を押し付けて、それで、知ったようなふりをする（持田さん）」ことを求めがちな平和教育であっても、少なからず体験者の理解には役立ったと二人は語っている。

ない資料も多いという。また資料館で映像を見られる部屋はメインの導線からは外れており、強い意志を持たない限り、来館者の目に触れることはない。

　展示よりはるかに強烈に視聴者を揺さぶる証言映像の数々が見られずに眠っているのは本当にもったいない[23]。伝承の語り部の講話にもこれらの映像を積極的に取り入れることができるだろうし、証言映像を活用してよりクリエイティブな語り継ぎ活動[24] を考えていけるのではないか。ミュージアムは、静的に情報を留め、一方向的に伝えるだけでなく、歴史的事象をめぐって、地域内、あるいは地域の外との対話や考察、そして発信の場となりうる。ただそこに記録を残せばいいというわけでなく、負の記憶の伝承には、当事者性をいかに後世の人びとに継承していけるか、そして戦争や災害をいかに避けるかを考える素材にしていく役割がある。そのためには、当事者として解決に取り組む「人」がどうしても必要だ。津波石が災害の後に発見されたように、時代を超えた継承はモノや資料だけでは限界がある。実際、目の前にいる語り部の話すら、79年前のこととして、知識としても、環境としても、理解しづらくなっている現状から推察すると、パッケージ化された膨大な証言アーカイブを、未来の人びとはどのように視聴理解できるのだろう。メディアの語源は、ラテン語の「メディウム」の複数形であり、媒介、媒介者も意味する。体験の語り部の物語は、今、伝承の語り部へと引き継がれ、そして次の世代へと伝播していく。平和で安全な未来のために、人というメディウムとメディアとが、災禍の当事者性を

---

23) またこれらはさほど外国語化されておらず、ウェブ等で見られるものは少ない。日系アメリカ人の歴史をまとめたDensho（https://densho.org/ 2023年11月11日アクセス）は、その歴史をさまざまな資料やインタビューとともに日本語と英語で紹介し、数多くのインタビューがウェブ上で公開され、二次使用が可能なものもある。公開することで彼らの主張を広く明らかにする効果もあるだろう。

24) 土屋祐子（2019）は、被災者の声を聞き、それを自分の語りとしてまとめる「リレー型デジタル・ストーリーテリング」を行っている。「インタビュー映像を繰り返し視聴し、自分が共感を持った語りの一部を切り出し、自己の語りの中に埋め込むように編集」するプロセスを経て、学生たちは被災者との共通点を見つけ出し、再び起こりうる災害に対しての当事者意識を獲得していったと述べている（同: 79-81）。ただ話を聞くだけでなく、自分自身が表現するという点が当事者性を獲得する上で意味があると示す事例だろう。

いかに次世代へ継承し、連帯や行動へと移せるのか。世界各地で戦火が広がる 2024 年の私たちにも問われている。

## 【参考文献】

アーリ，J.　1990 ＝ 1995　『観光のまなざし——現代社会におけるレジャーと旅行』加太宏邦訳，法政大学出版会。

池田理知子　2015　「多様な意味を生み出す講和の場：水俣病資料館のある「語り部」の事例から考える」Japanese Journal of Communication Studies, Vol. 44. No. 1、67-84 頁。

イーザー，W.　1976 ＝ 1998　『行為としての読書——美的作用の理論』轡田収訳，岩波書店。

井出明　2014　「ダークツーリズム」大橋昭一・橋本和也・遠藤英樹・神田孝治編著『観光学ガイドブック——新しい知的領野への旅立ち』ナカニシヤ出版。

遠藤英樹　2016　「ダークツーリズム試論：「ダークネス」へのまなざし」立命館大学人文科学研究所紀要、vol. 110、3-22 頁。

岡真理　2000　『記憶／物語』岩波書店。

岡田泰孝・神戸佳子　2019　「問題への切実性を表象する「自分事」と「当事者性」という表現の妥当性を検討する」お茶の水女子大学附属小学校研究紀要、2-8 頁。

小川明子　2017　「負の記憶を記録することの可能性と困難：二つのデジタル・ストーリーテリングワークショップをめぐる覚書」メディアと社会（9）、71-86 頁。

小倉康嗣　2018　「非被爆者にとっての〈原爆という経験〉：広島市立基町高校「原爆の絵」の取り組みから」日本オーラルヒストリー研究（14）、23-41 頁。

川松あかり　2018　「「語り部」生成の民俗誌にむけて：「語り部」の死と誕生、そして継承」超域文化科学紀要（23）、5-26 頁。

君塚仁彦　2017　「博物館における「対話」による記憶「継承」活動の意義：ひめゆり平和祈念資料館の取り組みを例に」東京学芸大学紀要総合教育科学系 II（68）、89-99 頁。

桐谷多恵子　2023　「広島の観光における被爆者証言活動の意味：切明千枝子さんの修学旅行者への対応経験を中心に」多摩大学グローバルスタディーズ学部紀要（15）、21-36 頁。

草野優介　2013　「被爆体験講話の言語学的分析」架橋、13、167-178 頁。

古賀広志　2022　「ダークツーリズムの現代的意義：観光行為の社会物質的転回」関西大学経済・政治研究所研究双書第 176 冊『エキシビションとツーリズムの転回』245-292 頁。

佐藤信吾　2021　「対話的構築主義によるジャーナリズムの戦争証言インタビューの再検討：NHK 戦争証言アーカイブスを事例として」社会学評論 72（3）、294-310 頁。

菅豊　2021　「災禍のパブリック・ヒストリーの災禍：東日本大震災原子力災害伝承館の「語りの制限」事件から考える「共有された権限」」標葉隆馬編『災禍をめぐる記憶』ナカニシヤ出版、113-146 頁。

関沢まゆみ　2010　『戦争記憶論：忘却、変容そして継承』昭和堂。

土屋祐子　2019　『「メディウムフレーム」からの表現――創造的なメディアリテラシーのために』広島経済大学出版会。

外池智　2017　「戦争体験『語り』の継承とアーカイブ(4)　長崎市『語り継ぐ被爆体験（家族・交流証言)』推進事業」を事例として」秋田大学教育文化学部研究紀要教育科学部門72、57-91頁。

外池智　2022　「戦争体験『語り』の継承とアーカイブ(9)　広島市「被曝体験伝承者」長崎市「交流証言者」を事例として」秋田大学教育文化学部研究紀要教育科学部門77、69-103頁。

冨永佐登美・葉柳和則　2009　「非体験者にとっての継承活動の現状：長崎・元平和案内人への聞き取りからの考察」長崎大学総合環境研究第1号、29-40頁。

冨永佐登美　2014　「非経験者による被爆をめぐる新しい語り：ピースバトンナガサキの実践を手がかりに」文化環境研究(7)、19-29頁。

長崎証言の会　2014　「「聞かない子ども、関心のない教員」にどう向き合うか」証言：ヒロシマ・ナガサキの声、24-32頁。

中谷剛　2007　『ホロコーストを次世代に伝える――アウシュビッツ・ミュージアムのガイドとして』岩波ブックレット710。

ノラ，P.　1984＝2002　『記憶の場：フランス国民意識の文化＝社会史：第1巻 対立』谷川稔監訳，岩波書店。

平井京之助　2015　「公害をどう展示すべきか：水俣の対抗する二つのミュージアム」竹沢尚一郎編著（2015）『ミュージアムと負の記憶：戦争・公害・疾病・災害：人類の負の記憶をどう展示するか』東信堂、148-177頁。

広島平和文化センター　1997　『㈶広島平和文化センター20年史』。

ブルーナー，J.　1986＝1998　『可能世界の心理』（田中一彦訳）、みすず書房。

Hall, S.　1973　Encoding and Decoding in the Television Discourse, Paper for the Council of Europe Colloquy on "Training in the Critical Reading of Televisual Language" Organised by the Council & The Centre for Mass Communication Research, Leicester, September 1973.

普天間朝佳　2015　「ひめゆりの心」思想、1096, 2015.8。

水島久光　2020　『原爆をいかに語り継ぐか：「映像」と「証言」から考える戦後史』NHKブックス、2020年。

宮地尚子　2007　『環状島＝トラウマの地政学』みすず書房。

村上登司文　2017　「戦争体験継承が平和意識の形成に及ぼす影響――中学生に対する平和意識調査の時系列的分析」広島平和科学(38)、15-39頁。

村上登司文　2018　「戦争体験継承に対する当事者意識を育てる教育の考察」京都教育大学教育実践研究紀要18号、173-182頁。

村上信夫, 阿部桜, 阿部真子, 大川美波, 金野亜紀, 松室花実, 中島まどか, 渡辺瑞樹　2019　「未来につなぐ戦争の記憶：茨城県日立市を例として」茨城大学人文社会科学部紀要、107-130頁。

村田麻里子　2014　『思想としてのミュージアム：ものと空間のメディア論』人文書院。

村田麻里子　2021　「ミュージアムが語る『負の遺産』──展示手法から考える」セミナー年報2021、関西大学経済・政治研究所。

八木良広　2015　「ライフストーリー研究としての語り継ぐこと：「被爆体験の継承」をめぐって」桜井厚・石川良子編『ライフストーリー研究に何ができるか──対話的構築主義の批判的継承』新曜社、143-169頁。

柳田國男　1962　「東北文学の研究」『定本柳田國男集第7巻』筑摩書房。

山口誠　2011　「修学旅行をめぐるツーリズム研究：修学旅行の系譜における「ヒロシマ」」『二十世紀研究』第12号、1-19頁。

Wang, N.　1999　Rethinking Authenticity in Tourism Experience, *Annals of Tourism Research*, Vol. 26, No. 2, pp. 349-370.

# 第 2 部

# 事例編：地域の観光とナラティヴ

# 第3章　釜ヶ崎の歩き方
## ——光と影が織りなす立体的で多声的な観光経験を目指して

古 賀 広 志

## 1　はじめに

　本章では、大阪万国博覧会（EXPO'70）や千里ニュータウン開発など高度経済成長期の建設現場を支えた単身労働者を受け入れた街・通称「釜ヶ崎」（大阪市西成区）を取り上げる[1]。観光の実践的転回として、この街を取り上げる理由は、「社会問題の先進地に学ぶ観光実践」を「近代化批判」の立場から例示したいと考えたからだ。そのために、本章では、釜ヶ崎を捉える分析視角として、敢えて「ダークツーリズム」というアプローチを採用することにした。

　ダークツーリズムは、端的に言えば、「戦争や災害をはじめとする人類の悲しみの記憶をめぐる旅（井出 2014: 4）」あるいは「人類の悲しみを継承し、亡くなった方を共に悼む旅（井出 2012）」となる。

　ただし、旅であることから、食などの楽しみの部分がまったくないということではない。この点は「遊び」が中心となる旅と相違はない。ところが、通常の観光と異なり「悲劇の場所を訪れること」だけが過度に強調されることがある。その結果、ダークツーリズムは「悪趣味な覗き見主義的観光実践」と誤解されることが少なくない。そのためか、筆者（古賀 2016）が『DARK tourism JAPAN：産業遺産の光と影』の中で「労働と都市を考える」と題して「釜ヶ崎」

---

1）後述するように「釜ヶ崎」という地名は存在しない。行政は「あいりん地区」と呼ぶことが多い。この点については、第3節で詳説する。ひとまず通称であることを理解して欲しい。

089

を取り上げた際に、「釜ヶ崎はダークサイトではない」や「釜ヶ崎で開催されているスタディ・ツアーはダークツーリズムではない」といった批判を受けたことがある[2]。

　ところで、ダークツーリズムの本質は「祈りと記憶の継承」にある（井出 2012, 2014）。もちろん、論者によっては「教育」を重視する場合（カロリン 2008）や「死生観の問い直し」などの「学習」に重点おく場合（Stone 2012）もある。このことは、ダークツーリズムが内包する価値の多元性を示している。実際、これらの訴求点は閉鎖的で相互関連のない閉鎖的で排外的なものではなく、むしろ相互に補完しうる関係にあると捉えるべきであろう[3]。

---

2) もちろん、好意的なコメントも多数いただいた。原稿を依頼された時点で、数名の研究者から「何らかの批判を免れ得ない」とのことで執筆を断られたため、筆者にお鉢が回ってきたという事情がある。執筆に際しては、釜ヶ崎の支援者や「おっちゃん」に多くのコメントをいただいた。それにもかかわらず、幾つかの批判を受けた。たとえば、須永（2017）は「釜ヶ崎のスタディ・ツアーは、ダーク・ツーリズムというよりも、むしろ反ダーク・ツーリズムという特徴を強くもっているといえる。この点を踏まえると、貧困地域で行われているツーリズムの取り組みを「ダーク・ツーリズム」（cf. 古賀 2016）と呼ぶことの是非を改めて問い直す必要があるであろう」と厳しい（句読点などの表記は改めた）。

　　ただ、同ムックにおいて筆者は「釜ヶ崎を街歩きする際に留意すべき態度と知っておくべき最低限の歴史観を述べたに過ぎない。確かに、同稿において、スタディ・ツアーに対する懸念を次のように述べたことは事実である。すなわち、「観光でなく学習と表現を変えることが、かえって物見遊山的まなざしを助長しているような気がする。『人類の悲しみを継承し、亡くなった方をともに悼む旅』であるダークツーリズムは、労働者の街にどのようにアプローチすればいいのだろうか。（中略）ダークツーリズムの旅人がアプローチすべきは、人間として生きる当然の権利を奪われている人たちがおられることを理解し、その権利を回復させるためにどのようなことができるのかを考える機会を持ち続けるようになることではなかろうか」と。釜ヶ崎では、多様な団体が支援や「学習」という錦の御旗を掲げて活動を展開している。しかし、そのような活動の中には違和感を覚えるような主体が全くないとは言い切れない。その辺りの違和感を新調に表現したつもりである。また、本稿は「ダークツーリズムと呼ぶことの是非を改めて問いなす試み」でもある。これらの点について、大方の批判を仰ぎたい。

3) ダークツーリズムにおける価値の多元性と相互補完性については、2020年7月31日に関西大学（梅田キャンパス）にて開催された関西大学経済・政治研究所第238回産業セミナーにおいて「ダークツーリズムを考える」と題する講演で簡単に解説した。その際に、システム思考で著名なマイケル・ジャクソン（Michael Jackson）の「多様なシステム思考」の枠組みを援用した。経営情報学徒である筆者がダークツーリズムに関心を寄せた背景には、管理科学（management science）の基礎理論であるシステム思考との共通性を感じたこと（に加えて、ダークツーリズム研究の第一人者である井出明教授と国際会議の場で出会ったこと）が深く関わっている点を紹介した。

　このとき、価値の多元性を担保する背景には、ダークツーリズムにおける「ダーク」の所在の認識が深く関わっている。改めて言うまでもなく、ダークツーリズムでは「特定の地域をダークと呼ぶのではなく、『悲劇の記憶』をダークと捉え、人類史の影の部分を大切に取り扱うこと」に重点を置いている（cf. 井出 2015）。

　したがって、ある特定地域に対して「ダーク」と刻印する行為は、ダークツーリズム的実践ではけっしてない。むしろ、それはダークツーリズムが最も忌避すべき態度と言える。繰り返しを厭わずに強調すれば、ダークツーリズムの本質は、人類が継承すべき記憶（ダーク）に対峙し、そこでの経験から何らかの価値観を感じることにある。また、上述の価値の多元性は、ダークに対峙する視座や切り口に応じて異なる訴求価値を引き出すことから生じるものであると理解できる。

　結論を急げば、本章では、このようなダークツーリズム概念をさらに拡張し、観光客という行為主体が自らの心の中に潜む「近代性の影」に対峙し、それを受け入れる観光実践として、ダークツーリズムを捉えることにしたい。このような概念拡張の手がかりとなったのは、ユング心理学における「影」の概念である（cf. 河合 1976＝1986）。以下、拡張されたダークツーリズム概念の下で、労働者の街「釜ヶ崎」を歩くことの「表象と語り」について考察を加えていきたい。

　本章は、次のような三幕構成をとる。第1幕では、本書の主眼である「表象と語りを通じた社会構築物としてのツーリズム」の視点から、ダークツーリズムの意義についての私見を述べる。第2幕では、大阪市西成区の通称「釜ヶ崎」の事例を紹介する。第3幕では、釜ヶ崎という街歩きを通じた「『影の現象学』の試み」について私見を開陳する。

## 2　ダークツーリズムの意義

　ツーリズムを「風光明媚な場所・優れた文物」など「光ある地域」を訪れる消費体験と捉える考え方が広く浸透している。そのためか、ツーリズムに「人類が継承すべき悲しい記憶」という意味とはいえ「闇」や「影」を示唆する「ダーク」という形容詞を冠するツーリズムのあり方に対する反感や違和感が今なお指摘されている。本節では、このような誤解を払拭するために、ダークツーリズムの意義を再確認することにしたい[4]。以下では、そのための予備的作業として、従来のツーリズム概念検討することから議論を始めていきたい。

### 1．ツーリズム概念再考

### （1）ツーリズム概念の意義

　ツーリズムの語源は、ラテン語の「轆轤（ろくろ）」を意味する「ターナス（tornus）」と言われる。そこから転じて、「巡回、周遊」などの意になった。それゆえ、ツーリズムの本質は「異なる空間を経験して戻ってくること」にあると言える。つまり、日常的生活を過ごす空間から離れて「非日常空間」を享受した後に、再び日常空間に戻ってくるという往還運動がツーリズムの本質に他ならない。移動手段がツーリズムの射程に含まれる所以である。ただし、多くのツーリズム研究では、往還の過程を捨象し、「非日常空間」の部分に焦点を置く傾向が強い。このことは、ツーリズムを「非日常空間の消費」と捉える考え方が中心的位置を占めていることからも明らかであろう（cf. Grabur 1989）。とはいえ、日常空間と非日常空間の往還の過程（巡回・周遊）に関わる総ての要因がツーリズムの構成要素であることに留意しておく必要があろう。

　さらに重要なことは、ツーリズムの消費対象である非日常空間の性質は、娯楽に限定されるものではなく、教育や学習を含めた広義の消費体験を含む点で

---

4）ダークツーリズム概念の展開については、古賀 2022 などを参照されたい。

ある。ともすれば、娯楽性の強い物見遊山的な旅を「観光」と呼び、「出張なのか観光なのか」と揶揄される場合が少なくない[5]。しかし、観光という言葉は、そもそもツーリズムの翻訳語として生まれた言辞である。そこで、次に観光の語義について整理することにしたい。

## (2) ハレとケの往還運動としての観光

観光という言葉は、「易経」の中の「観国之光、利用賓于王：国の光を観る、もって王に賓（びん）たるに利（よろ）し」に由来すると言われる[6]。誤解を怖れずに意訳すれば、「ある国に仕官する際に、その国や王の徳や威光の判断する材料として、その地域の風光・文物などを見て判断すべし」となろう。この限りでは、観光の原義は「遊び」というよりも「国威発揚」に関わる実践（現代の「視察」に近い）概念であったと考えられる。

おそらく、「娯楽性や嗜好性」に重点が置かれるようになった背景には、観光そのものが世俗化されたことが大きく関わっていると思われる。観光の世俗化は、翻って言えば「観光が国民生活において不可欠」となったことを意味する（cf. 国土交通省・観光政策審議会 1995）。

さらに、「観光立国」などの旗印の下で、観光（と観光産業）に対する期待が高まるにつれて、次第に観光の意味が「遊びに限定されない多元的な非日常空

---

5) 観光を「遊び」と捉える考え方は、2023年7月の「自民党女性局の海外視察の炎上」を想像すれば容易に理解できるだろう。自民党女性局38名が「幼児教育や女性活躍の事例」を学ぶためにフランス視察旅行を実施した。その際に、視察団長を務める松川るい参議院議員が「エッフェル塔の前でポーズを取る写真」をSNSに投稿した。その結果、「視察とは名ばかりで観光ではないか」とSNSが「炎上」し、マスコミを賑わしたことは記憶に新しいだろう。たとえば、産経新聞「松川るい自民党女性局長ら、フランス「観光」写真にSNSで批判殺到」（2023/7/31付）、東京新聞「視察？観光？　自民党女性局長の「エッフェル塔ポーズ」に批判が殺到　渡航費の原資は税金では…」（2023/8/1付）、TBSニュースオンライン「自民・松川るい女性局長が辞表提出「まるで観光旅行」女性局フランス研修が物議」（2023/8/21）などの記事に通底する「観光」は「遊び」と同義（つまり、仕事の対義語）であろう。
6) ただし、『易経』の表記は「旧字」で「觀國」と表記されているが、便宜上「新字」に改めた。また、易経の解釈については、上田 2004、国土交通省 2001「21世紀初頭の観光振興を考える基本的視点」を参照した。

間の消費と日常空間の往還」というツーリズムの原義に再び近づいてきたと理解できよう。

　前者については、国土交通省・観光政策審議会（1995）が、観光を「余暇時間の中で、日常生活圏を離れて行う様々な活動であって、触れ合い、学び、遊ぶということを目的とするもの」と定義していることからも明らかであろう。もはや観光は「レジャーないし娯楽」に限定されない本来のツーリズム概念に近づきつつあると言えよう[7]。

　後者の往還運動については、興味深いことに、民俗学における「ハレとケ」の考え方と軌を一にしている（桜井ほか 1984）。民族学の研究領域では、非日常空間を「ハレ」と呼ぶ。それは、一般に「儀礼や祭などの年中行事」を意味する。他方、日常生活空間は「ケ」と呼ばれる。

　ハレとケの関係は、次のように考えられる。すわなち、（1）日常生活（ケ）を繰り返す中で、活力ないし生命力が減退する（ケの欠如・喪失、すなわち「ケ枯れ＝ケガレ」）の状態に陥る、（2）非日常空間（ハレ）を経験する（すなわち、観光実践）、（3）日常生活の活力ないし生命力が回復する、というものである[8]。つまり、民俗学の知見に立脚すれば、観光は「ケの欠如を補うために日常生活空間から離れ、ハレの経験を通じてケを取り戻し、再び日常生活空間に戻るという往還運動」と捉えることができる。

　ただし、ここでいう「往還運動」は、一般に言われる「旅行」とは異なる点

---

7) 国土交通省・観光政策審議会（1995）「今後の観光政策の基本的な方向について」（答申第 39 号）。同答申では、観光産業は「21 世紀の基幹産業」であり「地域振興」の鍵と期待される一方で、団体客を前提とする観光産業のシステムの変革の必要性を強調している。なお、注 5 に示した「観光批判」は、国会議員が視察の名の下で「観光地」を訪問したことに対する（さらに言えば、そもそも視察していたのか、という）批判と理解できる。他方で、「観光は遊びではない」という定義を指摘したマスコミを筆者は寡聞にして知らない。

8) もちろん、宗教学の研究領域では、ケガレ＝穢れとする考え方もある。いわゆる死・血・産の三褥の概念を仏教に巧みに取り入れた空海が修行の道場として開創した高野山・金剛峯寺は、穢れ多き女性の入山を禁止していたことは知られている。人類が継承すべき記憶というダークツーリズム実践の立場からは、このような差別の歴史は重要な研究課題として認識されなければならない。しかし、ここでは民俗学的な立場から、ハレとケを議論しているに過ぎない。今後の課題としたい。

に留意する必要がある。旅行はあくまでも「人が物理的に移動すること」に注目する概念であり、永住や雇用のための移動が含むものである。他方、観光では「目的地での永住や営利を目的とせずに、日常生活圏を一時的に離れる旅行」と「観光行動や観光施設など関連する事象」が含まれる[9]。往還運動を含めて観光と理解する所以はここにある。

## (3) 傘概念としてのツーリズム

　以上の議論から、観光の往還過程における「非日常圏」の「性質」が問われていないことが確認された。つまり、観光の対象となる非日常圏は「遊び」に限定されるものではなく、「学び」に繋がる所謂「負の遺産」を既に射程に含めていると言える。

　ところで、この点について興味深い点がある。それは、わが国では、ダークツーリズムが提唱される以前から「悲しみと痛みを記憶する旅」が実践されてきたことである。たとえば、戦争で甚大な被害を受けた広島・長崎・沖縄などを巡る修学旅行が、それである。また、ユネスコの世界遺産においても、所謂「負の遺産」を排除していない。1978年に初めて登録された12件のうち、セネガルの「ゴレ島」は「奴隷貿易の拠点」である。翌年には「アウシュヴィッツ・ビルケナウ収容所」が登録されている[10]。わが国の「原爆ドーム」は1996年に登録されている。実際、数多くの人々がこれらの地に観光に訪れている。

　このとき改めて言うまでもなく、世界遺産を訪ねる旅を「観光」としても違和感はなかろう。ところが、世界遺産そのものがブランド化し、地域の観光資源として保存よりも活用に重点がおかれるような傾向が強まっている。このような潮流に相渉って世界遺産の負の側面が蔵匿されるきらいが否めない。この

---

9) 国連世界観光機関（UN World Tourism Organization）の定義による。この場合、「業務、家事・帰省」の移動は「観光」ではない。ただし、観光白書（2000年度版）では「業務、家事・帰省のついでに、1泊以上付け加えて観光を行う場合」を「兼観光」と呼び、広義での観光に含めている。
10) 正式名称は、「アウシュヴィッツ・ビルケナウ ナチス・ドイツの強制絶滅収容所（1940年-1945年）」である。

ことは、「我が地域はダークサイトではない」という批判を想像すれば容易に理解できるだろう。つまり、ダークツーリズム批判の背後には、観光地としてのブランド化には了解するが、「ダークサイト」と刻印されることに対する忌避するという論理が見え隠れしている。

　ここで、観光の原義に立ち返ってみよう。前述のように観光とは、観光主体による実践である。そのために、観光対象となる非日常空間の性質ではなく、観光主体の実践における態度に注目する分類ができるはずである。このような視点に立脚すれば、ツーリズムという概念の傘の下で、ダークツーリズムは観光実践の理念系の１つとして理解できるであろう。結論を急げば、ダークツーリズムの試金石は「観光地の性質」ではなく、観光実践の行為主体（観光客）の「姿勢・態度」にある。

　つまり、観光主体が、世界遺産という非日常空間から「継承すべき記憶」を引き出し「祈りと悼み」の心情に至るときに「ダークツーリズム」が立ち現れ、「感嘆や驚異」を感じ「感動に身を包まれる」場合は「ツーリズム」が発現する。もちろん、これらは理念系であるために、実際には、両者が複雑に絡み合う形で現出するものと理解すべきであろう。このことが、「『世界遺産観光』を敢えて『ダークツーリズム』と表現する必要はあるのか」という異議申し立てに対する筆者なりの回答である。

　以上のように、「陽」に対する「陰」のように、ツーリズムに対するアンチテーゼとしてダークツーリズムが提唱されたのではなく、ダークツーリズムはツーリズムに内包された芽の１つとして考えるべきであろう。機を熟して芽が萌えるように、ダークツーリズムもまた「継承すべき記憶」の重要性の高まりと共にツーリズムから生まれてきた観光実践なのである。そのために、ツーリズムから息吹いたダークツーリズムの考え方に依拠して地域活性化を試みる場合には「非日常空間の消費」と「往還過程」という従来のツーリズム概念からかけ離れた計画を立案すべきではなく、あくまでもツーリズムの１つのオプションとして捉える必要があることを指摘しておきたい。

## 2.　悲劇に魅了される人間心理の解明

### （1）　死に関わる場に対する魅惑

　次に、観光主体の態度に注目し、ダークツーリズムの牽引力として注目される諸概念について考察を加えていきたい。

　ツーリズムからダークツーリズムが別れ出てきた背景には、「継承すべき記憶」の重要性に直感的に気がついた人が所謂「閾値」に達したからであろう。ダークツーリズム研究の嚆矢を放ったジョン・レノン（John Lennon）とマルコム・フォーリー（Malcom Foley）は、「記憶の継承」に精力的な人々の動きに敏感であった。彼らは、米国大統領ジョン・ケネディが暗殺されたダラス、アウシュヴィッツ＝ビルケナウ強制収容所など「人類の悲劇の場」を訪れる人々が増加傾向にあることに注目した。そして、このような観光実践は、従来のツーリズム概念とは異なる実践原理が見え隠れしていると彼らは考えたのである。そこで、新たな観光の実践原理として「ダークツーリズム」を提唱したのである。

　ただし、ダークツーリズムの提唱以前から、「死」に関わる場を訪れる観光実践そのものは古く、18世紀後半にはその端緒がみられる。

　たとえば、パリ郊外の「カタコンブ・ド・パリ」は、18世紀後半から一般公開されている。ただし、死者の埋葬地ではなく、郊外の墓地を閉鎖した際に遺骨が移転された場であるために、厳密には「カタコンベ」ではない。正式名称は、市営納骨堂を意味する「ロシュエール・ミュニシパル」である。筆者は、2014年6月29日に訪問したが、開場時間前に到着したにもかかわらず長蛇の列で2時間近く待つことになった。採石のために作られた坑道を進むと、壁面に遺骨がうずたかく積み上げられている。区画毎に「元の埋葬場所と移転時期」を示す石版が設置されている。とはいえ、坑内は、頭蓋骨をハート型に並べるなど悪趣味な印象を拭いきれない（恐怖嗜好であれば、興味深いかもしれない）。図1は、坑内の遺骨の展示の様子を収めた写真である。

　遺骨を移設した地下墓地を観光することは、ダークツーリズムというよりも、「死」を指向する「タナトス（thanatos）ツーリズム」ないし「タナツーリズム

図 1

2014 年 6 月 29 日撮影


（thanatourism）」と呼ぶべきかもしれない（cf. Seaton 1996: Stone 2013）。

　このとき、タナトスとは、ギリシャ神話における「死を擬人化した神」を指す言葉である。フロイトは、この神の名を「死を愛でる本能、死の衝動」の意味に用いた。彼は、タナトスの対極として、ギリシャ神話の「愛の神」に因んで「生を愛でる本能」を「エロス」と呼んだ。誤解を怖れずに単純化すれば、野に咲く花を見て、「美しい」と感じる心が「エロス」で、踏みつけたくなる衝動が「タナトス」である。エロスとタナトスは人間であれば誰もが備えている本能であり、両者の適切なバランスを保つことが大切である[11]。タナトスツーリズムの考えに従えば、人間が「死に関わる場所」に誘導するのは、死が内包する蠱惑ではなく、人間そのものに内在する「死を愛でる本能」によることにな

---

11）フロイトと袂を分けたエーリッヒ・フロム（Erich Fromm）は、フロイトのエロスとタナトスの二項対立という枠組を超克し、「善（創造の力＝生）」に対する愛を「バイオフィリアリア」と呼び、創造の力を減退させる誘因力（悪）の構成要素として「ナルシシズム」「ネクロフィリア（死に対する愛）」「共生（近親相姦）的固着」を指摘している（Fromm 1964）。

る。

　ただし、タナトスツーリズムは、次の 2 つの罠がある。すなわち、（1）2 項対立の罠と（2）観光主体の異常性の強調の罠である

　まず、エロスとタナトスの二項対立を単純に援用してしまうと、「生きる喜びを求めるツーリズム」と「死を愛でるダークツーリズム」に二極化させてしまうことになる。このような二極化は、観光対象地域からの「異議申し立て」を招きかねない。そのような異議申し立てを思いつくままに列挙すれば、次のようになる。すなわち、地域を外部から「ダーク」という烙印を押されることに対する反論（我が地域はダークではない）、秘匿しておくべき影の部分を抉られ、好奇の目に晒されるという嫌悪感（そこは見るべきところでない）、特定の歴史観ないし偏見の押しつけに対する抵抗感（特定の偏見を押しつけるな）、「戦争反対」のような表層的な正論を引き出すだけではないかという不快感（だから、どうしろというのか）などを指摘できる。もちろん、これらの異議申し立ては「誤解の産物」に過ぎない。しかし、これらを誤解と論破することはダークツーリズムの課題ではない。むしろ、観光される側の論理を心に留めつつ観光実践を遂行することが重要である点を指摘しておきたい。

　次に、タナトスツーリズムという切り口では、観光主体の異常性、すなわちタナトスの嗜好性が強い人が遂行する観光実践というニュアンスを免れ得ない。そうであれば、異常な観光客を地域が受け入れる必要があるのか、といった批判が生じる可能性が高くなるだろう。以上のことから、タナトスを過度に強調すべきではないと言えるだろう。


## （2）他人の不幸は蜜の味

　次に、死そのものではなく、「他人の不幸」に人々が魅了されるとする「シャーデンフロイデ（schadenfreude）」を取りあげたい。

　災害地や悲劇の場所は、他者の死に直面するだけでなく、生存者や関係者の生、ただし不幸と悲劇に直面した生に関連する。このような「不幸や悲劇」の

場所に人々を誘引する理由の一つとして「シャーデンフロイデ」が指摘されることが少なくない。たとえば、シャープレイ（Sharpley 2009）は「シャーデンフロイデは、ダークサイトに観光客を惹きつける動因の１つである」と述べている（同: 17）。

そもそも、シャーデンフロイデとは、「損害（schaden）」と「喜び（freude）」を合わせた造語で、「他人の不幸を知って感じる喜び」を指す[12]。このような感情を抱くことは、なにも特殊なことではない。誰もが自尊心の低さや自信のなさに苦しむ際には感じることが多いと言われる。つまり、観光客の置かれた状況や心情がダークツーリズムの駆動力になると指摘するのである。

ただし、シャーデンフロイデがダークツーリズムの駆動力であったとしても、その点を過度に強調してしまうと、タナトスツーリズムと同様に、ダークツーリズムを「観光地に『不幸の場所』と刻印する観光実践」に、観光客を「他人の不幸に歓喜する悪趣味の人々」に貶めてしまう蓋然性が高いと言えよう。

ところで、シャーデンフロイデが生起しやすい「落ち込んでいる状態」では、他人の不幸を好むだけでなく、人間の想像を超克した大自然に触れたくなることが少なくない点を指摘する必要がある。卑近な例を挙げれば、失恋などの心を傷ついた場合を想像して欲しい。傷心旅行として、被災地や事故現場に向かうだろうか。むしろ、生命力が活性化するような印象の強い自然の力を感じさせる風光明媚な場所（パワースポット）が択ばれるのではないか。そうであれば、一口に「自尊心や自身を失い苦しい状況」といっても多様な状況があるので、シャーデンフロイデの心が立ち現れる状況について一義的ないし表層的に議論すべきではないと言えよう。言葉を換えれば、シャーデンフロイデをダークツーリズムの牽引力とみなすには注意が必要になろう。

---

12) われわれは、みな少なからず「他人の幸福を妬む心（嫉妬心）」をもつ。シャーデンフロイデは、嫉妬心の裏返しで、他人の不幸や失敗などを知って「ざまあみろ」と快哉を叫ぶ心と言える。同様の表現として、「他人の不幸は蜜の味」や四字熟語の「幸災樂禍」、ネットスラングでは「メシウマ（他人の不幸で今日も飯がうまい）」などがある。

## （3）カタルシスと影

　最後に、死や悲しみに惹かれる人間心理とは別に、悲劇そのものの効果がダークツーリズムを牽引しているのではないか、という主張について検討したい。そこでのキーワードは、哲学や心理学の術語である「カタルシス（catharsis）」である。

　カタルシスの歴史は古く、アリストテレスの『詩学』の中で、悲劇がもたらす効果として説かれている。そこでは、文学作品などの鑑賞において「作品内で展開される世界へ感情移入することで、日常生活の中で抑圧されていた感情が解放され快感がもたらされる」効果が議論されている。実際、落ち込んだときに悲劇を観ることでスッキリした体験のある人は少なくないだろう。ところで、カタルシスは、転じて「無意識の層に抑圧されている心のしこりを外部に表出させることで症状を消失させる治療法（デジタル大辞泉）」の意味をもつようになった[13]。以上のことから敷衍すれば、ダークサイトを訪れ、悲しみと痛みを追悼することは「感情の解放」をもたらすと考えられる。

　ところで、カタルシス効果は、分析心理学における「影」と深く関わっている。以下、河合隼雄（1976＝1986）の『影の現象学』を手がかりに、影の意義について確認しておきたい。

　同書において、河合は、(1)ユング心理学の重要な鍵概念の一つである「影」を意識下に潜む「もう一人の自分」と捉え、(2)意識と逆方向に作用する無意識である影と対峙することの重要性を論じ、(3)自分の影を他者に投影するなど影は人間関係においても重要であり、他者との人間関係の中で自身の影を自覚できるなどを論じている。

　ユングの分析心理学における「影」とは、端的に言えば「自分の生きられな

---

13) 精神分析学の鼻祖フロイトは、ヒステリー症状を治療する際に、カタルシス効果の重要性を指摘した。また、ユング派の箱庭療法では、表現活動を通じて無意識の中にあるものを表現することで、抑え込んでいた軋轢が解き放たれ、症状が改善していくと考える。箱庭療法については、河合隼雄・中村雄二郎『トポスの知』TBSブリタニカ（1984年）を参照されたい。

かった半（反）面」である[14]。無意識の作用が強くなる夢の中では、「虫が好かない同性の人物」として、影が姿を表わすことが多い[15]。日常生活においても、このような「虫の好かない人物」に苛立つ場面が少なくないだろう。このような場合は、相手に自分の影（さらには個人的影を超えた普遍的影）を「投影」していると考えられる（前掲書: 49）。そのことを自覚すれば、相手に対する苛立ちは緩和され、場合によれば、ときにはその人物（影）を「思ったより良い人だった」と感じることになる[16]。

　影の世界は、「暗黒」「不可視」「地下世界」など「光と対極のイメージ」が強い（前掲書: 第3章）。つまり、影は、現在の価値観の否定に通じる性質を持つ。加えて、影には、現在の価値を逆転させる作用がある。具体には、「道化」「トリックスター」「ストレンジャー」の役割を担うと言う（前掲書: 第4章）。それゆえ、影は、現在の価値観を否定し転覆させる作用を持つことになる。さらに、河合は、個性化（自分らしく個性を持って生きていく傾向）を実現する上で、無意識に潜む影を理解し、つきあっていくことの重要性を強調する（前掲書: 5章）[17]。

---

14) ユング心理学では、人々の生き方において、自我（意識）と無意識の全体性が重要視される。全体性を構成するものとして、生きてきた半面を対外的で表面という意味で「ペルソナ」と呼ぶ。他方、無意識には、ペルソナと対称的に内面的で裏面に相当する「影」が潜んでいる。そのために、影を生き方の半面であり反面である。便宜上、「半（反）面」と表記した。

15) 自分の体内にいて自分に影響を及ぼすけれども、自分ではどうしようもできない存在として「虫」を想定した人間は素晴らしい、と折に触れて河合は述べている。

16) 他人に対して「強い悪い感情を抱いたとき、自分の個人的影を超えて、普遍的な影まで投影しがちになる」（講談社学術文庫版: 49）影の投影に気づいたとき「投影のひきもどし」を行う必要があるが、それが「勇気の要る仕事（同: 50）」である、と河合は指摘している。

17) ユング心理学では、個性化を「自分の欲求や理想を完成させ、人格を成長させる過程」と考え、自分自身の実現（self-realization）と捉えている。その過程において、無意識に潜む異性像（男性像は、ラテン語の「魂」を意味する「アニマ」と呼ばれ、「情熱・怒り・遊び」などに関わる；女性像はラテン語の「知性」を意味する「アニムス」と呼ばれ、「理性・権威・自信」などに関わる）を育てることが重要と主張する。ともすれば、「外的に適応した態度（ペルソナ）」を中心に「自分らしさ」を考える傾向が強い。しかし、ユング心理学では、ペルソナ、アニマ・アニムス（内的に適した態度）と影（ペルソナと反対の態度）との均衡状態が個性化において重要であると考える。また、均衡状態を確立する上で、影との対峙・影の受容が不可欠であると考えている。詳しくは、河

　河合の議論を類推すれば、ダークツーリズムは、「非日常空間の消費」という点では従来の観光実践と軌を一にする一方で、その消費経験が「既存価値の否定と転換」を促す点においては従来の観光実践と一線を画していると言えるだろう。また、ダークツーリズムを経験することは「自分らしく生きていく傾向」を確立する上で、重要な役割を担うと考えられる。

　とはいえ、ダークツーリズムは、たんなる「自分探しの旅」ではない[18]。この点については、項を改めて議論することにしよう。

## 3.　ダークツーリズムの実践原理の解明
### (1)　非日常空間における消費内容としての経験価値

　観光実践の特徴は「非日常空間の消費」にある。この点は、ダークツーリズムにも通じる。ところが、前述のようにダークツーリズムの特徴を「ダークサイト」に見いだそうとすると、「怖い物見たさ」のような悪趣味な物見遊山的態度を排除しきれない。タナトスやシャーデンフロイデなどの心理的動因の概念を援用したとしても、それらを過度に強調すれば、誤解を招きかねない。この限りでは、「光ある空間」と「影のある空間」という二分法は、ダークツーリズムの本質を把握する上で十分とは言えない。

　そこで、視点を変えて、非日常空間での消費（すなわち、観光主体が享受する価値）の内容に注目することにしてみよう。このような問題意識は、ダークツーリズムでは「特定の地域」ではなく「悲劇の記憶」をダークと捉えるという（井出 2015）の指摘をマーケティング研究の立場からの再考と捉えることができよ

---

　合（1976）第5章を参照されたい。
18）自分探しの旅とは一般に「将来を悩み、自分が本当にやりたいこと、これからの人生の来し方などを探すための旅」のことを指す。蛇足を承知で書けば、将来を悩んで今此処から離れてしまうことは悪手と言える。たとえば、仏教では、将来を志向する男性原理（仏教では「後生善処」という）と現在を指向する女性原理（仏教では「現世安穏」という）の統合が「仏と成（ひら）く」鍵だとする。このような考え方は、影とアニマ・アニムスとの対峙と受容さらには統合という点と軌を一にする。このような立場を採用すれば、今此処を放棄し「旅に出ること」で自分らしさの確立は覚束ないと言えるだろう。

う。

　さて、観光実践における消費活動とは、一物一価の等価交換などの商品交換原理と異なる原理が作用している。観光では、機能や効能やイメージではなく、「感動」や「思い出」が価値の源泉（消費の対象）である。まさに、パインとギルモア（Pine & Gilmore 1999, 2008）が主張する「経験経済」に相当する。彼らは、経験を次のように類型化している[19]。

　　(1) 娯楽経験　　消費＝感じること　：受動的参加を通じた経験の吸収・
　　　　　　　　　　　　　　　　　　　　　受容
　　(2) 審美経験　　消費＝存在すること：受動的参加を通じた経験への没入
　　(3) 脱日常経験　消費＝すること　　：積極的参加を通じた経験への没入
　　(4) 教育経験　　消費＝学ぶこと　　：積極的参加を通じた経験の吸収・
　　　　　　　　　　　　　　　　　　　　　需要

　従来のツーリズムでは、受動的参加を通じた娯楽経験や審美経験が中心であった。近年では、ボランティアツアーなど脱日常経験も浸透してきた。ダークツーリズムは「人類が継承すべき記憶」を学ぶ旅であるとすれば、まさに教育経験を享受（消費）する観光実践と理解できる[20]。このような、教育（学習）経験は、カタルシスや「影」との対峙と位置づけることができる。というのは継承すべき記憶の学習を通じて「一皮むける経験」を重ねる背後には「影」との対峙と同様の「葛藤」や「投影の引き戻し」が必要となるからである。

　とりわけ、影の受容という意味では、他者性に対する共感（empathy）能力が重要になる。このとき、ダークツーリズムが悪趣味な物見遊山に陥らないためには、対象空間に対する他者性の理解と共感が従来の観光実践と比べてヨリ深

---

19) Pine & Gilmore、1999: 30-31; 2008: 46-47
20) 教育を享受するという意味では「学習経験」と言い換えることができる。パインらはマーケティング研究の文脈から価値提供主体の立場で議論しているので「学習機会の提供＝教育経験」と呼んでいるが、観光主体の立場からは「学習経験」と読み替えることができる。この限りでは、教育経験と学習経験は代替可能のものと理解できる。以下の行論では、代替可能な表現として用いていくことにする。

く求められることは、これまでの議論から明らかであろう[21]。したがって、他者性（の受容）と共感能力の醸成は教育（学習）経験の価値の属性として理解することができる。

　さらに、このような教育経験の価値は、観光主体が抱え込んできた感情の澱の浄化というカタルシス効果を超えて、他者を慮り、「悲しみを二度と繰り返さない」という「祈り」の態度を誘発する可能性が高い[22]。このような経験価値は、従来のツーリズム実践とは性質を異にしていると言えるだろう。

## (2) 経験価値の基本軸としての近代性批判

　以上のように、ダークツーリズムの本質は、非日常空間の「消費される価値の次元」に特徴がある。それゆえ、ダークツーリズムを「災害・事故や戦争など恐怖心や畏怖心を生み出す忌避すべき場を好んで訪れる特殊な観光実践」とする理解は誤りである。

　ところで、教育（学習）経験という価値を享受するためには、「闇や影」に関わる恐怖心や畏怖心に関わる場所が望ましいとは限らない。つまり、「心の闇」

---

21) 須藤（2017）は、従来の観光実践の鍵が「体験」にあるのに対して、ダークツーリズムの観光実践の特徴が「共感」にあると指摘した。その上で、彼は次のように主張した。すなわち。非日常空間で出会う「他者」に感情移入する際に、敢えて暗部を「見世物」にすることで「対等化」ないし「相対化」ができ、さらに「共感」によって、格差や差別からの開放を感じることから、ダークツーリズムは現代観光の極北に位置づけられるのだと。なお、体験は「非日常空間を実際に体験すること」に重点があるのに対して、経験は「非日常空間での体験を通じて、知識や技能を得得すること」を意味することから、経験と体験から得られる価値は別次元と考えることにする。

22) 水俣病慰霊碑や広島の原爆死没者慰霊碑には「二度とこの悲劇を繰り返しません」と刻まれている。しかし、そこには「誰が」という主語がない点がしばしば問題視されている。ただし、水俣病慰霊碑に追加された英語表記では、主語として「私たち（we）」が記されている。とはいえ、「私たちが決意する」と表記されたことによって、「主犯者であり確信犯であるチッソや業績の経時的責任を問わない」ことになってしまう（葛西 2017: 295）。筆者は、このような「誓い」の主語は、観光実践の行為主体である個人であるべきだと考える。多声的な現場をありのまま受け止め、自身の無力さを感じつつも「二度と繰り返さない」ことを誓うことは「祈り」と呼ぶ方が適切かもしれない。この点については、別の機会に詳しく論じたい。悲劇を受け止め、記憶にとどめ、二度と起きないように祈る過程で、どうしようもない自体をそのまま受け止める経験は、上述の「共感能力」の醸成において有益であると思われる。

が必ずしもダークツーリズムの対象空間となり得ないし、逆に「光ある空間」であってもダークツーリズムの要素を垣間見ることができる。そこで、まず「心の闇、必ずしもダークツーリズムならず」という点について説明することにしよう。

改めて言うまでもなく、心の闇は、近代化以前から存在している。たとえば、鎌倉新仏教の開祖の一人である日蓮は、「佐渡御書」と呼ばれる書簡において「世間に人の恐るるものは、火炎の中と刀剣の影と、この身の死するとなるべし」と述べている[23]。敢えて意訳すれば「人々が忌避する不幸や悲劇に共通するキーワードは、災害（事故）・戦争（暴力）・死である」となろう。このとき、災害（事故）や戦争（暴力）においても「不慮の死」は起こり得る。そこで、最後の「死」とは、単に「自らの死に対する不安と恐怖＝死にたくないという思い」だけでなく、「自由を奪われること」なども含まれるであろう。このように闇や影は中世においても人々を畏怖させてきた。

しかし、中世における「災害・暴力・死」に関わる史跡は、ダークツーリズムの対象にはならない。というのは、ダークツーリズムにおいては「近代化批判という視座」がその本質に他ならないからである。蛇足を承知で書けば、近代化とは「人間の理性を信じ、科学と技術を発展させることで、ヨリ良い社会を構築できるとする発想」を意味する。人類は、近代化の発想に立脚することで、多様な人工物が構築されてきた。ともすれば、近代化の発想は、意図しない形で「不幸と悲劇」を招く（意図せざる結果）。その「悲しみや痛みの記憶」は、何らかの形で人工物に残されている。あるいは、比喩的に言えば、「傷」として刻まれている。時を経て、残された人工物に対峙し、そこに刻まれた傷を見いだし、刻印から「近代化の傷跡」を浮き立たせることで、継承すべき記憶や教訓を抽出する。

このような近代化批判のまなざしは、技術社会論の研究領域においてとみに

---

23）日蓮（兜木正亨［校注］）『日蓮文集』岩波文庫などを参照した。

注目されている「アクター・ネットワーク論」の着眼点と軌を一にしている。
同論では、人工物を取り巻く複数の行為主体が形成する「関係性の網」を通じ
て「人工物の社会的意味」が紡ぎ出され、やがて「意味形成の過程」が忘れら
れて、人工物に刻印だけが残ることになる[24]。関係性の網とは、技術社会論の研
究領域では、技術の社会構築（social construction of technology）の過程における
「関連社会グループ（relevant social groups）」に相当する。それは、製品や技術の
開発者、製品の販売者、マスコミ、消費者、社会運動、法律などの人間以外の
行為主体を含めた複合的ネットワークである[25]。経営情報論の研究領域では、こ
のような複合的ネットワークは、接触機会などの心理的距離や物理的距離に関
わりなく相互に影響を及ぼし合うことから、量子力学における「構成的絡み合
い（entanglement）」と見なすことができると指摘されている[26]。つまり、近代化
の刻印の解明には、(1)刻印が押される背景を系譜学的に学ぶこと、その際に、
(2)相異なる行為主体が織り成す複合ネットワークによる意味形成の過程を理
解することが必要となる。後者は、多様な声を聞くことから「多声性（polyphony）
の受容と理解」と言い換えても良かろう[27]。

---

24) アクター・ネットワーク論におけるこのような刻印だけが残る過程は、「翻訳（translation）」の過
程と呼ばれている。アクター・ネットワーク論については、ラトゥール自身による解説（Latour
2005）や（古賀 2021）を参照されたい。

25) 技術の社会的構築（SCOTというアクロニムで呼ばれることが多い）は、ピンチとバイカー（Pinch
& Bijker 1984）を参照されたい。また、「関連社会グループ」と同様の議論が経営戦略論とりわけ
技術経営論の研究領域でなされている。そこでは、新規技術は従来の技術の評価軸を否定するため
に、既存市場で市場占有率の高い企業においては、自らの方針を否定する新規技術の採用が困難で
あること、しかし時間を経て新規技術が既存技術と同じ土俵で勝負できるようになる頃には、既存
技術に依拠する企業群（部品供給者、製造業者、販売業者、第三者的な補完保業者）の連合体（価
値ネットワーク）は新規技術の価値ネットワークに駆逐されてしまうと指摘した（Christensen 1997）。
このような価値ネットワークの交代劇は、クーンの展開した科学革命論におけるパラダイム交代に
通じるものがある。

26) 近年とみに注目を浴びる「社会物質性」の議論においては、その提唱者であるオーリコフスキー
（Orlikowski 2010）は「構成的絡み合い」と呼び、気鋭のレオナルディ（Leonardi 2013）は「覆瓦
構造（imbrication）」と呼ぶ。社会物質性については、遠山（2019）や古賀（2017、2019）を参照
されたい。

27) 多声性とは、本来は「音楽において音を同時にいくつか響かせることを基本とする構成原理」を意

以上の議論から、ダークツーリズムが対象とする「悲劇と不幸の場」とは、「近代」という行動論理が誘発した「意図せざる結果」に関わる遺産に限定することで、「死や悲劇」に関わる対象範囲を徒に拡大することを抑制することができること[28]、翻って、近代批判という側面に注目すれば、「関ヶ原の合戦の跡地」などの古跡を巡る観光実践は、ダークツーリズムに含まれないことが確認できた。

　この限りにおいて、近代化批判という視点が、ダークツーリズムとそれ以外を分かつ分水嶺に他ならない。そして、ダークツーリズムから得られる経験価値は、近代批判という「まなざし」と近代がもたらした「意図せざる結果」に関わる複雑な関係を受け止め、複数の他者の声を聞き、共感することで「得がたき経験」という経験価値を享受することができる。このような観光実践が「ダークツーリズム独自の非日常空間の消費原理」の本質といえる。

## (3) 経験価値によるツーリズム類型のすすめ

　ダークツーリズムという観光実践は、共感や他者性の受容を特徴とする。共感と他者性の受容を実現するためには、観光主体の能動的関与が不可欠であるだけでなく、悲しみの場が社会的に構築されてきた背景を系譜学的に理解する必要がある。つまり「学習の旅」としてのダークツーリズムは、継承すべき記憶に触れる経験からの学習と継承すべき記憶の背景に見え隠れする系譜や社会手構築過程を学習するという「二重の学習の旅」であることが分かる。そのた

---

　味する（広辞苑）。転じて、文学論ではバフチンが「小説の登場人物が最終的に作者の意図通りに動くことで最終的に単一の物語に収束するのではなく、登場人物が勝手に動き出し、作者の意図を超えた物語が展開すること」に注目し、それを多声性理論と呼んだ。多様な行為主体の意見が交錯する中で、事実の意味が社会的に構築される点に注目する本章では、行為主体の多元性・多価値性と相互独立性に注目して「多声性」と呼ぶことにする。

28）敢えて、鎌倉時代の日蓮のことを紹介した理由は、ダークツーリズムの対象となる場の特性である「不幸や悲劇」の淵源は近代化以前に遡ることができることを指摘するためである。近代化が関わることから、ダークツーリズムが「近代の構造が招く意図せざる結果」に注目する点を強調しておきたい。

めに、学習対象は「悲しみの場」であれば良いというわけではない。そこに、近代批判という視座が不可欠である。そして、その視座に立脚するならば、一見すると娯楽性の高い場であってもダークツーリズムを実践することができる。

たとえば、「テーマパーク」を想像して欲しい。テーマパークを巡る娯楽志向の観光実践においても「学習」とりわけ事前学習の重要性が指摘されることが多い。具体的には『地球の歩き方』や『るるぶ』などのガイドブックは、事前学習の教材と位置づけられる[29]。

ただし、これらのガイドブックには「近代化の論理」ないし「産業社会の行動原則」が密輸入されていることに留意する必要がある。たとえば、「テーマパーク」を対象とするガイドブック類の中には、日常を離れた「夢の国」を楽しむ鍵として「計画性と効率性」が強調されるものが少なくない[30]。そこから、テーマパークという「非日常空間」であても「日常空間（産業社会）」の原則ないしし実践原理が深く浸透していることを窺うことができる。言葉を換えれば、夢の国の過ごし方のポイントが「計画性と効率性」であるならば、そこで求められる行動原理は、喜劇王チャップリンが描いた「モダンタイムス」と同じものになると感じることは、一つのダークツーリズム実践と見なすことができる。つまり、ツーリズム概念を類型化する場合、空間の質に注目するのではなく、非日常空間において消費される経験価値に注目することが重要なのである。その結果、同じ非日常空間を過ごしたとしても、観光実践を支える視座によって「遊びの旅」になったり「学びの旅」になったりすると理解すべきである。極端な場合、同一人物が同じ場所で、時刻によってダークツーリズムと従来のツー

---

29) 『地球の歩き方』は、1979年に創刊された旅行ガイドブックである。2021年にダイヤモンド社から事業譲渡され、現在は、株式会社地球の歩き方が発行・学研プラスが販売する。その特徴は、個人旅行者が現地での移動手段や滞在方法などのノウハウを中心に構成された点にある。他方、『るるぶ』は株式会社JTBパブリッシングが発刊する旅行ガイドブックシリーズである。名前の由来は「見る・食べる・遊ぶ」にある。

30) むしろ、「効率的に回りながら、快適に過ごすコツ」や「攻略法」を謳う書籍やWebコンテンツが多数あるとしても過言でない。

リズムを交互に実践できると考えるのが、われわれの立場であることを強調しておきたい。

　以上のように、近代化批判という視点を強調することで、ダークツーリズムは、その対象を拡大することになる。具体的には、戦争や事故に関わる施設や遺跡だけでなく、差別や人権侵害あるいは植民地支配に関わる事物、さらには被災地と対象を拡大したと理解できる。そして、対象の拡大は、結果的にダークツーリズムの効果を多重化させた。すなわち、「風化防止」や「追悼」に加えて、「追体験を通じた共感」や「同じ過ちを繰り返さないための学習機会」あるいは「多面的な地域史の学習」という観光主体の積極的関与が求められ、さらには「観光を通じた経済的支援」という経済効果が謳われるようになったのである。このようなダークツーリズム概念の拡張は、経験価値の考え方を採用することで可能になるといえよう。

## 3　街歩きとしての釜ヶ崎

　ダークツーリズムは「日常生活空間」とは異なる場という意味での「非日常空間」において近代化から生じた「意図せざる結果」と言うべき「刻印」を見いだす旅である。そして、その刻印を観光主体自身が「自分の生きられなかった半（反）面」と位置づけることを通じて、他者性の受容と共感を経験すると平行して、刻印が押された背景を系譜的に理解するという「二重の学習の旅」である。そうであれば、あらゆる場をダークツーリズム的態度で観光実践することができる。以下では、高度経済成長を支えた建築関係の日雇労働者の街・通称「釜ヶ崎」を取り上げ、その旅路について考察を加えていきたい[31]。

---

31) 以下の記述は、（古賀 2015、2018）を大幅に加筆修正したものである。また、筆者が聞き取りを行った釜ヶ崎在住の労働者の方々についてはプライバシーを考慮して匿名とすることとした。

## 1. 釜ヶ崎の概要

### (1) 地図にない労働者の街・釜ヶ崎

　釜ヶ崎は、日本で最大の寄せ場と呼ばれる。寄せ場とは「日雇労働者に仕事を斡旋する業者が毎朝多数やってくる場」を指す（小学館：大日本百科全書）。寄せ場の周辺には、雇用を希望する労働者が多数集まる。多くは日雇労働者である[32]。寄せ場の朝は早い。そのために、労働者は寄せ場周辺に宿泊することになる。そのために、寄せ場周辺には「ドヤ」と呼ばれる「簡易宿所」が集中している[33]。

　日本三大寄せ場と呼ばれる地域の中で、釜ヶ崎が最大と言われる。三大寄せ場は、釜ヶ崎に加えて、漫画『あしたのジョー』の舞台となった東京都・山谷[34]、横浜市の寿が含まれる。

　寄せ場は、労働面から見た街の側面である。生活面で見れば「簡易宿所街」となる。しかも、両者が密接に関わっていることが特徴である。したがって、釜ヶ崎を「労働者の街」と呼ぶことができる。

　そこで、この地域の歴史を概念してみよう。

　ところで、釜ヶ崎は、大阪のどこにあるのだろうか。実は、地図をくまなく探してみても、釜ヶ崎という地名は見つからない。かつては、西成郡今宮村字釜ヶ崎として存在した字名であるが、1922年の地名改正によって地図上から、その名が消失したのである。しかし、労働者の街という誇りからか、釜ヶ崎は地域の愛称として今日に至るまで人々の間で用いられている。

---

32) 雇用保険法によれば「日々雇用される者または30日以内の期間を定めて雇用される者（前2月の各月において18日以上同一の事業主に雇用された者及び同一の事業主に継続して31日以上雇用された者を除く。）」を日雇い労働者と規定している（42条）。
33) 簡易宿所は、宿（ヤド）を「逆さ言葉」にして「ドヤ」と呼ばれる。
34) 『あしたのジョー』は高森朝雄（梶原一騎）原作・ちばてつや作画の人気漫画である。冒頭で主人公の矢吹ジョーが「流れ流れて山谷」と発現している。漫画で登場する「泪橋」周辺の「いろは商店街」や「玉姫公園」などに「登場人物の立て看板や立像」が設置され「町おこし」で注目された。

## (2) 釜ヶ崎小史

　釜ヶ崎の誕生は、当時の資料も少なく不明な点が少なくない。しかし、明治期に多くの人口が流入することで釜ヶ崎の街が形成されたと考えられる。

　一般には、1903年に開催された第5回内国勧業博覧会に際して、名護町から一掃された木賃宿とその住民が移転してきたとして、「スラム・クリアランス」と関連づけられることが多い。しかし、加藤（2001）は、実情は複雑であり、スラム・クリアランス自体が疑わしいと述べている。

　加藤によれば、釜ヶ崎への人口流入の発端は、明治初期のコレラ蔓延と大阪市の都市政策だと言う。江戸時代末期頃より、名護町（長町との表記も見られる：現在の日本橋周辺）に安価や木賃宿が密集し「貧民窟」が形成された。明治初期のコレラが猛威を振るう中で、「不衛生な貧民窟がコレラの媒介に違いない」という思い込みが巷間を賑わすようになる。噂が瀰漫するにつれ、行政は貧民窟解体を企図した。具体的には、「長屋建築規則」や「宿屋取締規則」など法整備を進め、木賃宿に廃業を迫った。営業を継続するためには、移転するしか選択肢はない。その移転先が名護町の南部に位置する釜ヶ崎であった。加藤（2001）は、釜ヶ崎を「行政が意図的に準備を進めていた場」と考えられると指摘している（同：56）。

　安宿が並ぶ釜ヶ崎は、その黎明期から貧困問題を抱えていた。そのためか、第二次世界大戦以前に即に、貧困対策として、今宮保護所など先駆的な取り組みがなされた[35]。戦時中は空襲の被害から焼け野原となった。戦後、焼け跡にバラックが建ち並び、朝鮮特需の頃から簡易宿所が数多く建設された。1959年の釜ヶ崎実態調査から、職を求めて単身男性世帯が急増したことが窺える（cf. 白波瀬 2017）。釜ヶ崎が「おっちゃんの街」と呼ばれる所以である。また、次項で述べるように、1961年から「暴動」が度々発生している。行政とマスコミは、

---

35) 今宮保護所は、武田麟太郎の小説「釜ヶ崎」に「無料宿泊所」として登場する（同作品は青空文庫で閲覧可能）。同所の役割については、大西（2015）や吉村（2022）を参照されたい。

暴動のイメージを払拭するためか、釜ヶ崎と呼ばれた地域を「あいりん（愛隣）地区」と呼ぶことに決めた[36]。とはいえ、住民は向かいからの愛称である「釜ヶ崎」や「カマ」あるいは「西成」を好んで用いていると言われる。

　高度経済成長期には、大阪では、万博会場建設や千里ニュータウンの開発などで土建業における非熟練労働を担う非正規労働者の需要が膨張した。その労働力を供給する寄せ場機能が必要となった。それを釜ヶ崎が担ったのである。否、行政の誘導により、釜ヶ崎は寄せ場になるべく方向付けられたとしても過言ではない。

　寄せ場としての機能は、釜ヶ崎の人口動態に大きな影響を及ぼした。具体的には、仕事を求めて集まる単身男性の割合が急激に増加したのである。労働者の街としての賑わいは、他方で、歪な人口動態をもたらし、その後の釜ヶ崎の社会問題の元凶となったと言える。

## （3）最先端の社会問題の発信基地

　バブル崩壊は、釜ヶ崎の街の様相を大きく変貌させた。

　日雇労働は「雇用の調整弁」と言われる。不景気になると、日雇労働者が真っ先に切り捨てられる。仕事にあぶれた労働者は簡易宿所代さえも工面できなくなった。結果的に、野宿生活者（ホームレス）が増えた。対策として、福祉制度が整備されるようになると、釜ヶ崎は「福祉の街」と呼ばれるようになった。

　さらに、高度経済成長を支えた男性単身労働者達は齢を重ねた。重労働が困難な人が増えたのである。その結果、2021年初頭には職安に登録している日雇労働者は700人にまで減少した[37]。高度経済成長期の登録者数（2万4千人）を

36）ただし、「釜ヶ崎」を通称として併記する新聞記事もある。たとえば、日本経済新聞（2020年1月30日）では「大阪市西成区のあいりん地区（通称釜ヶ崎）」と表記している（愛隣と漢字表記されることもあるが多くの場合は平仮名で表記される）。

37）釜ヶ崎のツアーガイドを務められ、自らも1970年代から日雇労働者として釜ヶ崎で暮らしてこられた水野阿修羅さんのインタビュー記事より引用（阿部光平、2021「釜ヶ崎のレジェンドが語る「大阪・西成」50年のリアル：治安、労働、福祉…実は"どんな人も排除しない町"だった」ジモ

比べて 1/34 に縮小したことになる。

　高度経済成長期を支えるべく釜ヶ崎に流れてきた日雇労働者は年齢を重ねて、重労働が困難になったことで、簡易宿所の経営方針が大きく転換した。介護施設を付属する福祉マンションやインバウンドのバックパッカー旅行者を対象とするゲストハウスに業態を転じた簡易宿所は少なくない[38]。また、街は綺麗になった[39]。今や釜ヶ崎は「社会問題の最先端」と言われる。街の風景は大きく様変わりしている。

　このとき、敢えて私見を開陳すれば、外観が変貌したにもかかわらず、釜ヶ崎には時代を超えて変わらぬ精神が流れているように思われる。そこで、「釜ヶ崎精神とはいかなるものか」について、項を改めて説明することにしよう。


## 2. 釜ヶ崎に宿る精神性

### (1) 労働者の矜持ある街

　一般に釜ヶ崎は、大阪市西成区の北東部、JR 新今宮駅の南側の辺り（狭義には、萩ノ茶屋、天下茶屋北の一部）を指す[40]。面積は僅か 0.62 平方キロメートルと狭い範囲に簡易宿所や商店が密集する点が特徴である。

　ここでは、労働者の街、とくに労働者の「矜持ある街」という釜ヶ崎の側面について考察を加えることにしよう。

　改めて言うまでもなく、釜ヶ崎に集まる日雇労働者は主に「土建業を中心と

---

コロ：https://www.e-aidem.com/ch/jimocoro/entry/abe04/2/）。

38) 工夫して簡易宿所を続ける業者が約 3 割、生活保護や福祉サポート付アパートに転換した業者が約 4 割（大阪では簡易宿所で生活している場合は、生活保護を受給できないことから「生活保護受給者のための住宅」に改称した「福祉マンション」が増えている）。また、交通の便が良いことから、旅行者を対象とするビジネスホテルに転換した業者が約 3 割ある。また、新たに民泊を立ち上げた業者が数多くある。

39) 高齢者の雇用対策として釜ヶ崎支援機構が大阪府・市の委託を受け、地域内外の高齢者特別清掃事業を実施している。

40) 釜ヶ崎の境界は、論者によって多少の差異がみられるため「辺り」と表記した。

する非熟練労働（肉体労働）」に従事してきた[41]。日雇という言葉から明らかなように、基本的には労働当日の早朝に雇用契約を結ぶ[42]。仕事を探す場所は「西成労働福祉センター」である[43]。同センター内に設置された職業安定所は「日本で唯一の就業斡旋をしない職安」として知られていた[44]。当時の主な業務は「雇用保険の手続き」であった。そのためだけの窓口業務を行っていた。その代わりに、同センターにて、斡旋業者と直接交渉して雇用契約を結ぶのである。このような斡旋方法は「相対方式」と呼ばれる。

　現場で8時始業だとしても移動時間などから早朝に契約を結ぶ必要がある。実際、労働者の起床時間は早朝4時頃である。遅くとも5時には起床しなければ、相対方式の交渉に間に合わず、仕事に就けなくなる[45]。そのために、労働者の朝は極めて早くなる。

---

41)　数年前には、建設工事とは異なる仕事として「東日本大震災の被災地における除染作業員」が募集されていた。また、労働者の高齢化に伴い、重労働だけでなく、釜ヶ崎地域の清掃作業なども募集されるようになった。

42)　もちろん、遠隔地での長期間勤務の契約もある。長期間の出稼ぎに行く場合、ドヤを退去し、生活道具などの荷物をコインロッカーに預けるのである。そのため、釜ヶ崎には、コインロッカーが多数設置されている。なお、蛇足を承知で書けば、筆者は、ある労働者からは、次のような体験談を伺ったことがある。それは、山奥の飯場（現場作業員用宿泊施設）に連れて行かれたところ、労働条件が極めて悪く、逃走防止策で飯場周辺には獰猛な犬を放し飼いされていたこと、そこから命からがら逃げてきたとのことである。

43)　曾ては、同センターが入居していた「あいりん総合センター」にて求人活動が行なわれていた。しかし、後述するように、センターは耐久性の問題から建て替えされることとなったが、現在、建て替え工事が止まっている状況である。毎日新聞「西成・あいりん総合センター閉鎖から3年：占拠続ける理由は」（2022年2月27日付）などを参照されたい。

44)　1970年、大阪府・大阪市・職安・センターが協議した結果、就業斡旋（紹介）事業は、職安ではなくセンターが無料で担当すると決めた。しかし、2015年4月19日の大阪地検の判決で、「慣例として40年以上にわたり求職者に日雇い労働を紹介していないことは違法な対応」であると指摘された。日本経済新聞「日雇い労働紹介せず『違法』：あいりん地区の職安に大阪地裁」（2015年5月19日付）、週刊金曜日オンライン「仕事を紹介しない職安を大阪地裁がバッサリ：『あいりん職安は違法である』」（2015年5月19日）。なお、現在では「建て替え中」のセンターの近隣に仮設された「あいりん労働公共職業安定所」に職業斡旋の窓口が開設されている。

45)　仕事につけないことを「溢（あぶ）れる」という。梅雨時など工事が中止になることを「あぶれ」と言う。そのために雨天が続くと生活に支障を来すことになる。そこで、あぶれに対して「日雇労働求職者給付金」が職安で支給される制度が整備された。

一日は早朝から始まる。肉体労働で疲れた体を休めるためには、就寝時間を早める必要がある。その結果、極めて規則正しい生活が求められる。したがって、深酒は禁物となる。実際、釜ヶ崎に「居酒屋」は少なかった。むしろ、多くの飲食店は「孤食」を支える「おかず屋さん」の形態であった。そこで提供される料理は、安価でボリュームたっぷりの食事である。現在では、肉体労働を支える糧の中には、地域に愛されてきた伝統的料理として「B級グルメ」と呼ばれるものが少なくない[46]。実際、釜ヶ崎を「B級グルメ」の聖地と紹介する記事がネット上にも数多く見られる。

　ところが、今では居酒屋やカラオケ屋が軒を連ねている通りが増えている。労働者の高齢化や不景気が重なり、おかず屋さんが激減し、そのかわりに居酒屋が姿を現すようになったのである。もちろん、老後の孤独を癒すために居酒屋を利用する住民も少なくない。住民ニーズに応じて飲食店街が発展してきたとも言える。

　しかし、「酔っ払いの街」というイメージは間違いであると指摘しておきたい。体が資本と言える肉体労働者は、極めて勤勉な生活をしている。この点を看過して、物見遊山的な好奇心だけで釜ヶ崎を訪れる人たちが作った「まやかし」に過ぎない。釜ヶ崎には、そこに住む人びとが体を張って高度経済成長を支えてきたという「労働者の矜恃」がある。

　釜ヶ崎を拠点に、遠隔地まで段ボールやアルミ缶などの廃品を回収する労働者が少なくない。彼らの行動の駆動力は「生活保護よりも仕事が欲しい」という思いに他ならない。この限りでは、釜ヶ崎は「生きることは働くこと」を改めて問いかける街と理解できる。

---

46）B級グルメは郷土料理と異なり「安くておいしい地元で愛されている料理」を指す。その中には、松山市の港湾労働者に提供された「鍋焼きうどん」や川崎市の工場労働者に提供された「川崎コリアンタウンの焼き肉」、肉体労働者の塩分補給を支える富山市の「ブラックラーメン」など肉体労働者の体力を支える料理が少なくない。また、釜ヶ崎をB級グルメの聖地として報告する記事も少なくない（敢えて引用はしないが、検索サイトで「釜ヶ崎　グルメ」を指定すると約31000件ヒットする）。

## (2) 貧困対策と暴動の街

　先に述べたように、釜ヶ崎は、日雇労働者を中心とする暴動が幾度も偶発している。これは、行政と警察と労働者の間の「ボタンの掛け違い」に依るところが大きいと言える。

　1961年、行政は、釜ヶ崎の課題は「貧困対策」と考えていた。釜ヶ崎の貧困対策として、生活・学習・就業支援事業の実施が発表された。

　しかし、当時の住民（日雇労働者）の不満の元凶は、貧困ではなかった。彼らの不満は、警察や就業斡旋制度に向けられていた。たとえば、住民が路上強盗に遭ったと警察署に駆け込んでも「酒を飲んで寝ていたなら自業自得だ」と相手にされなかったという逸話は有名だ。また、上述したように「手配師による相対方式での就業斡旋」が基本であったため、手配師による不正（後述）に対する不満が募っていたのである。そのために、貧困対策事業は、日雇労働者の不満緩和には無為であったと言わざるを得ない。

　結果的に、貧困対策が発表された年の8月に、第1回暴動が発生してしまうことになる。契機は交通事故に対する警察の杜撰な対応であった。警察は、被害者の日雇労働者を事故死と判断した。そして、遺体を放置したまま現場検証を実施した。この行為に対して、遺体を先に収容すべきだ、あるいは救急措置を施せば助かったのではないかなどの激しい抗議が生じた。

　日雇労働者は、それまでもずっと警察から「ぞんざい」に扱われてきた。たとえば、仕事の斡旋業者による給与の中間搾取（俗に「ピンハネ」と言う）が横行し、ときには賃金の未払いさえあり、トラブル（ひいては暴力沙汰）も少なくなかったが、上述のように警察に訴えても「まともな対応」がされなかった。そのため、事故対応に対する警察の姿を見ていると怒りが爆発した。堪忍袋の緒が切れた労働者は、日々の生活で蓄積されてきた警察に対する意趣遺恨や鬱憤を晴らすべく、道路を占拠し投石した[47]。自然発生的に暴動が生じた。激しい

---

47）日雇労働者は、顔が割れることを嫌い、夜間に暴動に加わるという。そのために、昼は休戦状態に

怒りは、派出所や警察車両を破壊した。加害者がタクシーであったことから、路上を走行するタクシーに投石した。甚大な被害が出た。大阪府警は近隣に応援を要請し、約6300人の警官を動員された。暴動が鎮圧されたのは2日後であった。

　ところが、1963年5月に再び暴動が生じた。長雨が続き仕事に就けない労働者の不満が爆発したのだ。同年12月には、求人が激減する年末に「このままでは年を越せない」との不満から走行中の車両に投石するなどの暴動が起きた。

　労働者の鎮圧は不可欠である。しかし、行政にとって、建設需要の高まりの中で雇用の調整弁として日雇労働者の確保は不可避の喫緊の課題であった。しかも、新たな寄せ場を構築することは現実的でない。暴動が発生した地域の住民の移住先を確保することは極めて困難であろう。行政にとって、釜ヶ崎の治安回復は、是が非でも実現しなければならない課題と言える。ここでいう行政とは、大阪府・大阪市・大阪府警の三者である。

　三者は協議を重ねた。まず、地域名称を改めた。暴動発生地域という悪印象を払拭するためである。時に1966年、「あいりん（愛隣）」が誕生した。この新しい愛称について、歓迎する住民と反対する住民がいる。後者の人々は、行政から押しつけられた蔑称だとして、「あいりん」ではなく、敢えて「釜ヶ崎」と呼ぶのである。

　行政は、「あいりん」の新名称の発表に加えて、家族世帯と港湾労働者を地域外に転出させた[48]。以後、労働者の募集は「単身・男性・建設日雇い」に限定する形で実施された。居住者を孤立させることで暴動を抑制できると考えたのか

---

　なる。暴動の間も仕事に就く労働者が多く、暴動は三日ほどで収束したという（筆者の聞き取りによる）。投石には阪堺電車の軌道内の砕石が用いられたと言われている。そのためか、釜ヶ崎区域内の阪堺電車の路面はアスファルトで覆われていた。現在は、アスファルトの劣化が激しく、新たに砕石が敷設されている箇所も少なくない。

48）もっとも沖仲士などの港湾労働者は、1970年代頃の港湾労働の機械化により、次第に需要が減少していた点を指摘しておく必要があろう。この限りでは、必要な建設現場の非熟練肉体労働者だけを集めたいという行政側の意図を垣間見ることができる。

もしれない。

　しかし、これまで述べてきたように、人々が釜ヶ崎に求めていたのは「仕事」であった。福祉事業を受けるために釜ヶ崎に流れてきたのではない[49]。労働者の矜持は、ときとして、公正な労働環境を求めて暴動を引き起こした[50]。仕事を求めて流れてきたがゆえに、仕事に対する期待の大きさが、あぶれた際の不安と怒りに大きく揺れて爆発してしまうと考えることができる。とはいえ、筆者に暴動を称揚する意図はない。むしろ忌むべき所業である。とはいえ、ときには暴動を引き起こすほど、全人格をかけて仕事を求めた人たちの街であるという点は強調しておきたい。やはり、釜ヶ崎は労働者の街なのである。

## （3）優しく危ない街

　本節の最後に、釜ヶ崎の危なさについて私見を述べたい。

　釜ヶ崎は、路上に監視カメラが設置された最初の街と言われる。幾度を発生した暴動を契機に、1966年に、警察による巡回の代替手段として、釜ヶ崎の路上に監視カメラが設置された。その後15台のカメラが追加された。やがて、カメラ撤去を求めた訴訟が法廷に持ち込まれた[51]。大阪地裁は、防犯上の理由を鑑みた上でも、1台はプライバシーを侵害していると認め、その撤去を求めた[52]。

---

49）複数の労働者たちが自身の状況について、各所を転々として最終的に釜ヶ崎に落ち着いたという意味で「流れてきた」という表現されている。釜ヶ崎で生まれ釜ヶ崎で育ったのではないにもかかわらず、この町だけが余所者の自分を受け入れてくれた、というニュアンスを含んでいると思われる。

50）とりわけ、1970年代には僅か3年間の間に13回の暴動が起きたことがある。

51）筆者による聞き取り調査（といっても10名ほどなのだが）では、監視カメラがあることで犯罪が減るのであれば、それで良いと語る方ばかりで、プライバシーの侵害を憤る方はおられなかった。

52）以下、古賀（2015）の記述を再掲すると「大阪地裁の判決では、監視カメラを公道上に設置して情報活動の一環で利用することは、基本的に警察の裁量権であるとの判断が示された。そして、監視カメラ設置および使用の条件として、(1)目的が正当であること、(2)客観的かつ具体的な必要性があること、(3)設置状況が妥当であること、(4)設置及び使用による効果があること、(5)使用方法が相当であることが示された。加えて、監視カメラの合法性の判断は個別に検討することが謳われた。結果的に15台うち、解放会館前に設置された1台のカメラの撤去が言い渡された。大阪地判平成6年4月27日判事1515号116頁；高裁、最高裁も同判決を維持した）。この判決は、カメラ

地裁判決は、プライバシーに関する画期的な判例として有名となった（高作 2015: 古賀 2018）。

　このように暴動や監視カメラの設置などにより、釜ヶ崎は「危ない街」という悪い心証を刻印されたことも事実である。さらに、各種報道などにより、路上での薬物販売や賭博の存在、路上生活者を狙う暴行事件、ゴミの不法投棄などが明らかになった。しかも、噂に尾鰭がついた。結果的に、あいりん地区は「危ない人が多い」や「犯罪に巻き込まれる」という悪い心証を強まり、「あいりん」は「危ない街に付与された名称」というイメージが巷間に広がった。

　果たして、釜ヶ崎は「危ない街」なのだろうか。

　犯罪状況に目を向ければ、高度経済成長期には、日雇労働者の日銭が狙われた事件が多発した。中間搾取（ピンハネ）や賭博、酒に薬物と日銭を剥ぎ取る行為が蔓延していた。この限りでは「危ない街」に他ならない。

　しかし、その一方で、諸事情で釜ヶ崎に辿り着いた「流れ者」を受け入れ、日雇労働の機会を与えたのも釜ヶ崎の特徴である。言葉を換えれば「どんな人でも排除しない街」が釜ヶ崎である。他の街で排除された人や行き場を失った人が、再チャレンジするために集まる街が釜ヶ崎である。がなくなった人を受け入れる中で、ややこしい人を含めて多様な人が集まることで街に活気が生まれる。人間関係に折り合いをつけるのが苦手な人（敢えて言えば、生きるのが下手な人）もたくさんいる。そのような人が「一人でも生きていける街」つまり「ここに来たら、どうにかなる街」が釜ヶ崎の特徴と言える。

　ただし、新しく来た人を狙う「貧困ビジネス」も少なくない。誤解を怖れずに敢えて言えば、「誰でも受け入れる街」であるからこそ、人間関係を断ち切って一人でも生きていける街であるからこそ、そういった人たちを狙う人たちも集まってくるのである。これは、語弊のある表現を承知で書けば、「どんな人で

---

群ではなく個別的な判断を重視したこと、その違法性の基準を示したことで、画期的な判例として注目を集めた。

も受け入れる街」と「危ない街」はコインの両面のような関係にある。ただし、新しく来た人を支援する団体も数多くある。多様な団体が混在することで、特定の課題に迅速かつ融通が利いた対応が可能になる。以上のことから、危ない街という表現は、釜ヶ崎の「どんな人も排除しない街」という側面の裏側だけを強調していることが分かる。上述のように、釜ヶ崎は、その姿の大きな変貌を遂げつつある。しかし、どんな人も排除しないという原則は今なお釜ヶ崎に流れている。

## 3. 釜ヶ崎ツーリズムの概要

### (1) 変貌する労働者の街

　釜ヶ崎を対象とするスタディツアーを各種団体が実施している[53]。以下では、釜ヶ崎ツーリズムを紙上での再現を試みたい。

　釜ヶ崎は交通の要所である。簡易宿所が開設された時期の釜ヶ崎は大阪市外であった。当時の大阪市の境界線は「鉄道の線路（JRの大阪環状線）」であった。釜ヶ崎は、線路を越えた先にある。しかも、紀州街道に面していることで、交通の便が良い。釜ヶ崎は、大阪市の規制を受けずに簡易宿所が建設でき、交通の便の良さから労働者が集まりやすかったことで、寄せ場としては最良の場所であった。

　現在、釜ヶ崎に近接する鉄道駅は、JR「新今宮駅」、南海「新今宮駅」、大阪市高速電気軌道下鉄「動物園前駅」、阪堺電車「新今宮駅前停留場」である[54]。

53) 萩之茶屋地域周辺まちづくり合同会社をはじめ、幾つかの団体でスタディツアーが開催されている。筆者は、2016年3月31日に釜ヶ崎で活動する紙芝居劇「むすび」の支援者によるガイドツアーに参加した（以来、「むすび」の方々と筆者の交流は現在も続いており、年に数度であるが紙芝居の「助っ人」として出演している。また、NPO法人「こえとことばとこころの部屋 cocoroom」が主催する「釜ヶ崎芸術大学」の活動として2019年5月23日(木)の7:00〜9:00に開催された「阿修羅さんと朝あるく釜ヶ崎」に参加した。また、2023年12月18日(土)の10:00〜12:30に開催されたスタディツアー（新今宮ワンダーランド事務局主催）に参加した。
54) 路線に注目すれば、JRは環状線と関西本線、南海は南海本線と実質的には高野線、大阪市高速電気軌道は御堂筋線・堺筋線が乗り入れる。なお、阪堺電気軌道（阪堺線）の停留所名は、2014年

JR新今宮駅のホーム上から、天王寺方面（南海電鉄の反対側）に目を向けると、左手にラグジュアリーホテルが見える。改札に降りる階段に近づくと、「通天閣」や「フェスティバルゲート」の跡地が見えてくる。

　釜ヶ崎の誕生に深く関わる内国勧業博覧会の跡地に、1912年、遊園地「新世界ルナパーク」と初代通天閣が建設された。1997年に開設された都市型立体遊園地「フェスティバルゲート」は一世を風靡したものの、バブル崩壊の影響を受けてか10年で幕を閉じた[55]。さらにインバウンド需要の高まりとともに、簡易宿所とは真逆のラグジュアリーホテルの進出は巷間を賑わした。各都市に1カ所しか進出しない方針のため、梅田や難波でなく新今宮に敢えて進出することになる。その成功が危ぶむ声も聞かれたが、開業後は大盛況だという[56]。

　このように釜ヶ崎に立ち寄る前に、大正期から平成バブル期そして令和期の都市開発の変遷に触れることができる。

　JR新今宮駅の改札を出て、進行方向逆向きに戻ると阪堺電車の線路が見える。さらに歩くと紀州街道である。信号を横断すると、かつての簡易宿所が軒を連ねている。

　一部の簡易宿所の建物の壁面に不自然な境界線に気がつくだろう。高度経済成長期に流入した人口増加に対応するために、古い建造物の周りに増築したことから生まれたものだ。また、窓には鉄格子が設置された簡易宿所が見える。これは「薬物が横行した頃、誤って転落しないように設置された」と言われている。加えて、窓の位置が気になる建物も見える。通常の1階をベニヤで上下に仕切り、新たに増設された各階の部屋に窓を配置したのである。このように、

---

　　12月1日に「南霞町停留所」から現名称に改称された。

55) フェスティバルゲートはバブル末期に開園したが、後の景気減退の中で「周辺の野宿生活者の溜まり場になれば、利用者が敬遠するのではないか」という懸念から警備員が増員されたことが、結果的に人件費を押し上げ、経営破綻の一因になったという噂が釜ヶ崎には広く浸透している。

56) 山口由美「フタを開ければ「週末は満室」の大成功…星野リゾートが「大阪のヤバいエリア」の出店を決断できたワケ」プレジデントオンライン（以下のURLで閲覧可能：2023年11月3日確認）。
https://president.jp/articles/-/59396?page=1

釜ヶ崎は、建築物を眺めるだけでも時代に翻弄された街であることが分かる。

　また、前述したように、老朽化した簡易宿所は、高齢者を対象とする「福祉マンション」やインバウンド需要を睨んだ「民泊施設」、さらにはビジネスホテルなどに装いを新たにしている。なお、民泊施設は、観光局の認定シールが貼付・表示されている。また、玄関の門柱などに数多くの鍵箱が結びつけられているなど異様な概観であるために、その存在は直ぐに分かる。入り組んだ路地の間にも民泊施設が姿を見せることがある。

　紀州街道を右手に曲がると、「あいりんシェルター」が見える。無料宿泊所で、夕方にチケット（ベット整理券）が配布される。基本的に誰でも宿泊できる[57]。

　シェルターの先の交差点から「あいりん労働福祉センター」が見える。1970に竣工された同センターは、求人側（手配師）と労働者が対面交渉する場（寄せ場）、労働者のためのロッカールームやシャワールーム、食堂、就業斡旋をしない職業安定所の窓口も設置されていた。上層階には、労働者が低額で受診できる「大阪社会医療センター付属病院」や市営住宅が入居しており、上層部を含めた場合「あいりん総合センター」と呼ばれた[58]。

　同センターは、老朽化と耐震性の問題を看過できなくなり建て替えが決定し、2019年末をもって閉鎖されることになった[59]。ところが、現在、同センター閉鎖を反対する人たちによって占拠されており、解体工事は進んでいない。センターを訪れる人たちは、閉鎖反対を掲げる看板やゴミを寄せ集めて築かれたバリケードに目を奪われる[60]。そのために、現在の様相に驚くだろう。

---

57）筆者が聞き取りした労働者の一人は、シェルターの配券時間までに戻れる仕事のときには、なるべく生活費を切り詰めるためにシェルターを利用しているとのことだった。

58）2010年代には、釜ヶ崎に「結核」が猛威を振るったことで、結核菌遺伝子同定法の導入、呼吸器科専門医の常勤化などの対策強化を図っている。

59）大阪市による「西成特区構想」の一環として検討された。なお、同構想については、トップダウンというよりも、「釜ヶ崎のまち再生フォーラム」など地元の声が反映される形で協議が重ねられていることが分かる。

60）同センターの廃止と今後の街づくりについては、注50で指摘したように、釜ヶ崎で長らく生活を

近隣の南海本線の高架下には、労働福祉事務所が仮設移転している。高架沿いの道路は、かつては露店だけでなく、食堂や書店が軒を連ねていた。今は、駐車場になるなと閑散としている。また、センター内に入居していた職業安定所も近隣に仮設・移転している。

　センター近くに設置された監視カメラは、新たな訴訟の契機となった。2014年、大阪府は既設カメラ13台を高性能カメラに切り替えた。さらに「あいりん地域の環境整備5か年計画」の中で新たに45台のカメラを増設するとした。これほど集中的にカメラが設置された場所は、日本では珍しい。

　訴訟の発端は、2019年に起きた。労働福祉センター駐車場を監視するカメラの向きが変更された。レンズが新たに向けられた方向には、センター閉鎖反対運動の拠点があった。やがて、抗議行動が起きた。11月にカメラにゴム手袋が被せられた。翌年3月にはレジ袋が被せられた。この所為を巡って裁判となり、一審は有罪、2023年6月14日の高裁判決にて逆転無罪が下された[61]。

## (2) 消された記憶を訪ねる

　なんらかの遺構が残っている場合は、人工物に刻印された歴史を感じることができる。しかし、遺構などが撤去された場合は、そのような体験は難しい。とりわけ、西成特区構想によって、街の景観は大きく変貌している。そのために、過去の傷痕が失われた場所がある。ここでは、そのような「遺構のない場所」を訪ねる旅を試みる。

　閉鎖された「あいりん総合センター」を回ると南海本線の線路沿いに出る。紀州街道と南海本線側道の間の道まで歩みを進め、交差点を右に曲がると、病院が見える。総合センター上層部に入居していた大阪社会医療センター付属病

---

営む労働者を支援する各種団体が協議に参加している。そのために、大方の労働者は「建て替え」に賛成しているようだ。そのためか、労働者の中には「反対者は余所から来た奴や」と説明される方が少なくない。とはいえ、ここにも「誰でも受け入れる街」の側面を垣間見ることができる。
61）ゴム手袋を被せた4名、レジ袋を被せた4名が逮捕され、後者4名が起訴され有罪判決（罰金刑）を受け、それを不服とする3名が上告していた。

院が移転・新築されたのである[62]。この場所は、萩ノ茶屋小学校の跡地である。1917年に今宮第三尋常小学校として創立されたが、近年の児童減少から、近隣の2校（弘治小学校と今宮小学校）と統廃合され、2015年3月末に、その歴史に幕を閉じた[63]。

　閉校後しばらくは校舎が残されていた。図2は、2016年3月31日に筆者が撮影した小学校の塀の写真である。塀に設置されている金属の管は散水装置である。当時は、両側の歩道に「ハの字」の形に多数の花壇が設置されていた。

　いずれも「排除アート（hostile architecture）」と呼ばれるオブジェクトである。花壇は物理的に路上生活者の居住空間を拒絶するオブジェである。散水装置は、辺りを水浸しにすることで「テントや段ボール紙の設置拒否」を暗に伝えている。

図2

2016年3月31日撮影

---

62）同病院は、2020年12月に新築・移転された。

63）弘治小学校は、はるき悦己の漫画作品『じゃりン子チエ』の主人公チエちゃんが通う「西萩小学校」のモデルである（弘治小学校の所在地は「花園北」であるが、1973年の住居表示変更までは「西萩」であった）。三校の統廃合により、通学距離が長くなる児童もでた。特に低学年の場合、重いランドセルを背負って長い距離を通うことは大変だと思われる。

さらに歩みを進めて、阪堺電車の線路沿いまで行くと、自転車置き場がある。整備前は、線路内への立ち入りを防止する金網柵の前に更に金網柵が二重に設置されていた。先に述べた暴動の際に、投げられたのは線路内の砕石であった。そこで、線路内に立ち入れないように金網が設置された。ところが、バブル崩壊後に、金網に寄り掛かる形で歩道部分にテントや段ボールハウスを設置する路上生活者が増えた。歩道部分を利用できないように、歩廊の手前に新たに柵が設置されたのである。一時期は新たな柵の前に工事用の黄色いガードフェンスが設置されていた。フェンスや柵の残骸が一部残っている場所があり、当時の様子を窺い知る手がかりが残されていると言える（そのうち撤去されると思われる）。

　以上のように、釜ヶ崎の街にある（あるいは存在した）人工物はすべて由来がある、否、社会的に構築された表象なのである。過去を消されたという意味で「悲劇の場」と言えるかもしれないが、「見えない記憶」に触れ、それを心にとどめる旅をダークツーリズムと呼ぶならば、釜ヶ崎を訪れることは、近代化の意味を考え直すきっかけになると思われる。

　もちろん、「このような記憶は果たして継承に値するのか」という疑問は残るかもしれない。とはいえ、コロナ禍で注目を浴びたマイクロツーリズムを楽しむ手がかりは、このような小さな歴史の発見にあるといえる。それゆえ、「見えない記憶」に触れる試みは、旅を泰にすると言える。その豊かさの源泉をわれわれは「ダークツーリズム」と呼ぶのである。


## (3) 福祉の先進地としての歴史

　過去を想像する旅は、ここまでとして、次に、釜ヶ崎の福祉の歴史に触れてみたい。

　阪堺電車の線路沿いから紀州街道に向かう。紀州街道沿いに、多数の監視カメラが設置されていることが分かる。要塞のような門構えの建物が見える。それが西成警察署である。西成警察署とローソンの間の筋を西に進むと、認定特

定非営利活動法人「こどもの里」がある。

　同所が「こどもの遊び場」として開設されたのは1977年である[64]。サンフランシスコ会が運営する「ふるさとの家（後述）」の2階の1室から始まった。1980年、運営を「守護の天使の姉妹修道会」が引き継ぎ、現在の場所に移転した。大阪市の「こどもの家事業」の認可を受けるも、同修道会が運営から撤退し、事業継続も危ぶまれた。事業は「カトリック大阪大司教区」を経て、2015年に、活動主体として非営利法人を設立、2018年には認定NPOとなった。その間、大阪市の「こどもの家事業」の廃止など行政の施策変更の影響を大きく受けながらも、地道な活動を展開している。

　同所の活動を有名にしたのは、映画『さとにきたらええやん』である。ただし、この映画は、同所の活動を基礎に製作され自主上映された作品である[65]。筆者が見学した際も、同作品のポスターが玄関に掲示されていた。

　再び、紀州街道に戻り、南に進むと、上述の「ふるさとの家」がある。同所の施設長を1998年まで務めたのは、本田哲郎神父である。同神父は、宗教を超えて「釜ヶ崎反失業連絡会」などの活動に取り組んでいる。また、釜ヶ崎に関連する著作として『釜ヶ崎と福音』を公刊している。

　個人的に印象に残る本田牧師の言葉がある。それは「野宿をしている労働者に『自分は野宿したことないから何もわかっていないかもしれない』と話すと、「あんたが野宿してくれたって何の足しにもならない」と返された」と言う。そして「同じことをするのが歩み寄りであるかのような、見当違いの同情をやってしまう」と釜ヶ崎での支援活動の陥穽に警鐘を鳴らした言葉である[66]。

---

64）以下の記述は、こどもの里の公式Webサイトを参照した。同サイトのURLは次の通りである（2023年11月3日確認）。https://www.eonet.ne.jp/~kodomonosato/sato.html
65）同映画の公式WebサイトのURLは次の通りである（2023年11月3日確認）。http://www.sato-eeyan.com
66）同様の意見を本田神父は懇意だと言う別の支援者から窺ったことがある。それは『DARK tourism JAPAN』でも紹介した「貧困をみつめるまなざしは凶器になり得ることに注意しなければならない」、「（夜回りの際に）おにぎりを差し入れしたことで。受け取った人が自殺することもある」というものだ。その方からは、「頑張ってという言葉はいらないんです」、「手紙なんて書いらあかん、渡したらあかんよ」とも言われた。これらの言葉が示唆するキーワードは「ディスポーニブル」と

ところで、「ふるさとの家」で学ぶべきことは、もうひとつある。それは、この地に曾てあった「今宮診療院」のことである[67]。

今宮診療院は、1921年に開設された。その目的は、生活困窮者に無料診療と施薬の提供をすることであった。国民皆保険が実現を受けて、1976年に、その使命を果たしたとして、半世紀に及ぶ歴史の幕を閉じた。今宮診療所を開設したのは、サントリー創業者・鳥井信治郎である。しかし、彼は、孟子の教えである「陰徳」を重視し、自らの功績を公言することを嫌ったと言われる[68]。そのために、釜ヶ崎のスタディツアーのガイド（日雇い労働者のおっちゃんが担当することが多い）の間でも「今宮診療院を誰が作ったのか」が議論されていたと言う[69]。現在は、サントリーのWebサイトにも記載がされている[70]。

さらに、南に進むと、炊き出しや「釜ヶ崎夏祭り」などでステージが開設される三角公園がある。同公園の敷地内には、いまでは珍しい「街頭テレビ」が設置されている。

また、新今宮駅の方向に戻り、旧・萩ノ茶屋小学校跡地を向かうと、その手前の交差点の左手に「大阪市立西成市民館（旧・今宮市民館）が見える（旧・萩ノ茶屋小学校跡地を南に進むと、この交差点に出会う）。

西成市民館は、大阪に残る唯一のセツルメントである[71]。セツルメントとは、

---

「ネガティブケイパビリティ」と言えるだろう（cf.古賀 2002）。

67) 今宮診療院や鳥井信治郎の活動については、社会福祉法人「邦寿会」のWebサイト「邦寿会の沿革」を参照されたい。以下のURLで閲覧可能：2023年11月3日確認。https://www.houjukai.jp/history.html

68) たとえば、週刊東洋経済の「サントリーが表に出さない『陰徳』の存在感：作家・伊集院静氏が語る創業者鳥井信治郎」ノ記事を参照されたい。以下のURLで閲覧可能である：2023年11月3日確認。https://toyokeizai.net/articles/-/192105

69) 複数のガイドから窺った。

70) たとえば、同社のCSR報告書「CSR TOPICS 1921年から続くサントリーのCSRの原点『邦寿会』」が以下のURLで閲覧可能である：2023年11月3日確認。
https://www.suntory.co.jp/company/csr/data/report/2017/pdf/suntory_csr_08.pdf。

71) 大阪の公立セツルメントの概要については、次の資料が参考になる。大阪市社会福祉研修・情報センター（2021）『特集：市民館設立100周年：大阪のセツルメントの歴史をたどる』「ウェルおおさか」Vol.132、1–3頁。（以下のURLで閲覧可能：2023年11月3日確認）。

19世紀後半の産業革命の時代に英国で貧富の格差をなくすために生まれた運動である。具体的には、労働者の居住区に定住（settle）し、人々に教育や医療などの提供や自主的活動の組織化を通じて地域住民が主体的に生活できる仕組みづくりに取り組む活動である。

18世紀末の大阪は、まさに産業革命のまっただ中にあった。火力発電所や紡績工場が設立され、重工業化が一気に進んだ。同時に、劣悪な労働条件や物価高騰により貧困に喘ぐ人々も増加した。上述の名護町のようなスラム街（貧民窟）が問題視されたのだ。

大阪でのセツルメント運動の嚆矢を放ったのは、日本の社会福祉事業の先駆者・石井十次である。彼は、民間セツルメントとして愛染橋夜学校や日本橋同情館を設立した。他方、米騒動を契機に、大阪市は公立セツルメントを開設した。西成市民館は、大阪で唯一残ったセツルメントである。

同館の1階は、「わかくさ保育園」が入居している[72]。同園を運営するのは、石井十次の支援者である倉敷紡績の社長・大原孫三郎が石井の事業と人格を記念して設立した社会福祉法人石井記念愛染園である。上述の愛染橋夜学校や日本橋同情館がその前身である。同園は、現在、西成市民間の指定管理人を勤めている。

同館2階には、講堂と2つの会議室がある。各種イベントが開催されている[73]。コロナ禍前に筆者が訪問した際には、第2木曜を中心に「ふれあい喫茶はぎ」が実施されていた。ミニお好み焼きとドリンクで200円だったと記憶して

---

https://wel-osaka.com/johoshi/pdf/132.pdf。

72) わかくさ保育園では、釜ヶ崎在住の元労働者のおっちゃん達との交流を精力的にしている。たとえば、紙芝居劇団「むすび」が定期的に公演している。筆者は、2023年9月28日に公演に「お父さん役」として参加させていただき、公演後の園児との交流を経験する機会を得た。また、同法人は「地域の子供の遊び場」として「今池子供の家」を運営している。筆者は、同所には、移転前に2度ほど訪問させていただき、現在の弘治小学校跡地に移転する際には、引っ越し作業の手伝い（荷物運びに1日、移転後の整理に2日）をさせていただいた。

73) 西成市民館での各種イベントは、同館のWebサイトを参照されたい。
https://www.aizenen.or.jp/rinpo/info/nishinari

いる[74]。地域の人々との交流する機会として、コロナ禍の中止を経て、現在は再開されている。

番外編として、紀州街道を越え、堺筋を横断し、飛田本通り商店街に辿り着く。飛田遊郭の大門跡を過ぎると、料亭「鯛よし百番」の建物が見える[75]。曾て遊郭として使用された建物は、現在は登録有形文化財となっている。飛田大門に戻り、飛田本通り商店街を少し歩くと坂口安吾が「楼主が娼妓の逃亡をふせぐために作った」と書いた飛田遊郭の壁が見える。

飛田本通り商店街から阪堺電車・今宮駅を目指して歩みを進めよう。目指す場所は、松乃木大明神の境内である。ただし、道が狭く分かり難い上、地図アプリでは廃止された「南海天王寺支線」が道路のように見えるのだが、実際は立ち入りできない区域が多い[76]。同境内には、三味線の皮に使われる猫の供養塚（猫塚）があり、遊郭と芸能の繋がりを感じることができる。また、飛田遊郭の誕生に関わった松田雪重の顕徳之碑が建立されている[77]。

---

74) 曖昧な記述を自己弁護しておくと、当時は、情報倫理研究の一環で「監視カメラ」を巡る地域住民のインタビュー調査の準備作業として釜ヶ崎に足を運んでいたため、値段などをメモしてしなかった。ところが、釜ヶ崎に足繁く通ううちに、紙芝居劇むすびに出演するなど釜ヶ崎の魅力に取り込まれてしまった感は否めない。なお、紙芝居劇むすびは、関西大学2016年度春季人権啓発行事として高槻キャンパスで公演および講演していただいた（5月24日、筆者の担当講義科目の時間を利用した）。

75) 現在も営業しており、会席料理や鍋コースなどを提供している。施設内の見学会や撮影会も開催している。同所のWebサイトは以下のURLである：2023年11月3日確認。https://hyakuban.jp

76) 南海天下茶屋駅から分岐して天王寺駅を結んでいた支線。1984年に天下茶屋駅と今池駅の間、1993年に残る区間が廃線となった。山王みどり公園（花壇つき遊歩道）として日中のみ開放されている区間もある。

77) 松田雪重は、暴力団「松田組」を結成した組長である。売春防止法施行の2ヶ月前に発足した「飛田新地料理組合」の設立に関与した（売春が職業から犯罪に切り替わっても、新しい仕事がなければ犯罪に手を染めるしかない女性を救うために組合を設立した）という噂が巷間に流布しているけれども、真相は不明である。

# 4　おわりに

　釜ヶ崎は、魅惑的な街だ。その街を歩くことは、「近代化によって失われたもの」を考える機会になる。そればかりか、生きることについて改めて考え直すヒントが得られる。それは、自分の生きられなかった半（反）面である「影」に触れることができるからであろう。

　釜ヶ崎の歴史を学び、釜ヶ崎に活気を取り戻そうと挑戦するスタディツアーが精力的に展開されている。また、貧困に喘ぐ人たちを支援しようと各種団体が夜回りや炊き出し、生活保護受給の支援など多様な団体が多面的な活動を展開している。

　ところで、自分とは異なる他者の異質性を「他者性」を呼ぶ。観光実践の鍵は、他者性を見つめる「まなざし」の体得と言われてきた。さらに、他者に対する「共感」が観光実践の新たな課題であると言われている。しかし、他者みつめる「まなざし」や「見当違いの同情」が釜ヶ崎では「凶器」にもなり得る。夜回りで手渡す「おにぎり」が、野宿生活者の自尊心を破壊して（極端な場合、自殺に追い込んで）しまうことさえある。釜ヶ崎ほど、労働者としての矜持が強い街は、そうそうないかもしれない。彼らが欲するものは、食べ物やお金ではない、仕事なのだ。

　他者を知る、他者性を受容するとは、このような思いの一端を理解しようと努力することに他ならない。共感までの道のりは遠いかもしれない。

　コロナ禍以前は、SNSや動画投稿サイトの影響からか、好奇心だけで釜ヶ崎（やハンセン病療養所など）に立ち入り、そこで生活する人たちの画像や動画を撮影し拡散する事案が問題になった。しかも、プライバシーを無視した公序に反する投稿を見て、さらに釜ヶ崎を訪れようとする人が増えるという悪循環が生じていた。釜ヶ崎恒例の夏祭りについても、コロナ禍以前であるが、騒ぐだけが目的で釜ヶ崎に足を踏み入れる人が増えていた。ある労働者が「(今はもう昔の」釜ヶ崎の祭りではなくなった。外のもんが、わいわい騒いでるだけで、

一つもおもろないから、いけへんようになった」と語ったことがある。もちろん、新しい住民が増えることは良いことだが、「外のもん」が街で生活することはない。

そもそも観光とは、非日常空間の消費であり、日常空間と非日常空間の往還を通じて、日常生活での活力を復活させる実践である。記憶を継承する観光実践を通じて、釜ヶ崎という非日常空間での経験を通じて、どのような価値を享受し、いかなる活力を得るのだろうか。それは、近代化の流れの中で、多様な行為主体が複雑に関わり合う中で、意図せざる結果が生じること、多様な行為主体の異なる主張が現在の状況を織りなしていること、そのためには立場の異なる多くの声を聞き、受けとも、時にはどうしようもないまま祈るしかないと感じることではないだろうか。

自身の心の闇を映す場所をダークサイトと呼ぶならば。如何なる場所であってもダークサイトになり得る。われわれが、釜ヶ崎を訪れ、そこで何かを感じ、自分を見つめることができれば、それはもうダークツーリズムの歩みを始めたことに他ならない。なぜなら、われわれの行動原理には少なからず近代性の論理が編み込まれているからだ。

この限りにおいて釜ヶ崎の街を歩くことは、「貧困地域で学ぶ旅」ではない。自分自身の「影」に出会う旅である。このような旅をわれわれは「ダークツーリズム」と呼ぶのである。

【謝　辞】

本研究は、関西大学経済・政治研究所の「エキシビションとツーリズム研究班」および独立行政法人日本学術振興会のJSPS科研費23K01620、20K01899、2023年度関西大学学術研究員の助成を受けたものである。

【参考文献】

Christensen, C.M.　1997　*The Innovator's Dilemma: When new technologies cause great firms to fail.* Harvard Business School Press.

Foley, M. & Lennon, J. J.　1996a.　"Editorial: Heart of darkness," *International Journal of Heritage Studies*, Vol. 2, No. 4, pp. 195–197.

Foley, M. & Lennon, J. J.　1996b　"JFK and Dark Tourism: A fascination with assassination," *International Journal of Heritage Studies*. Vol. 2, No. 4, pp. 198–211.

Graburn N.　1989　"Tourism: the sacred journey," In Smith, V. [ed.] *Hosts and Guests: The Anthropology of Tourism* [2nd ed]. University of Pennsylvania Press: Philadelphia; pp. 21–36.

Leonardi, P. M.　2013　"Theoretical Foundations for the Study of Sociomateriality," *Information and Organization*, Vol. 23 No. 2, pp. 59–76.

Lennon, J. & Foley, M.　2000　*Dark Tourism: The Attraction of Death and Disaster.* Continuum Publishing.

Orlikowski, W. J.　2010　"The Sociomateriality of Organizational Life: Considering technology in management research," *Cambridge Journal of Economics*, Vol. 34 No. 1, pp. 125–141.

Pinch, T. J., & Bijker, W. E.　1984　"The Social Construction of Facts and Artefacts: Or How the Sociology of Science and the Sociology of Technology Might Benefit Each Other," *Social Studies of Science.* Vol. 14, pp. 399–441.

Seaton, A. V.　1996　"From Thanatopsis to Thanatourism: Guided by the Dark," *Journal of International Heritage Studies*, Vol. 2 No. 2, pp. 234–244.

Stone, P.　2013　"Dark Tourism Scholarship: A critical review," *International Journal of Culture, Tourism and Hospitality Research*, Vol. 7 No. 3, pp. 307–318.

Stone, P. R.　2012　"Dark Tourism and Significant Other Death: Towards a model of mortality mediation," *Annals of Tourism Research*, Vol. 39 No. 3, pp. 1565–1587. [doi.org/10.1016/j.annals.2012.04.007]

Stone, P. R.　2006　"A Dark Tourism Spectrum: Towards a typology of death and macabre related tourist sites, attractions and exhibitions," *Tourism: An International Interdisciplinary Journal*, Vol. 54. No. 2, pp. 145–160.

Stone, P., & Sharpley, R.　2008　"Consuming Dark Tourism: A thanatological perspective," *Annals of Tourism Research*, Vol. 35 No. 2, pp. 574–595.

Sharpley, R.　2009　"Shedding Light on Dark Tourism: An introduction," in R. Sharpley, R & Stone, P. R. [Eds.] *The Darker Side of Travel: The theory and practice of dark tourism.* Channel View, Tonawanda, pp. 3–22.

井出 明　2014　「退化的進化とダークツーリズム」『第19回進化経済学会全国大会報告予稿』（全5頁）以下のURLにて閲覧可能、2023年10月12日確認）。
http://www.jafee.org/conference/conference_files/AkiraIde.pdf.

井出 明　2012　「日本におけるダークツーリズム研究の可能性」『第16回進化経済学会大阪大会予稿』（以下のURLにて閲覧可能：2023年10月12日確認）。
http://jafeeosaka.web.fc2.com/pdf/B5-1ide2.pdf.

上田卓爾　2004　『観光』の語源と用例について（井上萬壽蔵の著書を検証する）」『日本観光

学会誌』Vol.44、89-94頁。

大西祥惠　2015　「日雇労働者を対象とした戦前の社会事業：今宮保護所を事例として」『経済学雑誌』Vol.115　No.3、267-281頁。

加藤政洋　2004　『大阪のスラムと盛り場――近代都市と場所の系譜学――』創元社。

加藤政洋　2001　「木賃宿街『釜ヶ崎』の成立とその背景」『空間・社会・地理思想（大阪公立大学）』Vol.6、51-58頁。

フランク・カロリン　2008　「『学ぶ観光』と地域における知識創造」『地理科学』Vol.63　No.3、160-173頁。［doi.org/10.20630/chirikagaku.63.3_160］

河合隼雄　1976　『影の現象学』思索社（のち講談社学術文庫、1987年）。

古賀広志　2022　「ダークツーリズムの現代的意義：観光行為の社会物質的転回」エキシビションとツーリズム研究会［編］『エキシビションとツーリズムの転回』関西大学経済・政治研究所所収、245-292頁。

古賀広志　2021　「ZTCAモデルとデザイン・サイエンスの類似性：地域デザイン学の研究課題についての試論」『地域デザイン（地域デザイン学会誌）』Vol.18、131-150頁。

古賀広志　2019　「情報経営学は何をどのように明らかにすべきか？ 社会物質性という分析装置の有効性についての一考察」『日本情報経営学会誌』Vol.39　No.3、66-79頁。

古賀広志　2018　「CCTVシステム導入における、かたりとまなざし：社会物質性への誘い」『日本情報経営学会誌』Vol.37　No.3、74-85頁。

古賀広志　2017　「人間を中心とする情報システムにおける社会物質性の視座」『情報システム学会誌』Vol.12　No.2、47-58頁。

古賀広志　2016　「労働と都市を考える」『DARK tourism JAPAN 産業遺産の光と影』80-85頁。

国土交通省　2001　「21世紀初頭の観光振興を考える基本的視点」（以下のURLで閲覧可能：2023年11月3日確認）。
https://www.mlit.go.jp/kisha/oldmot/kisha00/koho00/tosin/kansin/kansin2_.html

国土交通省・観光政策審議会　1995　「今後の観光政策の基本的な方向について」（答申第39号）（以下のURLで閲覧可能：2023年11月3日確認）。
https://www.mlit.go.jp/singikai/unyusingikai/kankosin/kankosin39.html

桜井徳太郎・谷川健一・坪井洋文・宮田登・波平恵美子　1984　『ハレ・ケ・ケガレ――共同討議』青土社。

白波瀬達也　2017　『貧困と地域：あいりん地区から見る高齢化と孤立死』中公新書。

須藤廣　2017　「現代観光の潮流のなかにダークツーリズムを位置づける」『立命館大学人文科学研究所紀要』Vol.111、5-36頁。

須永和博　2017　「他者化から共感へ：釜ヶ崎のまちスタディ・ツアーを事例として」『立命館大学人文科学研究所紀要』Vol.111、61-85頁。

高作正博　2015　「プライバシー権と民主制：西成監視カメラ訴訟を契機として」『大阪の都

市化・近代化と労働者の権利』（関西大学経済・政治研究所研究叢書、Vol.161）、81-99頁。

遠山暁　2019　「情報経営研究における社会物質的パースペクティブの可能性」『日本情報経営学会誌』Vol.39　No.3、5-27頁。

原口　剛　2016　『叫びの都市：寄せ場、釜ヶ崎、流動的下層労働者』洛北出版。

本田哲郎　2006　『釜ヶ崎と福音：神は貧しく小さくされた者と共に』岩波書店（のち岩波現代文庫、2015年）。

吉村智博　2022　「昭和恐慌期の失業問題と山口正：『失業の研究』を中心に」『関西大学人権問題研究室紀要』Vol.84、A1-A14。


**また、本文中での引用はないが、釜ヶ崎については、以下の文献を参照した。**

生田武志　2007　『ルポ最底辺』ちくま新書（後に増補改訂版として『釜ヶ崎から：貧困と野宿の日本』ちくま文庫、2016年）。

釜ヶ崎資料センター編　1993　『釜ヶ崎　歴史と現在』三一書房。

原口剛、稲田七海、白波瀬達也、平川隆啓編著　2011　『釜ヶ崎のススメ』洛北出版。

# 第4章　水俣映像譚

松　山　秀　明


## 1　なぜ人は「水俣」を語りたがり、そして語りたがらないのか

　まず、はじめに、断っておかなければならない。この小論は「水俣」について書かれたものだが、筆者に「水俣」を論じる資格はない。この原稿を書くために、計2回、水俣市を訪れたが、こんな程度で「水俣」を論じていることをたいへん申し訳なく思っている。これまで、どれほどの人が水俣病に苦しみ、悶えてきたか。国や県、チッソと闘い、補償や認定という高い壁にあいながら、どれほどの心が傷つけられてきたか。どれだけ多くの患者や家族たちが誹謗、中傷に耐え、差別や偏見にあい、それでも胎児性の子どもらが育ってきたか。被害者同士でさえ、どれだけの妬みや、望みもしない対立を余儀なくされてきたか。どれほど多くの人が患者たちを支援し、医学的な研究もされ、本が出版され、議論されてきたか。ほんの2回訪れた"余所者"が、「水俣」について書く権利などない。原田正純が提唱した「水俣学」を、なぞることすらできないだろう。

　それでも、恥をかき、無知を晒してまでも、あえて筆者が「水俣」について書こうと思ったのは、ある素朴な疑問からだった。それは「人はなぜ、水俣を語りたがるのか」ということだった。この小論を書いている筆者が言うのは身も蓋もないことなのだが（いや、それも含めてということなのだが）、歴史をさかのぼってみても、本当に多くの人が「水俣」について語ってきた。さまざまな著作や写真集、解説書、研究書、探訪記、講演集、対談集に至るまで、あまたの書籍が出版されてきた。正直、「水俣」を冠した本は、多すぎると言ってい

い。もちろん「水俣」に関する新聞記事やテレビ番組、映画も含めれば数えきれない。つまり、「水俣」はイメージにあふれすぎているのだ。とにかく「水俣」は、これまで多く人びとが語る対象でありつづけてきた。いったい、これはなぜなのか――。

　この疑問は、実際に現地に行ってみて、さらに膨らんだ。人は水俣を語りたがるだけでなく、そこに行きたがり、そして、最後は住みたがるのだ。訪れてみて感じたのは、水俣には「移住者」がとても多いということだった。もちろん、これは行く前からある程度、わかっていたことではある。水俣に限らず、闘争の現場には全国から多くの支援者たちが集まるものである。ただ、実際に行ってみて、あらためて水俣には、水俣以外の地域（とりわけ都市部）から移り住んできた人たちがいまなお多いことを知った。自然豊かなところにゆっくり暮したいという、昨今の移住ブームとはまったく異なる、特別な意思をそこに感じた。

　ゆえに、なぜいまだに人は水俣について、「語りたがり」、「行きたがり」、そして「住みたがる」のか。それを知りたいと思った。語弊を恐れずに言えば、水俣とは「魅惑の地」なのである。水俣という土地には何かが蠢いていて、人びとを引きつける何かがある。いつまでも「終わらない地」として、水俣には人の心に訴えかけてくるナニモノかが宿っている。それが「お前も語らないか」と耳元で囁いてくる。そう思わないかぎり、これだけ多くの人たちが水俣を語ってきた理由を説明することができない。

　この膨大な言説を誘発しているのは、やはり先人たちのものがあるからだろう。これまで「水俣」を語ってきた人たちを挙げればきりがない。石牟礼道子を筆頭にして、写真では、桑原史成、塩田武史、ユージン・スミス、アイリーン・美緒子・スミス、石川武志。舞台では、砂田明。映画では、土本典昭、高木隆太郎、大津幸四郎、佐藤真、原一男。テレビでは、小倉一郎、大治浩之輔、木村栄文、村上雅通、宮澤信雄。新聞では、高峰武を中心とした熊本日日新聞の記者など。これまで、あまたの人びとやジャーナリストたちが「水俣」を伝

え、論じてきた。有名、無名を問わず、多くの者たちが水俣に入り、ときに暮らし、患者たちに寄り添いながら、「水俣」を表現しようとしてきた。

　ここには社会学者の日高六郎が言うように、「水俣と東京の対抗関係」のようなものがあるのだろう（水俣フォーラム編 2018b: 6）。水俣は、都会（とりわけ東京や大阪）からまなざされることを許してきた。ときに「好奇」となるそのまなざしを、あたたかく迎えいれてきた（もちろん、その反発もあっただろう）。そして、水俣に入った者たちはその〈圧倒的な現実〉に打ちのめされ、自分の愚かさを知る。だから、人は、水俣について語ろうとするのかもしれない。そして、住まなければならないと思うのかもしれない。水俣自身が「語ることの自由」をあたたかく許容する一方で、語ろうとすればするほど語り手の価値を問いかえし、〈圧倒的な現実〉を突きかえしてくる。なんとも水俣とは「魅惑の地」なのである。

　ほかにも「水俣」をめぐっては、医師の原田正純をはじめとし、学者の宇井純、宮本憲一、色川大吉、患者支援の川本輝夫や佐藤武春、日吉フミコ、ここに患者自身も加わって、川上タマノ、杉本栄子、濱元二徳、緒方正人、あるいは胎児性患者の坂本しのぶ、田中実子、上村智子、松永久美子といった、さまざまな「患者さんたち」がときに水俣のアイコンとなって、語り／語られつづけてきた。さらに、ここにチッソの元従業員などの言説も加わっていく。一言で言えば、水俣のまわりには、あまりにも「表象」がつきまとっている。外から論じる人。患者たち。それを撮る人。住まう人。一緒に闘う人。訴訟派。一任派。自主交渉派。支援者。加害者。被害者。病を隠す人。チッソ。市。県。国。保健所。医者。認定患者。未認定患者。中傷する人。補償金をもらった患者を揶揄する市民。「ニセ患者」発言する議員。すべてから距離を置く人。「もやい直し」を叫ぶ人──。これらすべてが水俣の「表象」となって、互いに牽制しながら、鬩ぎあっている。ここまで複雑な地が、日本にほかにあるだろうか。それくらい、水俣にはアクターが多い。しかも、それぞれが別の角度から「水俣」を語っている。だから、"余所者"でも語っていいんだという自由な雰

囲気を感じてしまうのだろう。繰りかえすが、「水俣」は、そうした懐の深さを
もっている。

　一方で、行政としての水俣市に目を転じてみれば、「できることなら水俣病を
語りたくない」ということは、容易に想像がつく。むしろ、水俣病を覆い隠そ
う、その負のイメージを変えようと必死である。2015年に新しく改装された水
俣駅（肥薩おれんじ鉄道線）の構内を歩いてみると、筆者が訪れたときには「水
俣病」についての展示はなかった。改装当初、石牟礼道子に関する展示スペー
スがあったというが、市民からの要望で撤去されたと聞く。水俣市の観光パン
フレットを見てみても、水俣病の記載はなく、それを想起させる不知火海のイ
メージすら前面には出てこない。多くの人が差別にあい、市民同士ですら罵り
あった悲しい過去は、当たり前のことなのかもしれないが、水俣市の「観光」
にはならない。「病」や「闘い」は、ツーリズムの対象にはならないのだ。ゆえ
に、水俣市内には「水俣病」という言葉に対する、強烈な敬遠を感じる。

　だから、水俣市では同市出身のイラストレーター江口寿史のポスターをあら
ゆるところに貼って、新しい「みなまた」像を打ちだそうとしているのだろう。
あえてひらがなで「みなまた」と書かれたオリジナルポスターは、2008年以来、
これまで 6 つ作成されてきた。江口曰く「このポスターは「彼氏の故郷を一緒
に訪れた彼女の目に映った水俣」という設定で書きました」という（水俣市産
業建設部経済観光課「江口寿史さんが描いた水俣」パンフレット）。ポスターに付
されたキャッチコピーを並べてみれば、「さあ、みなまた」（2008）、「次は、み
なまた」（2010）、「来てみて！みなまた」（2011）、「いいね！みなまた」（2012）、
「だから、みなまた」（2013）、「恋して、みなまた」（2020）となっている。

　なお、江口のイラストにも描かれている「エコパーク水俣」は、海底にあっ
たヘドロを埋立てててきた場所である。1977年、熊本県は水銀の高濃度エリア
を護岸で囲み、そのなかに周辺のヘドロをくみあげて、合成繊維製のシートを
敷き、土砂をかぶせて埋め立てた。埋立てた区域は58万平方メートルで、約14
年、485億円かかったという（もちろん、いまなお安全対策への疑問の声は多い）。

　熊本県では1987年からこの埋立地の活用案を検討しはじめ、竹林園やメモリアルタワーの建設、「環境創造みなまた推進事業」として１万人コンサートなどを計画した。しかし、このとき緒方正人・さわ子が「水俣病　意志の書」を配布し、「水俣病事件を無きものにせんとする謀略」として、同計画に反対の表明をした（水俣病センター相思社編 2017）。

　結局、エコパーク水俣は2007年に開園し、なかにバラ園などが作られ（ここで水俣ローズフェスタなどが開かれる）、2009年には「道の駅　みなまた」もオープンした（メインのShop & Cafeはミナマータという名称である）。2010年には、デートやプロポーズにふさわしい「恋人の聖地」に選ばれ、ハート形のモニュメントも建設された。エコパーク水俣から恋路島が臨めるのがその理由である。このお披露目の式上で、当時の水俣市長は「新しい水俣の象徴として愛を語る場となり、新しいカップルが誕生することを願う」と挨拶した（『読売新聞』2010年４月25日西部朝刊）。江口のポスター「恋して、みなまた」（2020）でも、高校生らしきカップルが、同モニュメントを挟んで描かれている。

　一方、パーク内には約50体の小さな野仏が、不知火海のほうを向いて並んでいる。水俣病患者や支援者らでつくる「本願の会」が建てた「魂石」である（図１）。

図１　不知火海を望む魂石（筆者撮影［2023年11月］）

野仏はさまざまな形をしており、幼い子どもを抱いた母親の魂石も多い。すぐ近くの「水俣病慰霊の碑」には認定患者の名前が刻まれ、毎年5月1日には、水俣病犠牲者慰霊式が行われている。パーク内には、いろいろな思いが鬩ぎあっている。

このパーク脇にあるのが、1993年に開館した「水俣市立水俣病資料館」である。設立の目的は、(1)水俣病問題の教訓を後世に活かすこと、(2)水俣病に関する資料の散逸防止に資すること、(3)水俣病の経験を踏まえた、地球規模での環境問題への情報発信拠点とすること、とされた（「環境創造みなまた推進事業の概要（1991年）」（水俣病センター相思社編 2017））。実際、資料館のなかに入ってみると、水俣病の公式確認から被害の拡大、被害者の闘いと認定・補償制度、差別や偏見といった社会的被害、そして環境モデル都市水俣へと向かおうとする「水俣」の歩みを、通時的に解説している。石牟礼道子『苦海浄土』の直筆原稿や、塩田武史撮影の巨大写真、認定患者の緒方正実が実際に使用していた大量の薬の束なども展示されている。また同資料館では、開館翌年の1994年から「語り部制度」をはじめ、長らく患者の杉本栄子や石田勝、金子スミ子、杉本雄らが「語り部」を務めてきた。いまも濱元二徳や緒方正実、永本賢二らが「語り部」となって、講話をつづけている。

けれども、これらの水俣病が「観光資源」となることはない。水俣病を学びに地元の小中高生がやって来ることはあっても、広島・長崎に修学旅行へ行くのとはやはり意味あいが異なっている。水俣では「環境の学び」を打ちだしているものの、結局、焦点が患者個人の問題へと向かっていく。たとえば小学生たちから語り部へあてた手紙を読んでみると——資料館内に掲示されている——、その多くが、いじめられた経験をもつ患者への哀れみとなっていた。広島・長崎では「戦争の悲惨さ」へと学びが普遍化され、修学旅行先の常連となっているのに対し、水俣では問題が個人レベルにとどまったまま、きわめて矮小化されていた。これは告発患者や支援者らが孤立していった歴史と無縁ではないだろう。ゆえに、水俣は学びとしての「観光」の場にはまだなっていない。残念

ながら、いまだ「公害遺産」にはなりきれていないのである。事実、市の中心部には観光客用のホテルや旅館がきわめて少なく、水俣の中心街に「ツーリズム」の要素は見うけられない。もちろん、市内北部には湯の児温泉、山間部には湯の鶴温泉があるものの、少なくとも水俣市中心街を散策したり、エコパーク水俣を訪れるための宿泊施設は少なく、むしろ「観光」するには不便な場所であると言っていい。そもそも、水俣駅の目の前には、いまだに正対するように、チッソ水俣工場（現 JNC 株式会社水俣製造所）がそびえ、降りたつ観光客たちにまるで睨みをきかせているようである。

　冒頭の話に戻ろう。このように「水俣」ではイメージが交錯しながら、人びとの「水俣」経験がつむがれている。「水俣病は終わらない」という言説が、ひたすら繰りかえされながら、「水俣」のイメージはずっと鬩ぎあっているのだ。それでは「なぜ、人びとは水俣について語りたがるのか」。この素朴な疑問を「映像」という観点から書いてみようというのが、この小論のささやかな目的である。つまり、われわれは「水俣」を知る手がかりとして、まず「映像」というものが大きな存在としてあったのではないか。大胆に言えば、「映像の表象」によって「水俣」という地はありつづけてきたのではないか。「映像」で見たという経験が、「水俣を語りたい」「水俣に行きたい」という衝動を掻きたててきたのではないか。そしてその先には「水俣に住みたい」という願望へと繋がっていくのではないか。

　筆者には、これまでの水俣病の歴史や、複雑な患者団体の闘争史を書く知識、それらに新しい知見を加える能力はない。この小論は、あくまでも「表象」と「語り」をめぐる、「水俣」の映像譚を素描することしかできない。

## 2　人びとの「水俣」体験はどこからくるのか

　人びとの「水俣」経験はどこからくるのだろうか。とりわけ余所者にとって、「水俣のイメージ」はどこから醸成されてくるものなのだろうか。まず、この問

題から考えてみたい。真っ先に思い浮かぶのが、石牟礼道子の著書『苦海浄土 わが水俣病』（1969年）である。石牟礼は、水俣を語るうえで、いまなお神格化 された存在である。その幻想的な筆致は、「水俣」が神話性を帯びる一つの要因 になっている。若松英輔が言うように、「「石牟礼道子」という名前は、個人の 名前であるとともに、語らざるものたちのおもいを宿した集合的な精神の呼び 名でもある」（水俣フォーラム編 2018b: 156）。彼女が著した幻想文学が、「水俣 を語ること」あるいは「水俣に行くこと」の推進力になりつづけてきたことは 言うまでもない。それだけでなく、石牟礼が水俣において人と人とをつなぐ結 節点となり、「水俣」の語り全体を形づくった。間違いなく、水俣を「魅惑の 地」にした一人であろう。亡くなってもなお、彼女の存在と文学は多大な影響 を与えつづけている。

　ほかには、ユージン・スミスの存在も大きい。『LIFE』で名をはせた海外の "著名な" 報道写真家が、日本の、しかも "辺境" の水俣を訪れ、そこに家を借 りて約3年間も滞在し、写真を撮りつづけたという事実──そして五井事件で 怪我を負ったという史実──は、人びとの水俣への関心を刺激した。1971年、 ニューヨークにいたユージン・スミスは、妻・アイリーンとともに水俣に行き、 1975年に写真集『MINAMATA』を発表する。胎児性患者の上村智子と母の入浴 シーンを収めた《入浴する智子と母》は、いまなお賛否あるものの、水俣表象 を代表する一枚となった。もちろん、ユージン・スミスが水俣で活動できたの は、すでに水俣で写真を撮っていた塩田武史や桑原史成の存在も大きかっただ ろう。ただし、「HIROSHIMA」とは異なる「MINAMATA」という横文字のもつ 不穏な視覚的インパクト──Aが多いためか、どこか文字全体がより鋭敏な印象 を受ける──は、ユージン・スミスという海外の眼を通して、もたらされたも のだろう。

　このように「水俣」のイメージは、ありとあらゆる角度から放たれ、人びと の経験と記憶につながっている。もちろん、人によって「水俣の知り方」は異 なるだろう。高校の教科書で「四大公害病の一つ」として習って終わってしま

うものもいるだろうし、それ以上のイメージを知ろうとすれば、石牟礼の文学
やユージン・スミスの写真といった「メディア」を通して、醸成されていくも
のである。ただやはり、冒頭に述べたように、水俣にとって「映像」というメ
ディアのもつ威力は大きかったのではないか。とくに「水俣を語りたい／水俣
に行きたい」というアウトサイダーたちにとって、水俣を映した「映像」は強
烈な印象を残した。水俣病患者特有の手足の震えや胎児性患者たちの悲惨な姿
は、視覚的に「動く映像」としてとらえられることで鮮明なイメージとなった
のである。

　なかでも、初期に大きな役割を果たしたのが、NHK「奇病のかげに」（1959年
11月29日放送）というテレビ番組である。『日本の素顔』という初期ドキュメン
タリー・シリーズの第99集として制作された。水俣と映像のかかわりが論じら
れるとき、必ずと言っていいほど引き合いに出される番組である。同番組には、
当時の患者たちの生々しい姿が出てくる。テレビ史においてやや神格化されす
ぎな面もないではないが、水俣病を全国に伝える端緒となった。たしかに「奇
病のかげに」放送以前にも、1959年11月2日に起きた「漁民騒動」を、朝日、
毎日、読売の主要三紙が全国紙で報じたが、記事の焦点はあくまでも「乱闘」
であり、患者たちの生活ではなかった（平野恵嗣 2017）。この点、「奇病のかげ
に」では、患者たちの手足の痙攣や急性劇症型の症状、小児水俣病の子らの姿
を、克明に「映像」として伝えたことに意義があった。


　　おそらく、人びとがメディア環境において、水俣病患者とその家族の生
　活を見ることとして、初めて水俣病事件を経験したのは、1959年11月29日
　に放送されたNHKのテレビドキュメンタリー『奇病のかげに』によってで
　あっただろう。それまで、新聞はもとより、テレビニュースにおいても、
　患者と家族の姿や、彼ら、彼女たちの生活が語られ、表象されることは少
　なかった。（小林直毅編 2007: 336）

番組の冒頭では、手足が震える患者や眼が泳ぐ患者、寝たきりの患者をとらえながら、ナレーションがこう問いかける。「謎の奇病の正体は、いったい何でしょうか」。その後、水俣で起きている現状を次々に紹介していく。水俣産ではないと張り紙をだす魚屋、水俣湾を見つめる老人、患者となった家族の生活、病に効くとやってくる怪しげな薬売り、漁民たちの叛乱を恐れてバリケードをつくるチッソの工場。どれも水俣の「いま」である。番組の最後、病気になってふらつきながら歩く女の子を映しだしながら――この女の子こそ、幼少期の坂本しのぶである――、ナレーションは力強くこう言い放つ。「これは南九州の一つの町で起きた悲惨な出来事です。そして、それはまた住民の幸福を守るべき地方政治のあり方、大企業の生産のあり方など、われわれに多くのことを教えているようです」。

　小林直毅の詳細な分析によれば、この番組は全14のシーンによって構成されている（小林直毅編 2007）。まず、悲惨で恐ろしい水俣病の実態を映しだし、それがチッソ水俣工場の工業排水が原因であることを暗に示しながら、水俣の町全体に広がる動揺を「表象」していく。これはいままで新聞で報じられていたことを「映像を見る衝撃へと変形し、表象した」（小林直毅編 2007: 343）。さらに新聞と異なるのは「急性劇症型の患者の身体、患者と家族の悲惨なまでに貧しい生活、生業を奪われた漁民の姿を見ることとしての水俣病事件の経験」（小林直毅編 2007: 356）へと昇華させたことにある。公式確認から3年が経ち、ようやく「暴徒」としての表象ではない、水俣病患者たちの「被害」や「生活」としての様子が、映像としてとらえられたのである。その意味で、画期となった番組であった。

　当時、この「奇病のかげに」の反響はどうだったのか。一般社団法人放送人の会が収集した「放送人の証言」には、同番組のディレクター小倉一郎（NHK）の証言が残されているが、そこで彼は「反響はほとんどなかったですな」とボソッと語っている。しかし、小倉の回顧とは裏腹に、この番組は決定的な役割を果たしている。それは、のちに胎児性水俣病研究の第一人者となる原田正純

が、この「奇病のかげに」を見て、水俣病のことを知ったからである。熊本大学医学部を卒業後、東京の病院でインターン研修をしているとき、原田は偶然、この番組を見たという（原田正純 2016）。NHK『ドキュメンタリー　内なる「水俣」〜告白的医師論〜』（1973年放送）のなかでも、若き日の原田は、この番組が水俣病を知るきっかけだったと語っている。

　あの原田正純の水俣病との出会いが、「テレビ」によってもたらされたものだったという事実は、やはり、映像の表象が果たす役割の大きさを考えさせられる。この番組で水俣病を知った原田は、熊本大学に戻り、宮川九平、立津政順のもとで水俣病の研究や診察に向きあっていくことになる。原田曰く、「NHKのテレビ番組「日本の素顔」で水俣病患者のフィルムを見て、たいへんなショックを受けたことがあるが、そのときは、水俣病がその後、私とどのように深くかかわってくるかについては思い及びもしなかった」（原田正純 1972: i）という。その後の原田の活動の重要性は、あらためて述べるまでもない。

　当時、テレビはネットワークを広げながら、マイクロ回線を伸ばし、地方からの情報が中央に伝わるようになっていた。こうしたテレビ産業史のなかに「奇病のかげに」は位置づけられるのだろう。番組冒頭の手の震える患者のシルエットが、実は制作者であったという「やらせ疑惑」もあるが、水俣病の症状を視覚的に全国に伝えたという意義は大きい。もちろん地元紙『熊本日日新聞』の報道は、早くからあった。水俣病関連が初めて報じられたのは、1954年8月1日付の『熊本日日新聞』朝刊である。当時の漁村ではネズミが漁網を齧るため猫を飼っていたが、茂道部落の猫たちが次々に変死したことを伝えたものだった（水俣病センター相思社編 2021）。その後、ある姉妹が発病し、医師の細川一が保健所に届け、1956年5月1日に水俣病の公式確認となる。熊本大学によって有機水銀説が濃厚となるなかで、『熊本日日新聞』による連載報道はつづいた。しかし、震える手でコップを持つ患者の「映像」の迫力はすごかった。悪く言えば、このとき「水俣病＝劇症型患者」のイメージが定着していくことになったのである。

これはまったくの推測の域を出ないが、「奇病のかげに」の放送後、『週刊朝日』1960年5月15日号に「水俣病を見よ——貧しき漁民の宿命」というルポルタージュが掲載されたが、これは同番組に触発されたものではないだろうか。記事のなかで番組への直接の言及はないものの、記事内に登場する患者たちが番組と重なり、記事冒頭の「これは九州の海だけの問題ではない」という文言は「奇病のかげに」のナレーションにも近く、また記事末尾の「"日本の断面"」という文言もどこか『日本の素顔』を連想させる。さらに同記事には、テレビで水俣病の惨状を見たという神戸市の老婦人から、熊本大学医学部に10万円の寄付があった事実も綴られている。明らかに「奇病のかげに」を見ての行動であった。実は、写真家の桑原史成は、このルポルタージュを読んで水俣入りを決めたという（桑原史成 2013）。もしもこの推測が正しいとするならば、桑原の水俣入りも間接的に「テレビ」が影響していたことになる。

　ただ、1960年代に入って、「奇病のかげに」の続編となるような番組は制作されず、いったん途絶えてしまう（後に述べる日本テレビ『水俣の子は生きている』（1965）はその例外であった）。これはチッソの見舞金契約によって、水俣病は「解決」したとする言説が、告発的表象を潜在化させたためである（小林直毅編 2007: 367）。ゆえに、ふたたび映像の表象が力をもつためには、チッソ水俣工場の排水が原因であると公式見解がでる1968年まで待たなければならない。事実、1970年代に入ると、息を吹きかえしたように、多くの番組が水俣の表象をはじめていくことになる。

　とくに1970年代、NHKで水俣に関する傑作ドキュメンタリーが数多く制作された。たとえばNHK『埋もれた受難者たち』（1971年7月1日放送）、『特集ドキュメンタリー　水俣の17年』（1972年3月26日放送）、『特別番組　村野タマノの証言～水俣の17年～』（1972年10月21日放送）、『ドキュメンタリー　内なる「水俣」～告白的医師論～』（1973年3月23日放送）、『ドキュメンタリー　埋もれた報告～熊本県公文書の語る水俣病～』（1976年12月18日放送）などである。とりわけ『埋もれた報告』は、熊本県庁に保管された行政文書を手がかり

に、水俣病公式確認当時の水俣保健所長、熊本県衛生課長、水俣病特別委員会のメンバー、厚生省環境衛生部長、熊本県知事、チッソ社長、通産省軽工業局長らにどんどん詰めよっていく傑作ドキュメンタリーである。NHK社会部の大治浩之輔がレポーター役となって、あのとき被害の拡大を防げたかもしれない当時の呆れた人間模様を、次々に暴いていく調査報道となっている。1970年代の金字塔とも言うべき「水俣」関連の番組である。

　また1970年代は、NHKのほかにも、たとえばRKB毎日放送の木村栄文が『ドキュメンタリー　苦海浄土』（1970年11月14日放送）を制作している。俳優・北林谷栄を水俣に連れ、フィクションとノンフィクションのはざまを描いたこの番組は、ドキュメンタリーか否かの論争が起こった問題作となった。木村は石牟礼道子に映像化の許可をもらい、彼女の文学のもつ神話性や呪術性をドキュメンタリーのなかにフィクションを入れることで表現した。ただし、撮影中、北林に制作意図のあいまいさを指摘され「反公害の姿勢」をもてと叱咤されたり（木村栄文 1978: 25）、石牟礼には「漁民のすなどりの美しさを描きなさい」と言われるも描ききれず、芸術祭大賞を受賞しても石牟礼から「何であんなものが大賞なんだ」と叱責されてしまう（木村栄文 1998: 66）。木村は「告発」というよりも、水俣を通してテレビ的な「実験」をしようとしたのだろう。逆に言えば、これは「水俣」という地だから許された手法だったとも言える。ほかにも1970年代以降、熊本放送（RKK）、熊本県民テレビ（KKT）といった地元ローカル局をはじめ、関西訴訟のあった大阪の毎日放送（MBS）に至るまで、さまざまな放送局が「水俣」に関するドキュメンタリー番組を制作していくことになる（水俣を描いたテレビ番組一覧については、小林直毅（2012）、西田善行（2020）に詳しい）。

　いずれにせよ、「奇病のかげに」を起点としたテレビ表象は、繰りかえし放送されることで、われわれの「水俣」体験となった。ゆえに、余所者にとっての「水俣」とは、しばしば映像越し（テレビ越し）の水俣だった。「こうしたテレビの映像を見ることとしての「水俣」の経験が、人びとにとっての「水俣」の

記憶を形成しているといえる」（小林直毅 2012: 133）のである。無論、この映像表象はテレビに限ったことではない。むしろ、土本典昭による一連の水俣映画にこそ、映像による水俣表象の代表性をみることができるだろう。つづいて、土本映画についても考えていかなければならない。

# 3 なぜ水俣を撮るのか

「水俣」という文字を見ると、ある書体を思いだす。土本典昭監督作品『水俣患者さんとその世界』（1971年）に出てくる、タイトル文字である。映画の冒頭、不知火海を背景に水俣病史が綴られたあと、「水俣」と画面上に大きくせりだしてくる。太い文字幅に、少しヒビの入った「水俣」の文字。怒り、苦しみ、憎しみ、恐れ、怨み、悲しみ、悶え、すべての感情が混じりあい、なんとも言い難い人びとの叫び声が聞こえてきそうである。はじめて水俣の地に降りたって、「水俣駅」という文字を見たとき、この映画のタイトル文字を思いだした。筆者が「水俣」を知る第一歩も、映像体験だった。

そもそも筆者が土本典昭のことを知ったのは、2009年から「記録映画アーカイブプロジェクト」（東京大学大学院・東京藝術大学大学院・記録映画保存センター主催）の運営にかかわり、彼が岩波映画製作所時代に制作したNET『日本発見 鹿児島県』（1962）や『日本発見 東京都』（1962）、映画『ある機関助士』（1963）、映画『ドキュメント 路上』（1964）といった作品群を見たときだった。どれも作家の主張がきわだつ映像で、圧倒された。この流れで、日本テレビ『ノンフィクション劇場 水俣の子は生きている』（1965年5月2日放送）を見て、番組ラスト付近のシーンが忘れられなくなった。小児水俣病患者たちの眼が隠された写真が並べられ、次々にその目張りが剥ぎとられていく。そして、その眼を優しく撫でていく。この映像を見ただけでも、単に「水俣病患者」と一括りにせず、「一人の人間として見よ」という、土本の強烈なメッセージが伝わってくる。「奇病のかげに」がとらえた患者像を、さらにミクロに、より具

体的に、美しく描いたと言っていい。このシーンに、その後の土本映画のまなざしのすべてが凝縮されている。

　したがって、土本はまず『水俣の子は生きている』という「テレビ番組」の企画を通して、「水俣」と出会っている。そもそも、この企画は日本テレビのチーフ・プロデューサーだった牛山純一が持ってきたテーマで、土本自身から出たものではない。あるとき牛山から 3、4 枚の切り抜きの新聞記事を渡され、そこに胎児性水俣病のことが書かれてあったという（土本典昭 2019: 68）。そこで土本は、ケースワーカーの実習生・西北ユミを主人公にして、彼女の眼を通すかたちで（いわば間接的に）、当時「終わった」とされた水俣病の実態にせまっていくことになる。市民病院のなかでも最奥部に隔離された専門病棟に出向き、ベッドの上で寝たきりとなった患者たちの姿をとらえていく。ゆえに土本にとって「水俣病との出会いはいわば不意打ちのようにはじまった」（土本典昭 2000: 44）のである。

　約 1 週間の撮影期間中、土本は湯堂の地区でたまたま胎児性患者が日向ぼっこしているところにカメラを向けてしまい、「あんた何で黙って撮ったか！」「何ばしよっとか、いくら撮っても子どもは治るか」と母親から激しく叱責されてしまう（土本典昭 2005）。この経験が「その後の水俣映画を考える上での原体験」となったと土本はあらゆるところで語っている（土本典昭・石坂健治 2008: 106）。放送後の 1968 年、ようやく政府が水俣病を公害病と認定し、翌年、チッソを相手どった訴訟がはじまり、「水俣病を告発する会」が発足。土本は『水俣の子は生きている』を制作して以来、「水俣が怖くて、気持ちが整理できていなかったんで、心理的には逃げて」（土本典昭・石坂健治 2008: 137）いたというが、ふたたび水俣と向きあいはじめることになる。土本は訴訟派の全戸を訪問し、「患者さんたちの世界」を描いていくことになったのである。その結果、制作されたのが 1971 年の『水俣　患者さんとその世界』であった。水俣の映像表象にとって、記念碑的な映画となった。後に述べるように、この映画を見て、水俣に行こうと決意した者は多い。

当時、チッソを擁護する市民は依然として多く、「水俣を明るくする市民連絡協議会」が発足するなど、訴訟派の患者たちは孤立していた。見舞金契約によって「終わった」とされた水俣病を「告発」というかたちで呼び覚まし、自らの匿名性を剥ぎとって、重い口を開きはじめた患者たちの世界を、土本は丹念にフィルムに収めていく。ちょうど水俣が動きはじめた時期に、土本も以前の傷を癒しながら、動きだしたのである。土本は「何か訴えるものを秘め、その表現の機会を、裁判の場だけでなく世の中の人にむけてもちたいと考えていた患者さんと記録者との出遭い──。これは稀有なことである」（土本典昭 2019: 19）と書いている。こうして土本にとって「水俣」は負から正の存在へと変わっていく。

　このとき土本は約5か月間水俣に滞在し、一日一日を記録した。土本がとくに映像に収めたかったのが、胎児性水俣病患者たちの姿である。「患者の記録──そのうちで水俣病で恨みを残してこの世を去った死者と、患者、とりわけ胎児性患者については、全部フィルムにおさめたかった」（土本典昭 1974: 28）。たとえば映画のなかに登場する胎児性患者の小崎達純は、自らの身体を蝕んだ海に対し、「海は広いな。大きいな」と歌う。このシーンはとくに印象的で、一度見たら忘れることができない。そして土本は彼に対し、「おじちゃんたちがいる東京はね、海がね、汚い」「君は利口です」と語りかける。そのまなざしは、優しさに満ちている。


　　この映画（『水俣　患者さんとその世界』）の中で、私はとくに胎児性水俣病の子らをひたすら人間的に描いたつもりであり「お話」としてでなく、あくまでカメラを通して主張したつもりである。「この子らを一体どうしようとするのか」。その詰問はあくまでチッソ、厚生省に問いつづける。しかし同時に、肉親をもここまでおいつめた「世間」、つまるところ、私自身に投げつけられる指弾として痛く描いた。（土本典昭 1974: 51）

　これは前作『水俣の子は生きている』で経験した「原罪」から得た、土本なりのまなざしだった。その後、土本は「水俣」に関する映画を連作していくことになる。『水俣一揆　一生を問う人々』（1973）では同時録音が可能となり、『医学としての水俣病』（1974）では医学フィルムを活用するなど、自らの映画的手法を更新しながら、新しい「水俣」を描いていったのである。土本にとって水俣とは、「ドキュメンタリーの方法の飛躍を迫られる対象世界」（土本典昭2019: 32）だった。とりわけ『医学としての水俣病』では、熊本大学医学部や水俣保健所が撮った8ミリフィルムなどを再構成した。「私は、ほぼ撮影時の時間順序に復元したフィルムにしてから、当時の記録者＝現在の水俣病の第一線研究者に会い、そのフィルムを映写して、当時を追想しつつ、研究の道すじをのべてもらう方法をとった」（土本典昭 1976: 61-62）。まだ映像アーカイブという概念すらなかった時代に、土本はその重要性を見抜き、新しい映画的な手法を開拓したのである。と同時に、患者の立場に立てば、医者ですら患者たちの「生活」を深く知らないことを知り、愕然とする。

　　『医学としての水俣病』を撮っているうちに堪らなくなってきたんです。つまり、不知火海における人々の生活、浜での暮らし方、食生活、そういったものを医者に見せたい、世の中の人に知ってほしいという思いが非常に強くなった。そこで撮りためてあったのをまとめたら『不知火海』になったんです。（土本典昭・石坂健治 2008: 186）

　こうして『水俣　患者さんとその世界』と並ぶ傑作『不知火海』（1975）が完成する。チッソが一時、排水口の位置を変えたことで、被害は不知火海全体へと広がっていた。土本の眼は、激震地水俣から、不知火海の沿岸部全体へと向けられていったのである。本作は全編カラーで撮影されているため、青色の不知火海と、赤色や橙色のセーターを着た胎児性患者らがより強いコントラストとなって描かれているのが印象的である。『水俣　患者さんとその世界』と比べ

てみると、「水俣」が驚くほどカラフルな世界であることもわかる。同映画のチラシには「現実の闇をまじろがずみつめれば　海の底から生類どもの賑わいが聞えてくる──水俣病のある世界　その映像叙事詩──」「人も病む　魚も病む　病者どうしの生きものの世界──不知火海──」とコピーが付されている。この映画は、いわば「食の美学」（土本典昭 2000: 52）を描いた傑作となった。

　映画の後半部では、水俣の対岸に位置する「御所浦町」が描かれている。水俣から約12キロ離れ、長らく被害の実態が明らかにされてこなかった離島である。また、島ぐるみで水俣病との関係を隠してきた「隠れ水俣病の島」とも言われる。「長い間、御所浦町には水俣病患者はいないことになっていた。いないのではない。誰も行政に認定を申請せず、被害を隠し続けたのだ」（熊本日日新聞 2008: 56）。熊本県衛生研究所が1960年から３年間実施した毛髪水銀調査では、同町の牧島に住む女性（松崎ナス）の毛髪水銀値が920 ppmと不知火海沿岸で最高値を示したことでも知られている。土本もこう記している。

　　　水俣と10キロのへだたりは、水俣病の実態の流れ方としては10年に相当し、20キロのそれは、20年に相当する。この時間のずれはいつに犯罪的な"社会的人為的時差"としていまも不知火海にあるのではないか。（『不知火海　巡海映画活動』計画趣意書［1977年］）

　現在、この御所浦町に行くためには、水俣港から海上フェリーで40分ほどかかる。映画内では「速い船で１時間」と紹介されているが、現在はそこまでかからない。土本の足跡を辿るため、御所浦町に向かった。天草市・御所浦町は、御所浦島、牧島、横浦島の３つの有人島を含む、大小18の島々で構成されている（図２）。同町では１億年前の古生物の化石が見つかったため、現在は「恐竜の島」として観光誘致を行っている。もっとも人口の多い御所浦島には、御所浦白亜紀資料館やアンモナイト資料館などがある。

　映画『不知火海』では、この御所浦島にて、釣れた魚の大御馳走に招かれる

図 2　牧島から御所浦島を望む（筆者撮影［2023 年 11 月］）

土本の姿が映されている。そこで漁民たちは「こっちの魚は生き生きとしている（＝死んでいない）」ことを強調し、水俣病とは無関係であること暗に語っていた。しかし、しだいに焼酎が回りはじめると、「足が痺れる」などと語りはじめ、水俣病特有の症状がこの島民にもあることがわかってくる。また、映画のなかで土本は、御所浦島北部に位置する嵐口にも出向き、そこでも手の震える老婆を目撃する。けれども、周りのものは「老人病じゃて」と、水俣病であることを否定する。土本がこの老婆に話しかけた場所はきわめて細い路地で、嵐口の特徴の一つでもある。これを「背戸輪」と呼び、嵐口では複雑な路地が山の斜面に向かって延びていた。今回、土本が老婆に話しかけた現場を探してみたが、見つからなかった。おそらく当時から風景がすこし変わってしまったのだろう。

　土本は映画『不知火海』の制作期間において、御所浦町の漁民と接したことで、水俣とは明らかに異なる雰囲気を感じとることになる。「まだ光のささぬ暗黒部が不知火の海ぞいに連らなっていることを思い知らされた」（土本典昭 1974:210）というのである。そして「天草に来てはじめて、水俣の 20 年前の世界を、あたかもフィルムの逆回転のように見たのであった」（『アサヒグラフ』1977 年

9月16日号）とも語っている。たしかに実際に行ってみて感じたのは、水俣市内とはまったく異なる漁民たちの暮らしだった。言うまでもなく、対岸の水俣市は圧倒的に「都会」なのである。「この島から見ると水俣はやはり遙けき町である」（土本典昭 1974: 210）。しかも、嵐口の人びとが向く海の方角は、水俣のほう（南東）ではなく、北である。だから、たとえ手足が多少震えていても、自分には関係ないと思わざるを得ない、そんな心理的距離感があった。土本の場合、この離島での経験が、次なる「巡海上映」という新しい活動を生んでいくことになる。

　1977年から土本は、自ら制作した映画をもって、これらの島々を巡回していくことになる。水俣市の対岸に位置する天草や離島を対象にして、一軒一軒にビラを配り、約半年間でのべ76ヵ所を上映して回った（土本典昭 2005）。病の実態がほとんど知られていない、あるいは水俣からの情報がまったく届かない地域にどんどん出向き、「海辺の映画会」を開いたのである。上映会のメンバーは土本典昭のほか、カメラマンの一ノ瀬正史、小池征人、西山正啓の4人を中心に、塩田武史と大熊一夫（「週刊朝日」記者）も加わった。途中、石牟礼道子と合流することもしばしばあった。

　「巡海映画」と名づけられたこの活動によって、離島では8000名以上の人びとが土本の映画を見たという。上映会初日には、天草郡の漁村牟田にて「何故あんたらがこんなところまでわざわざ映画を見せにくるんか、その趣旨ちゅうんか、そこんとこがいっちょう分からんとたい」とさっそく漁民に言われてしまう（『アサヒグラフ』1977年9月16日号）。それでも、「水俣病映画を一番見て貰いたいのは東京の人などではなく、水俣病の潜在地域と言われるここ不知火海の漁村の漁民だ」（土本典昭 2007: 14）という土本の強い思いは変わらない。映画の上映をきっかけとして、観客自らも水俣病の可能性があり、申請する権利があることを伝えようとしたのである。この背景には、水俣病においては未認定患者が自ら申し出なければならない「本人申請主義」という理不尽さがあった。それを、巡回上映することで切り崩していったのである。

　この活動が意味しているのは、もはや土本映画が単なる「記録」という意味
を超えて、「運動体」となったということだろう。事実、土本は「不知火海巡海
映画班」活動計画書（1977年 5 月10日）において「一映画人として、今なしう
ることは自分たちの映画をもって、もうひとつの映画的現実を作り出すことで
ある」と述べている（土本典昭 2000: 98）。とりわけ水俣の対岸地域に自分の映
画を伝えることを使命とした。「この地に映画“水俣病”をもちこめる適任者は
私たちしかいない」。ゆえに「上映中、監督の土本は時折フィルムを巻き戻し、
胎児性患者が撮影されている部分などを再度映写しながら自らその場面につい
て説明することもあった」（平野恵嗣 2017: 118）という。医学に疎いことを自
認した土本も、自作の映画を通して必死に水俣病の病像を伝えようとしたので
ある。

　　　ふりかえって不知火海沿岸のことを思うと、「水俣病とは何か」の最低限
　　の視覚情報は伝えてきたと思う。そしてそれがやはり、水俣病確認以来22
　　年たった今日、初めての情報だったことは確かである。もちろんTVも新聞
　　も水俣病のことは報じてきた。しかし、じかに水俣病の映画を撮った製作
　　スタッフの実見聞をもってしての、つまり、その土地の人びとに照準をあ
　　わせて解説するといった“情報の手渡し”はなかった。（土本典昭 1988: 267
　　−268）

　土本が言うには、これまでテレビが描く「水俣」は「自分たちの眼前の海と
水俣病とをどう結んで考えるかの回路」に欠けており、とくに天草の人びとに
とっては「対岸の火事」となって、「わしらと関係はない」という自己暗示をか
けてしまっていたという。だから、漁民たちはあいかわらず同じ海に出漁して、
同じ魚を食べつづけていた。ゆえに、土本は映画にしかできない「巡回」とい
うやり方を見つけ、それを実践することで、「もうひとつの映画的現実」をつく
りだそうとしたのである。「巡海映画」については、著書『わが映画発見の旅』

（初版1979年、筑摩書房）に詳細な報告が記されている。刊行後、ここで個人名を記したすべての漁民・患者に送ったという（土本典昭 1988: 249）。同著によれば、小池征人らによる予備調査の段階から、巡海映画には大きな障壁が予想されていた。天草の地に映画を持ちこむことは反発や抵抗こそあっても、歓迎されるものではなく、これらの地では病像がまったく知られていないために、上映によるパニックも想定された（土本典昭 2000: 102）。

　こうした不安を抱えつつ、土本ら一行は1977年7月27日、水俣からフェリーに乗って天草へ出発する。車両3台、映写機とスクリーン、のぼり6流、11本の映画プリント、1万2000枚のチラシなどが持ちこまれた。先に記したように、最初の上映地は姫戸町牟田で、さっそく「なにが目的で来なさった」と住民たちに詰問されてしまう。以降、竜岳町、倉岳町、栖本町、本渡市、新和町、河浦町、牛深市、さらに鹿児島県にまで行動範囲を広げながら、東町（諸浦島、長島、獅子島）、出水市（桂島）へと上映活動は進んだ。上映場所はその土地の公民館や学校、寺の本堂、病院、ときに野外上映になることもあったという。そして10月28日、巡海上映90日目、土本が最終上映地として選んだのが「御所浦町」だった。「最汚染地御所浦町を最後にまわしたのは、私たちがここをもっとも重視したし、またもっとも強い拒否を予想したからであった」（土本典昭 2000: 225-226）。

　御所浦町ではまず御所浦島の本郷地区を皮切りに、唐木崎、大浦、外平などを回った。しかし、当初の予想を超えて、人口の4割台が見るという多い動員数となった。そして前述の嵐口でも「部落はじまって以来の大集会（500人）となり、山あいの小学校の講堂に収容しきれ」（土本典昭 2000: 232）ないほどの反響だったという（図3）。現在、この小学校は廃校となり、集落の背戸輪を抜けたさきに跡地として残されている。たしかに、この狭い集落で何か上映イベントがあると知ったら行きたくなる気持もよくわかる。その後、土本らは横浦島へと渡り、最後の最後の上映地として御所浦町・牧島を選んだ。なぜなら、同島の椛ノ木に、毛髪水銀値が920 ppmとなった松崎ナスの家があったからであ

図3　御所浦島・嵐口（筆者撮影［2023年11月］）

る。「故松崎ナスさん（920 PPM）とその夫重一さんの亡くなられた地、椛ノ木をこの旅の最終地点としたのは、この地に立って、この人たちの無念を思い、この不知火海巡海計画を発想したからである。縁起として旅の終りはここでしかなかった」（土本典昭 2000: 241）。

　こうして11月9日、椛ノ木で最後の上映会が開かれ、巡海映画活動は終了した。結局、133地点、65ヵ所で、予定していた箇所すべてで上映を行った。のべ76回の「海辺の上映会」が開かれ、計8461名の観客を集めたという。土本の映画に触発され、その後、申請したものも多い。

　いったい土本は、なぜここまで「水俣」を撮りつづけ、この地にこだわったのだろうか。やはり、この点がどうしても気になってしまう。なぜなら、出身地でもない水俣や天草に彼が割いた時間は、知れば知るほど、尋常ではないからである。

　　「なぜあなたは水俣を撮ったのですか？」という問いが少なくない。あるいは、「なぜ撮りつづけるのか」と。それに答えるのに「私は見たからだ」といい、あと言葉をつづけるのに迷う。それはその見たことの私にとって

の重たさと意味を伝えるのにあがくからである。ときに不親切に、ときに思わせぶりにとられやしないかとあわてるのだが、実は見たという一言がやはり私にとって決定的であり、一回性のもつ不可逆的な出遭いであったことにつきるのである。しかも私は撮った――。（土本典昭 2019: 26-27）

　最初にテレビ番組の制作を通して、胎児性水俣病患者たちを「見てしまった」という経験が土本にとって大きかった。それを土本は「稀有の聖なる一回性」（土本典昭 2019: 26）と表現する。とくに胎児性水俣病患者の松永久美子との出会いが大きかったと語る。「あらゆる理解と交感を拒否する悲劇の絶対価のような存在」（土本典昭 2000: 46）として映った。それゆえに、土本は水俣に対し一貫して「余所者」という感覚をもちつづけながら、撮らざるを得なっていく。それは「僕は“よそ者”という線を最後まで自覚していたい」（土本典昭・石坂健治 2008: 144）、「永遠の分からず屋」（土本典昭・石坂健治 2008: 144）といった繰りかえされる彼の言葉からもよくわかる。土本はこうも述べている。

　　私は水俣の地ごろではなく、映画のプロパーの他所者である。漁民とは無縁に生きた人間であり、都市生活者として、村にあったような共同体的共鳴板はもっていない。その私がどう写した相手との関係に責任をもつべきか。あれこれ思案しても所詮、そのかかわりを私の側から守りつづけ、その人の生活をみつめつづけ、ともに難儀を分かちあうことしかないのである。（土本典昭 2019: 21）

　土本は余所者であるがゆえに、自身の座右の銘とした「考えるための道具としての映画」の可能性に賭けたのだろう。つまり、「映画を媒介に水俣病を思考する」（土本典昭 2019: 28）という方法論を実践したのである。いや、彼の場合、逆だったのかもしれない。むしろ、「水俣病を媒介に映画を思考する」という意味あいもあったはずだ。事実、「水俣はつきない創作方法の源泉なのである」（土

本典昭 2000: 262）と述べている。土本は、水俣とかかわりを深めるなかで、映画のもつ単なる「記録性」を超え、巡回上映という「運動体」として、映画を活用していくことになった。そして映画家人生の終盤になって、記録映画作家の原罪として、亡くなった患者たちの「遺影集め」に奔走していくことになる。このとき、土本は映像を撮ることすら放棄した。「よくこの遺影集めを記録映画にしなかったことを指摘されるのですが、この旅ではテープもビデオも持ち歩きませんでした」（土本典昭 2005: 107）。

　『水俣の子は生きている』というテレビ番組を制作したときに経験した土本の「原罪」の意識は、映画という記録、運動体となって、最後はその手段もかなぐり捨てて、1 年間で約500の遺影を集める個人行動へと連なっていった。ここには患者たちの「目張り」を外すことからはじまった、土本の一貫した姿勢が読みとれる。彼によって映された水俣の映像の数々はいまなお画面から病を訴えつづけ、永遠に人びとの「水俣」体験として残されていく。「水俣」が土本典昭を生み、土本典昭が「水俣」を生んだのである。

## 4　なぜ水俣に住むのか

　つづいて、「なぜ水俣に住むのか」という問いも考えていきたい。土本ら表現者に限らず、これまで多くの人びとが水俣に移り住んできた。この理由は、土本の言葉から探るまでもなく、訪れてみるとすぐにわかる。とにかく、水俣は「美しい」のである。行ってみて、その風景の美しさにすぐに魅了された。と同時に、この美しさを汚されたことに対する怒り、悲しみ、あるいはその美しさの底に潜む何かに、少しゾッとした。とくに不知火海はおどろくほど穏やかである。陸と陸に挟まれた内海のため、波はほとんどない。「いお（魚）湧く海」という。まるで湖のような海である。だからこそ、有機水銀が堆積し、被害が広まったのかもしれない。不知火海とは、美しい苦海なのである。

　映画『不知火海』でも、打瀬船やイカかご、つぼ網といったさまざまな漁法

を通して、その「美しさ」が余すことなく描かれていた。またその後に土本が児童用に制作した映画『海とお月さまたち』(1980) でも、不知火海の生きものたちの「美しさ」が描かれていた。かつて網野善彦はこの海をこう評している。

　芦北と水俣の地域というのは、まさしく不知火海によって育まれた大変豊かな海の世界だったと言ってよいでしょう。水俣は漁業や製塩だけでなく、船津を通じて広い世界と結びつく海の交通の拠点という役割も果たしていたと思います。その海の世界が無残にもチッソによって死の海と化していった。その経過を知るにつけ、そこには日本の近代の持っている問題が大変はっきりと表れているのではないかという印象を受けます。(水俣フォーラム編 2018b: 68-69)

　水俣病が初めて公式確認された坪谷地区も、とても美しい (図4)。ここで幼い姉妹 (田中静子と田中実子) が、患者となった。当時、田中家は「潮が満ちてきたら家から魚が釣れるぐらい」(栗原彬編 2000: 29) だったという。あらた

図4　水俣市・坪谷 (筆者撮影 [2022年3月])

めて人間と自然の距離の近さがわかる。しかし、突然 2 人は発病し、原因がわからず伝染病棟に隔離され、「私たちは村八分にされて、買い物に行ってもお金を手渡しでは受け取ってもらえずに箸やザルで受け取られたり、家の前を鼻つまんで通られたりして、誰からも声をかけられなくなりました」（栗原彬編 2000: 33）と 2 人の姉は語る。このエピソードは、あまりにもこの風景に似つかわしくない。それくらい、「奇病」が人間関係と美しい自然を壊していった。

　写真家の塩田武史は、「なぜ水俣くんだりまで来て住むようになったのか、と聞かれることが当時よくあった」（塩田武史 2008: ii）と語っている。1968 年、塩田は沖縄へ行った帰りに水俣に途中下車し、以降、水俣で暮らし、写真を撮るようになった。当時、「わざわざ水俣病支援のために水俣に住み着くような人はまだいなかった。これに対してはただ、「水俣が好きだから」としか答えようがなかった。私は 20 代半ばの若者だった」（塩田武史 2008: ii）と振りかえる。水俣に入った塩田は、まず湯堂（ゆどう）地区に向かう。そこで胎児性水俣病患者の田中敏昌を初めて撮影することになった。この経験が、その後の写真家人生を変えることになる。「田中敏昌君は 12 歳で体重は 13 キロ。絶えず痰が絡んだ状態で、「グェー、グォー」と喉を詰まらせていた。胎児性患者の中でも重い患者で、私が初めて撮影した数カ月後、この大きな目を伏せることなく、短い生涯を閉じた。死亡認定患者としては 45 人目、胎児性としては 3 人目の死であった」（塩田武史 2008: 34）。塩田にとって、彼との出会いが、水俣に移り住む大きな動機となった。

　　私はなぜか最初に、一番重症の患者を訪れてしまったのだ。屋外から一転、その薄暗い屋内に入った時の衝撃は言い表せない。彼の姿を見てしまった私は、見たことの責任を持たなければならないという思いに駆られた。この事実を知ってほしい、彼らに対して何か手助けがしたいと、やがて水俣で暮らすことを決めたのだった。私はカメラマンとして、仕事として水俣に入ったのではない。同情や哀れみではない、自分のことだから水俣病

に関わっていくのだ、そう思って、16年をかの地で過ごした。その歳月は、私にとって侵すべからざる聖域としてある。（塩田武史 2008: ii-iii）

　塩田が最初に撮影をはじめた湯堂地区は、患者が多発したエリアとして知られている。狭いこの集落のなかで、1956年に14名が発症し、その後、6人もの胎児性水俣病患者が生まれた。『水俣病の民衆史』によれば、湯堂地区でも伝染病と疑われため、漁民たちの意識は患者を「避ける／行動禁止」であったという。その後、「隠す／罹病否定」へと村落の雰囲気は変化し、「湯堂では、村人たちの罹病実態が闇に隠され、消されてしまった」（岡本達明 2015: 663）。この湯堂地区でも「奇病」によって人間関係が不穏になったのである。胎児性患者の坂本しのぶをはじめ、多くの患者たちが暮らす地区でもある。
　この湯堂地区に行ったときも、その悲劇とは裏腹に、やはり、「美しさ」に息をのんだ（図5）。本当に静かで、のどかで、美しい。しかし、この美しさの裏にも多くの悲鳴があり、それを塩田は「見てしまった」のである。だから「暮らすことを決めた」のである。「水俣」には、自然と人間との距離感の近さゆえ

図5　水俣市・湯堂（筆者撮影［2022年3月］）

の、悲劇がある。美しさと悲しさの共存、その皮肉なコントラスト。それを「見てしまった」ことへの責任感が、余所者を自省させ、暮らすことへの動機となっていくのだろう。ここに「住みたい」と思う気持ちが、行ってみるとわかる気がした。水俣の沿岸はあまりに、美しいのである。そして、悲しいのである。

　戦後日本社会にとって、1970年代は闘争の時代だった。学生運動の後、水俣のほかにも、三里塚など多くの地域で闘争の場があった。とりわけ水俣では1973年の第一次訴訟の勝訴判決の意味は大きく、ここから各患者団体がいっせいに動きだし、全国から支援のために若者たちが水俣を訪れるようになった。NHK熊本のインタビューをもとに編まれた『なぜ水俣病は解決できないのか』（東島大 2010）には、当時、水俣に定住しはじめた者たちの証言が多く記録されている。学生運動の退潮とともにその多くが水俣を去るなかでも、水俣にとどまり、支援団体の幹部となったものたちの語りである。たとえば、「水俣病被害者互助会」の事務局長だった谷洋一は福岡県北九州市出身で、鹿児島大学の学生だったときにチッソの株主総会に参加して、水俣とかかわるようになった。また、水俣病の患者でつくる「本願の会」の事務局長、金刺潤平は静岡県の出身で、大学卒業後に水俣病センター相思社でボランティアをしながら、胎児性の水俣病患者らと接するようになった（東島大 2010）。金刺は水俣に定住することになった経緯をこう説明する。

　　ある胎児性の患者から言われたんです。「水俣には本当にいろんな人がやってきた。いろんな人がやってきていろんな話を聞いた。自分たちは一生懸命答えた。答えたらみんな帰っちゃった」と。「で、あなたはどうするの」って。いやあこれは厳しいなと思ったけど、若かったせいもあって、いろんな批判とか意見もあったけどやれるところまでやってみようと水俣に残り続けました。（東島大 2010: 195）

　金刺がそうであったように、このとき全国からの支援者たちの窓口となって

いたのが、1974年に設立された「水俣病センター相思社」である。後に理事を務める弘津敏男も大阪出身で中学教師をしていたが、疑問を感じて辞め、相思社を通して水俣に住むようになった（東島大 2010）。相思社設立の経緯は、1972年にストックホルムで開かれた第一回国連人間環境会議の場で、「水俣病センター」構想が発表されたことに端を発する。患者・家族の精神的な拠り所としての場の確保、患者・家族の集会場、資料室の設置などが目指された。設立委員には石牟礼道子を筆頭に、原田正純、宇井純、木下順二、高木隆太郎、日高六郎、日吉フミコ、本田啓吉らがおり、賛同者には土本典昭、木下恵介、佐藤忠男、実相寺昭雄、新藤兼人、羽仁進といった映画関係者も多く、ほかにも見田宗介、宮本憲一、稲葉三千男、羽仁五郎といった学者も名を連ねた（水俣病センター相思社編 2004）。当時、訴訟派・自主交渉派とチッソ擁護派の市民らの間で対立が深まり、その溝を「水俣病センター」は埋めようとしたのである。

相思社の建設費のほとんどは全国からの寄付によって賄われ、石牟礼も本の印税を寄付したという。初代理事長に田上義春、常務理事に濱元二徳が就き、1974年4月7日に落成式が行われた。映画『不知火海』のなかでも、落成式の様子や当日の宴会の風景が描かれている。土本の回顧によれば当時、「水俣病センター相思社には全共闘育ちの活動家が大勢いた」（土本典昭 2007: 14）という。こうした相思社のスタッフらが土本の巡海上映にも協力し、天草での人脈を土本たちにつないでいった。1982年から相思社では「生活学校」という名の共同生活の場を開き、全国から若者を積極的に受け入れた。

相思社では設立して間もなく、水俣病患者たちが共同で働く「キノコ工場」を竣工した。その後、1988年に川本輝夫の発案によって、その跡地に「水俣病歴史考証館」を建立した（これが水俣市立水俣病資料館と対抗的な語りの場となっている）。また、相思社では水俣病患者らが栽培する低農薬の甘夏の販売をはじめ、活動のための資金作りを行っていくことになる。けれども、1989年、低農薬基準に合致しない甘夏を、会員が栽培したものと偽って販売していたことが発覚する（いわゆる「甘夏事件」）。これを機に、当時の事務局長や職員が次々

に退職し、相思社は解散一歩手前まで追い込まれることになった（水俣病セン
ター相思社編 2004）。富樫貞夫らの尽力によって解散は免れたものの、組織は
分裂し、一部の職員は相思社を離れて「ガイアみなまた」を設立した（東島
大 2010）。ここにも複雑な「水俣」の様相がある。水俣病の歴史とは、患者分
裂の歴史であり、支援者分裂の歴史でもある。再生した相思社の活動は主に 3
つにまとめられ、(1)患者とのつき合いの深化・拡大、(2)水俣病事件を伝える
活動の拡充、(3)地域との主体的な関係の構築、とされた（水俣病センター相思
社編 2021）。

　時代が下ってもなお、相思社を通じて、全国から水俣に支援者は集まってい
る。たとえば神戸市から水俣に移住し、相思社の職員となったある男性は、移
住の理由を「患者支援ではなく、水俣をきっかけに自分の生き方を考えたかっ
た」といい、「自然と人との距離が近い水俣。とどまりたいと思った」と語った
（熊本日日新聞社編 2008: 211）。もちろん、職員のなかには水俣市出身で幼いこ
ろから水俣にコンプレックスをもちながらも、水俣に戻り、支援活動するもの
もいる（永野三智 2018）。なお、2007 年発行の機関誌『ごんずい』100 号には、
弘津敏男も参加した「スタッフ座談会」が掲載されている。そこでは神奈川県
出身、兵庫県出身、栃木県出身、岡山県出身らのスタッフたちが、水俣との出
会い、支援とは何かについて語りあっている。アウトサイダーを自認する彼ら
が、いかに水俣にかかわり、加害者、被害者、そのなかでの自らの支援者とし
ての立ち位置に葛藤しているかがよくわかる。

　弘津はこの座談会のなかで「外部者集団という個性を生かした地域への貢献
もあり得ると思う」「もうひとつのこの世が出来れば、相思社を終わらせる」と
語っていた。先に述べたように、弘津はそれまで中学教師をしていたが、映画
『水俣の甘夏』を見て相思社に興味をもち、「これは水俣に行くしかない」と思っ
たという。『水俣の甘夏』を監督した小池征人は、土本の『不知火海』の演出を
補佐し、ともに天草へ巡海映画をしてまわった一人である。『不知火海』におけ
る名シーン ── 原田正純と胎児性患者の加賀田清子の劇的な対話シーン ── は、

小池の提案によって生まれたものである（土本典昭・石坂健治 2008: 197）。ここにも土本映画から支援者への、間接的な影響をみることができる。

　もちろん相思社のほかにも、患者支援団体はいくつもある。たとえば一般社団法人「きぼう・未来・水俣」はその代表的な団体である。現在、同代表理事を務める加藤タケ子も、東京出身である。1988年、チッソ水俣工場前で行われた座り込みに参加したことで大きく人生観が変わり、水俣に移り住むようになったという（東島大 2010）。加藤は、胎児性水俣病患者の「自立」のために小規模作業所を開所し、胎児性患者らの支援を行っている。最後に、加藤にこの小論の問いを素直に聞いてみた。「なぜ水俣に住もうと思ったのですか」。

　すると、加藤が「水俣」について心揺さぶられるきっかけとなったのも、やはり土本の映画だったという。当時、有楽町のよみうりホールで、ほぼ封切りと同時に『水俣　患者さんとその世界』を見てショックを受けた。「きっと私のように、土本さんの映画を見て、水俣に深くかかわるようになった人は相当いると思う」。そこから加藤は東京での患者らの活動に徐々にかかわるうちに、水俣に頻繁に行くようになり、1989年から水俣で暮らすことを決意する。加藤にとって水俣に住む要因はいくつかあった。第一に、自分が東京で暮らしていること自体に対する「罪の意識」。それは自らも間接的にチッソの恩恵をこうむる側にいて、都会でぬくぬく暮らしていることへの疑問であった。第二に、そんな自分とは対照的に、水俣病の患者たちの堂々として、凛とした姿。その生き生きとした豊かな表情に魅せられた。そして第三に、水俣のもつ風景の美しさだという。「患者はどんな場合であっても、患者である日常から逃れることはできない。一方、支援者は逃れようと思えば逃れられる。でも、私は「逃げない」と誓い、水俣に住むことに決めた」。

　では、加藤は水俣での自らの立ち位置についてどう感じているのか、聞いてみた。加藤曰く、自分は患者本人でもないし、その家族でもない。ゆえに、「2.5人称」の存在なのだという。患者本人の痛みをわかることはできないし、家族のように24時間付き添うことができるわけでもない。支援者は第三者的な無責

任なかかわり方ができてしまうなかで、それでもなお、本人や家族の思いに近づこうとする「2.5人称の視点」（柳田邦男）に立とうとする。これはいわば客観性をもちながら、患者や家族ら当事者に寄り添う立場である。なぜ人は水俣に住むのか。むしろ「水俣」が、加藤のような人を求めたからかもしれないと感じた。

## 5　おわりに──水俣の「表象」と「語り」のはざま

　冒頭述べたように、筆者に「水俣」を論じる資格は本来ない。これまで水俣の関連書籍は500冊を超えるというが（水俣フォーラム編 2018a）、この小論がそれらに何かを付けくわえることができたとは思えない。これまでどれだけ多くの人が水俣に向きあい、撮り、描き、演じ、著してきたか。先人たちの「水俣学」の重さを知れば知るほど、「水俣」を論じることの難しさと怖さを知った。正直に告白すれば、先人たちの水俣論のいくつかを読み、つむぎ、再構成することくらいしかできなかった。この小論は、水俣の「表象」を手がかりにして「人はなぜ水俣を語るのか」という問いを、ほんの少し深掘りした程度にすぎない。そのくらい水俣論は知れば知るほど、複雑怪奇なものであった。恥ずかしながら、筆者も水俣について一度語った後、さっとどこかへ散ってしまう論者の一人にすぎないのだろう。

　ただそのなかでも、とりわけ水俣においては「映像」というメディアが大きな意味をもったという仮説を示したかった。これもとくに目新しいことではないのだが、あらためて水俣の表象において「映像」が果たした役割を示したかった。これからも水俣病に向きあっていくうえで、「映像」のもつ歴史的な意味を考えつづけていく必要がある。かつて原田正純は新しく立ちあがる「水俣学」について次のように述べていた。

　　水俣学とはまだ模索中で形も定義もない。ただ言えることは、これはま

さに人間の生きざまの問題であって、机の上の話でも宇宙の話でもない。そして発生から今日までの水俣病との付き合いのすべての過程が水俣学である。水俣病の背景を明らかにすることが水俣学である。水俣病事件に映し出された社会現象が水俣学である。水俣病事件に触発されたすべての学問のありようが水俣学である。いのちの価値を中心に弱者の立場にたつ学問が水俣学である。専門家と素人の壁を超え、学閥や専門分野を超えて、国境を超えた自由な学問が水俣学である。既存の枠組みを破壊し、再構築する革新的な学問が水俣学である。そう私は考えている。(原田正純 2002: 226)

「水俣病事件に映し出された社会現象が水俣学である」という原田の言葉。また「誰にでもこの扉は開かれている」(原田正純 2016: vii) という原田の発言に甘え、「人はなぜ水俣を語りたがるのか」という素朴な疑問をもとに、「映像」という観点から書いたのが、この小論である。水俣はとりもなおさず「撮られること／見られること」によって記憶されてきた地なのである。患者たちが重く口を閉ざしてきた「語り」を、「映像」という表象が代弁してきたといったら言い過ぎだろうか。一任派と訴訟派に分裂し、闘うものたちは集落から孤立し、闘わないものたちは口を閉ざしてきた水俣あるいは天草という地にあって、「表象」が「語り」の一部となってきたと言えるのではないだろうか。その「表象」を支えたのが、文学であり、写真であり、とりわけ映像であった。そして、その表現者たちを突き動かしてきたのが、水俣の風景のもつ「美しさ」と「悲しさ」であったのだろう。多くの人びとが水俣を論じ、行き、住むことで、「表象」は「語り」の空白を埋めてきたのである。

　今回、この小論を書きながら、塩田武史も「水俣病問題にはなんと多くの人びとが関わってきたことか」と同じ疑問をもっていたことを知った。彼曰く、「なぜ、これだけの人びとを水俣は惹きつけてきたのか。一人ひとりの考えは異なっているだろうが、たぶん、このようなことだろうと私も想像する」(塩田武

史 2013: 197）として、以下の 7 つの要因を挙げている。

- 一　世界初の水銀中毒。
- 一　その症状の苛酷さ。
- 一　患者たちから染み出る優しさと明るさ。
- 一　訴訟派29世帯の一人ひとりの魅力。
- 一　石牟礼文学の『苦海浄土』の広がり。
- 一　土本映画「水俣」の広がり。
- 一　日本人のもつ「義理人情」。

「結論はひとつではないが、こういったものが合わさった結果だろうと思う」
（塩田武史 2013: 197）と塩田は語る。塩田ならではの的確な指摘である。なか
でも映像に限って言えば、塩田は土本映画の影響力を挙げている。これは塩田
と土本の関係性ゆえだろう。塩田の著作には映画『水俣』を見て、ひとり水俣
へ行ったという嶋崎敦子のエピソードも触れられている（塩田武史 2013）。や
はり先の加藤の発言にもあったように、こういった人は多かったはずだ。

　このような水俣の「映像」体験は、いまなおつづいている。たとえば2020年、ユー
ジン・スミスの水俣体験を映画化したジョニー・デップ主演の『MINAMATA』。
同映画を作るため、ユージン・スミスの全作品を収めたアーカイブだけでなく、
水俣病に関する大量の映像、ドキュメンタリー映画が集められたという（映画
『MINAMATA』パンフレット）。きっとそのなかには土本映画もあったはずだ。
2021年には原一男監督のドキュメンタリー映画『水俣曼荼羅』が公開された。
撮影15年、編集 5 年、372分の大作を制作した原は「土本典昭を継ぐ」思いだっ
たと語る。土本が先発ピッチャーだとするなら、自らを中継ぎにたとえ、「水
俣」を撮影したという（映画『水俣曼荼羅』DVDパンフレット）。ゆえに、同映
画のエンドクレジットには「故・土本典昭監督にこの映画を捧ぐ」と記されて
いる。

誤解を恐れずに言えば、水俣にとって「映像」こそが「語り」であり、博物館や資料館の役割を果たしてきたのだろう。とりわけドキュメンタリーという「表象」が、水俣では「語り」の代わりを担ってきた。四大公害病のなかでも、水俣はとりわけドキュメンタリーとのかかわりが深い。言い換えれば、ドキュメンタリーという「映像」がエキシビションとなって、水俣の「語り」を支えてきた。原一男は自身の中継ぎとしての役割が終わったいま、「後を託されたクローザーが、水俣問題の全容を明らかにして、さらに解決への道筋を示したとき、この壮大な叙事詩が完結する」と述べている（映画『水俣曼荼羅』DVDパンフレット）。「水俣」は映像ではじまり、映像で終わることを期待されている。

　もちろん水俣には水俣市立水俣病資料館をはじめとした「語り」の場はある。ほかにも市内には「水俣市総合もやい直しセンター（もやい館）」、「水俣市南部もやい直しセンター（おれんじ館）」、津奈木地区には「つなぎ美術館」がある。しかし、これらの「語り」の空間を超えて、いまなお水俣が映像として「表象」されつづけるのは、いったいなぜか。それは映像がいつまでも残り、独りで語りつづけ、新しいイメージを喚起するからだろう。「奇病のかげに」の劇症型患者の映像や土本映画の不知火海の風景が繰りかえし伝えられることによって、「水俣」のイメージは定着し、再生産されていくのである。

　だからこうしていつまでも「水俣病」が語られることに対して反感をもつ人がいるのは、想像がつく。周知のように、これまで多くの「病名改正」運動が繰りかえされてきた。現在も、チッソ水俣工場（現JNC株式会社水俣製造所）正門近くの私有地には、ある看板が立てられている（図6）。「水俣病は差別用語メチル水銀中毒症へ病名改正を求めます」。2019年、この土地を所有する男性らがベニヤ板に書いて設置したものだという（『西日本新聞』2019年6月4日）。筆者が2022年3月に行ったときと、2023年11月に行ったときでは、看板のかたちが変わっていた。この看板をめぐっても、静かな闘争が繰り広げられているのかもしれない。言うまでもなく、水俣病は風土病ではない。地名が病名となっているのは世界的にもまれであり、水俣市＝水俣病ではない。水俣市内に

図6　チッソ水俣工場（現 JNC 株式会社水俣製造所）正門近くにある看板（筆者撮影［2023 年 11 月］）

は、一般的な暮らしがある。水俣市外の人びとが、安易に水俣市を「病」と結びつけてしまうのは、ある意味、「表象」がつくりだしてきたイメージの結果でもある。それは筆者が「水俣駅」の文字を見て、土本映画を思いだしてしまうことにも相通ずる。「表象」がつづくことによって、水俣市では、病のイメージが消えないのである。

　しかし、原田正純は「病名を変更することで差別をなくそうという姑息なことでは絶対差別はなくならない」とこれを否定しつづけた。「病名変更運動は「自分たちが差別されている」と言いながら、さらに患者を差別し、患者を傷つけていることに気付くべきであった。現実から逃げてはいけないのであって、真正面から向き合うことによって初めて解決へ向かうのである」（原田正純・花田昌宣編 2004: 13）。これまで「水俣病」という病名の病と闘いつづけた患者らの側に立てば、単なる病名変更ではなにも変わらず、むしろ別の名前が付けられたら、さらなる差別が生まれるだけだろう。その意味で、発覚直後に病名変更をしなかった行政の責任は重い。いまになって単に病名を変えるだけでは、水俣病事件は絶対に解決しない。原田は、多くの著作やインタビューにおいて、

繰りかえし「見てしまった者の責任」と語っていた。その「責任」をもって、これからも水俣病を「表象」しつづけることこそが、水俣の沈黙や差別を破り、「語り」となって受け継がれていくのだろう。

　ただそれでも「水俣」は、あまりにも外側からの「表象」を許してきたとも言える。いや、内側からあまりに語られてこなかったがゆえに、アウトサイダーたちが自由に語ってこれた歴史がある。もちろん、水俣出身の表現者という稀有な存在もいる。たとえば元熊本放送の村上雅通は水俣市出身として、「水俣」を描くことに葛藤を抱えたテレビ制作者だった。1968年当時、中学生だった村上は「チッソを気遣うことはあっても、患者に目を向けることはありませんでした。患者といっても、実際会ったわけでもなく、テレビで見る程度の縁遠い存在だったからかもしれません」（村上雅通 2008: 305）と語る。同じ市内でさえ水俣病は映像越しの経験であり、かつ患者らに「チッソやわれわれの暮らしを脅かす存在」という偏見があったという。地元のテレビ局に就職してもなお、村上は水俣病への取材を避けつづけた。そのなかで制作することになったRKK『市民たちの水俣病』（1997年5月31日放送）で、はじめて患者（杉本栄子）と膝を交えて話すようになり、つづけて『記者たちの水俣病』（2000年2月11日放送）、『水俣病　空白の病像』（2002年11月30日放送）を制作することになる。村上は、水俣出身だからこそ描ける「水俣」の映像世界を加えたのである。

　結局、アウトサイダーであれ、水俣出身であれ、「水俣」について語ってしまうのは、やはり「水俣」が人間そのものを問うてくるからなのだろう。「水俣」をめぐる差別的なまなざしは、全国から水俣市内へ、そして水俣市内から近隣住民へ、さらに近隣住民から患者・家族へとどんどん狭まっていく。つまり、内向きの矢印が働いている。その一方で、「表象」の矢印は、患者・家族から近隣住民へ、近隣住民から水俣市内へ、水俣市内から全国へと外向きにどんどん拡散されていく。そのため、「水俣」とは、外側の人間たちが核心にいる患者・家族らの「語り」を代弁する「表象」によって支えられてきたとも言える。

　そして、これらの「表象」が、結果的に差別的なまなざしの構造を炙りだし、

無意識のうちに「人間というもの」をとらえることになる。見るものに、その歪さを訴えていくことになる。原田正純も「水俣病事件を突き詰めていくと、最終的には一人一人の生きざまや価値観の問題にたどり着く」（熊本日日新聞社編 2008: 9）と語っている。これは、「チッソは私であった」とする緒方正人の次の言葉とも相通ずる。

　　言葉にすればたったの三文字の水俣病に、人は恐れおののき、逃げ隠れし、狂わされて引き裂かれ、底知れぬ深い人間苦を味うことになった。そこには、加害者と被害者のみならず、「人間とその社会総体の本質があますところなく暴露された」と考えている。つまり「人間とは何か」という存在の根本、その意味を問いとして突きつけてきたのである。（緒方正人 2020: 10）

　これは土本典昭も、撮りながら考えていたことであった。土本は『水俣　患者さんとその世界』の完成直前、『熊本日日新聞』（1970 年 11 月 2 日）に「患者の世界からの逆照射」というタイトルの名文を残している。まさに土本は、患者の世界から逆照射されるという意識をもちながら、「水俣」を撮りつづけ、その映像を拡散したのである。

　　隠すことの出来るなら隠したまま葬りたかったチッソ、市、県、国の本能的姿態に合わせて、見ることなく、水俣病を扱ってきた官僚と資本と「善良な」市民たち、それを見続けた患者さんにとって、まさに、水俣病はおおい隠され、忘れられてきた歴史でしかなかったであろう。私もその「善良な市民」のひとりでしかなかった恥を、このフィルムに痛くとどめて、発光体の一細胞に化身したいと思う。水俣病の現実を見ることからすべては始まる。そして人は見えるだろう。繰り返し言うように、患者さんの世界は、光っているのだから。（土本典昭 1974: 30）

土本はあるインタビューで、記録映画とは「発見」であると言っている（『インタビュー　1996年7月14日記録映画作家土本典昭』）。それは対象を見つけるという「発見」だけでなく、レンズを通して自分自身を「発見」することでもあるのだという。とりわけ「水俣」という地は、レンズ越しに自分を「発見」できる場所だった。だから土本は「水俣」にこだわったのだろう。「水俣」を撮れば撮るほど、映画的手法が更新され、そして、自分自身の存在が浮きぼりになったのである。

　こうして撮られた映像が残りつづけ、上映され、人びとに永遠に見つづけられることで、さらに「水俣」の経験が生まれていく。なぜ、人びとが「水俣」について語りたがり、行きたがり、住みたがるのか。それは語れば語るほど「水俣」が自らの行いを照らしはじめ、「人間というもの」を問うてくるからにほかならない。そして、その深層を知るためには水俣に行く必要があり、最後は、自然と人間の共生を理解するために、水俣に住む必要があるのである。なんとも「水俣」とは魅惑の地である。だから、これからも「水俣」の表象は終わらないのだろう。

**【謝辞】**

　筆者が水俣市に滞在したのは、2022年3月13日〜15日、2023年11月3日〜6日の計7日間である。この間、加藤タケ子氏、村上雅通氏へのインタビュー、一般社団法人水俣病センター相思社のガイドツアーに参加し、本稿を書くうえでの大きな視座をいただいた。とくに加藤氏には複数回インタビューに応じていただいた。深く御礼を申し上げたい。

**【参考・引用文献】**

アイリーン・美緒子・スミス　2007　「水俣病との出会い」原田正純編『水俣学講義　第3集』日本評論社、175-198頁。

原田正純　1972　『水俣病』岩波書店。

———　2002　『金と水銀——私の水俣学ノート』講談社。

———　2016　『いのちの旅——「水俣学」への軌跡』岩波書店。

原田正純・花田昌宣編　2004　『水俣学研究序説』藤原書店。

東島大　2010　『なぜ水俣病は解決できないのか』弦書房。

平野恵嗣　2017　『水俣を伝えたジャーナリストたち』岩波書店。

木村栄文　1978　「なぜヒューマン・ドキュメントなのか」『放送文化』1978 年 6 月号、24-29頁。

──────　1998　「美しくて哀しいものを描いてきた。僕のドキュメンタリーは、エッセイ風なんです。」『放送文化』1998 年 4 月号、64-67 頁。

熊本日日新聞社編　2008　『水俣から、未来へ』岩波書店。

栗原彬編　2000　『証言 水俣病』岩波書店。

桑原史成　1986　『水俣──終わりなき30年　原点から転生へ』径書房。

──────　2013　『水俣事件』藤原書店。

桑原史成／塩田武史／宮本成美／W. ユージン・スミス＆アイリーン・美緒子・スミス／小柴一良／田中史子／芥川仁　2007　『写真集「水俣を見た 7 人の写真家たち」』弦書房。

小林直毅編　2007　『「水俣」の言説と表象』藤原書店。

小林直毅　2012　「「水俣」の樹」早稲田大学ジャーナリズム教育研究所・公益財団法人放送番組センター共編『放送番組で読み解く社会的記憶』日外アソシエーツ、127-179 頁。

田原総一朗　1974　「おんぶにだっこ」『放送朝日』236 号、24-34 頁。

土本典昭　1974　『映画は生きものの仕事である──私論・ドキュメンタリー映画』未来社。

──────　1976　『逆境のなかの記録』未来社。

──────　1988　『水俣映画遍歴──記録なければ事実なし』新曜社。

──────　2000　『わが映画発見の旅──不知火海水俣病元年の記録』日本図書センター。

──────　2005　「記録映画作家の"原罪"について」原田正純編『水俣学講義　第 2 集』日本評論社、81-112 頁。

──────　2007　「「不知火海水俣病」の今後を思う」『ごんずい』100 号、13-17 頁。

──────　2019　『不敗のドキュメンタリー──水俣を撮りつづけて』岩波書店。

土本典昭・石坂健治　2008『ドキュメンタリーの海へ──記録映画作家・土本典昭との対話』現代書館。

緒方正人　2020　『チッソは私であった──水俣病の思想』河出書房新社。

岡本達明　2015　『水俣病の民衆史　第二巻　奇病時代 1955-1958』日本評論社。

水俣病センター相思社編　2004　『もう一つのこの世を目指して──水俣病センター相思社30年の記録』。

──────　2007　『ごんずい』100 号（特別記念号特集：今思うこと）。

──────　2016　『資料から学ぶ水俣病　前編』。

──────　2017　『資料から学ぶ水俣病　後編』。

──────　2021　『図解水俣病──水俣病歴史考証館展示図録』。

水俣フォーラム編　2018a　『水俣から──寄り添って語る』岩波書店。

──────　2018b　『水俣へ──受け継いで語る』岩波書店。

宮澤信雄　1997　『水俣病事件四十年』葦書房。

村上雅通　2008　「私と水俣病報道」原田正純・花田昌宣編『水俣学講義　第4集』日本評論社、301-330頁。

永野三智　2018　『みな、やっとの思いで坂をのぼる――水俣病患者相談のいま』ころから。

西田善行　2020　「「レイト・カマー」から見た水俣」丹羽美之編『NNNドキュメント・クロニクル』東京大学出版会、83-98頁。

塩田武史　2008　『僕が写した愛しい水俣』岩波書店。

―――――　2013　『水俣な人――水俣病を支援した人びとの軌跡』未來社。

高峰武　2004　「水俣病とマスコミ――主に地元紙の視点から」原田正純編『水俣学講義』日本評論社、123-161頁。

―――――　2016　『水俣病を知っていますか』岩波書店。

W. ユージン・スミス／アイリーン・美緒子・スミス　2021　『MINAMATA』クレヴィス。

「私にとっての水俣病」編集委員会編　2000　『水俣市民は水俣病にどう向き合ったか』葦書房。

# 第5章　嵯峨嵐山における観光の変遷と地域の取り組み

劉　　雪　　雁

## 1　はじめに

　京都市の西部に位置する嵯峨嵐山地域は、山紫水明の景勝地として知られている。1936年（昭和11年）に嵐山保勝会が発行した『観光の嵐山』という冊子の巻頭には、四季折々の風景が次のように描かれている。

　　天下の名勝嵐山は　大堰川の清流その麓を流れ　山水相映じ風光明媚眞に一幅の畫圖なり。満山の櫻樹は其昔　亀山上皇嵯峨の仙洞に在ませし時吉野の名種を移させ給ひしなりと。春の花愛すべく　新緑亦賞すべく　清流に棹して螢を追ひ　樹陰に船を繋ぎて　河鹿の聲を聞くも涼しく　晩秋酣なるにいたれば　満山の紅葉を觀　三冬の朝は一望の銀世界を眺むるも興深く　四時朝夕の風光一として佳ならざるはなし[1]。

　この冊子は、嵯峨嵐山地域にある絶景スポットや寺社・史跡だけでなく、保津川くだりや愛宕山のスキー場など、自然の魅力に溢れるアトラクションも紹介している。また、名物とお土産、交通手段と所要時間、料金、料亭や食堂、旅館・ホテル、祭りやイベントなどの行事や季節のイベントについても、写真やイラストを交えて詳しく案内する、地元発のガイドブックである。序文と主要なスポット名は英語も併記され、英文の序文ではこの地域を「京都随一のリ

---

1) 嵐山保勝会『観光の嵐山』昭和11年。

179

ゾート」と形容している。

　古くから貴族を中心とした富裕層の保養地である嵯峨嵐山は、鎌倉時代に大量の桜と紅葉が植えられ、観桜・観楓の名所になった。明治中期以降、道路の整備、亀山公園創設、大堰川筋の整備が行われ、観光客向けの旅館、料亭、休憩所（茶店）も設置された。鉄道の発達も観光客を引き寄せる大きな要因となり、『観光の嵐山』の内容からも分かるように、昭和初期にはすでに観光が商業化され、また国際化にも対応していた。

　戦後、特に1960年代になると観光の大衆化が一気に進み、団体型の慰安旅行や修学旅行の目的地として、嵯峨嵐山もマスツーリズムの波に押し寄せた。1970年代には、「アンノン族」に代表される女性観光客が目立つようになった。1980年代から1990年代にかけて、タレントショップが乱立したが、その後、不景気の影響で撤退した。2000年代に入ると、欧米人観光客が徐々に増え始めた。2008年ごろからアジア圏の観光客が急増し、2010年代半ば以降は中国語圏の観光客を中心に、外国人観光客が嵯峨嵐山を訪れる観光客全体の80%を占めるようになった。2020年から続く新型コロナウイルス感染拡大の影響で、嵯峨嵐山からは観光客の姿が消えたが、2023年6月以降、社会生活の正常化にともない、外国人を含む観光客の数も急速に回復してきた。

　嵯峨嵐山地域は、日本人観光客と外国人観光客を問わず、京都市内の観光地の中で一貫して高い人気を誇っている。これは、京都市が公表した「京都観光総合調査」の歴年のデータからも明らかである。一方で、時代の変化とともに嵯峨嵐山を訪れる観光客の人数にはアップダウンがあり、その特徴も異なっている。本章ではまず、嵯峨嵐山での観光の変遷を振り返り、それぞれの時代においてメディアが観光客の行動に与える影響を明らかにする。次に、マスツーリズムに翻弄されてきた地域商店街の人びとが、高まるインバウンド需要の中で行ってきた取り組みに焦点を当てる。商業者たちが地域の自然や歴史文化を守りつつ、異文化交流や多文化共生を推進することで、持続可能な観光とまちづくりの実現を目指す実践について考察する。

## 2　嵯峨嵐山の歴史と景観の形成

　歴史的には、嵯峨野（単に「嵯峨」と呼称されることもある）と呼ばれる範囲は、広義には、西は小倉山、北を朝原山で限り、東は御室川、南方を梅津とされており、古代の行政区分ではほぼ山城国葛野郡に含まれる[2]が、狭義には概ね近代初頭にみられる嵯峨野村・下嵯峨村・天龍寺村・上嵯峨村の旧4か村内の空間として定義される[3]。ただし、観光地としての「嵯峨（野）」は、嵐山から小倉山に沿った地域を指すことが一般的である。

　一方、嵐山は大堰川右岸に位置し、渡月橋から上流左手に見える標高382メートルの山の名称である。大堰川を挟んで西側の松尾山・嵐山・烏ヶ岳の嵐山三山と、東側の小倉山・亀山、さらにその山麓を含んだエリアを一般的に「嵐山」と称し、1927年（昭和2年）4月に国の史跡名勝に指定されている。

　また、本章は嵯峨嵐山の観光に焦点を当てているが、13世紀前半までの嵯峨はすでに大堰川交通における材木の荷揚げ地として栄え、中世都市として発展していた。その財力は後の嵯峨嵐山におけるさまざまなインフラや寺社の建立の基礎となり、観光地としての発展に寄与していたことも念頭に置くべきである。

### 1.　貴族行楽・隠棲の地と文学の舞台としての嵯峨嵐山

　嵐山について、文化庁の国指定文化財等データベースには「舊京負郭ノ地ニ近接シ宇多天皇大井川行幸以來王朝雅賞ノ名區トシテ推サレシヲ以テ其ノ勝概廣ク中外ニ艶稱セラル」[4]という説明が記載されている。つまり、宇多天皇（887 -897）の大堰川（大井川）行幸以来、嵐山が王朝雅賞の名勝地として広く内外

---

2）京都市埋蔵文化財研究所　1997　「京都嵯峨野の遺跡 ── 広域立会調査による遺跡調査報告 ──」京都市埋蔵文化財研究所調査報告第14冊、9-10頁。
3）京都市『史料 京都の歴史 14 右京区』平凡社、平成6年。
4）文化庁・国指定文化財等データベース。https://kunishitei.bunka.go.jp/bsys/index

で称賛されるようになったとされている。一方で、林野庁のホームページによると、嵯峨嵐山が当時の都人の遊興の地として始まったのは、それよりも遡り、桓武天皇（781-806）の行幸の頃から[5]とされている。

　自然豊かな嵯峨野はかつて天皇の狩猟地だったが、平安時代初期に嵯峨天皇がこの地に離宮嵯峨院（大覚寺の前身）を建てて以来、ここは貴族の別荘地として栄え、多くの歌に詠まれる歌枕として知られるようになった。有名な「小倉百人一首」は、鎌倉時代初期に藤原定家が小倉山の麓に設けた時雨亭という名の山荘で編纂されたと言い伝えられている。

　また、嵯峨野は世を捨てて京を逃れた人びとがひっそりと暮らす場所としても有名であり、『源氏物語』や『平家物語』などの文学作品の舞台でもある。野宮神社は、『源氏物語』の「賢木の巻」で、光源氏の恋人だった六条御息所が源氏への思いを断ち切り、斎宮に選ばれた娘に付き添ってこもったところであり、源氏はここをお忍びで訪れ、自身の思いを打ち明けようとしたが、御息所は頑なに拒み続けた、まさに別れの舞台となった場所である。一方、『平家物語』の「小督」に登場した祇王寺は、平清盛に寵愛された白拍子の祇王が清盛の心変わりにより都を追われ、母の刀自と妹の祇女とともに出家し、後に仏御前も入寺した尼寺だった。また、隣にある滝口寺は、『平家物語』に描かれた身分違いの恋が許されず、出家した滝口入道と横笛の悲恋の地として知られている。千年以上前のこれらの物語は後世にも広く伝えられ、歴史と文学にゆかりのある嵯峨嵐山の寺社を訪れる観光客が絶えず、特に女性に人気である。

　一方、風景については、平安初期の嵐山は原生林に近く、春の桜ではなく、秋の紅葉が鑑賞の対象だった[6]。そのため、「朝まだき嵐の山の寒ければ紅葉の錦着ぬ人ぞなき」（藤原公任）、「吹きはらふ紅葉の上の霧はれて峰たしかなる嵐山かな」（藤原定家）など、紅葉を詠った有名な和歌が多く残されている。13世

---

5）林野庁・嵐山風景林。
　https://www.rinya.maff.go.jp/j/kokuyu_rinya/kokumin_mori/katuyo/reku/rekumori/arashiyama.html
6）岡本和己　2018　「京都における景観の形成過程に関する研究」京都工芸繊維大学博士論文、19頁。

紀末には、後嵯峨上皇が離宮（亀山殿）を建て、吉野から数百株の桜を移植した。以来、嵐山は春には桜、秋には紅葉を楽しむ名所となった。1339年、足利尊氏が後醍醐天皇の菩提を弔うため、夢窓国師を開山として天龍寺を創建し、大堰川のほとりに伽藍を構えた。1346年に夢窓国師が天龍寺境内の十カ所を「天龍寺十境」（普明閣・絶唱谿・霊庇廟・曹源池・拈華嶺・渡月橋・三級巖・万松洞・龍門亭・亀頂塔）[7] に選定し、偈頌を作った。水、橋、松、亭台楼閣など中国の伝統的な山水画にあるような風景が鑑賞の対象とされた。

## 2. 紀行文、名所図会の中の嵯峨嵐山の風景

　平安時代末から鎌倉時代にかけて、貴族以外の庶民の中にも旅に参加するものが現れてきたが、その主な目的は山への参詣や巡礼など、信仰に基づく旅だった。江戸時代に入ると、庶民が旅をするにはまだ通行手形が必要で、移動の自由は厳しく制限されていたが、街道が整備され、道中の難行苦行が大幅に改善されるようになった。

　天皇が住む都である京都は、一生に一度の旅に出た人びとにとっては必ず訪れたい場所だった。一方、市内に住む人びとの間にも観桜や観楓、名所巡りが根付き、物見遊山と呼ばれる観光旅行が始まった。「洛中・洛外の名所や旧跡を訪れる物見遊山は、すでに前代より盛んで、京都に住む人々のなかに定着しつつあり、洛中洛外図屏風といった京都特有の美術作品も生み出していた。この風潮は、町人層の生活が向上した近世に入ると、さらに広がり、多くの人々が野へ山へ出向くようになっていった」[8] のである。

　17世紀に入ると、京都に関する旅行記や名所案内が相次いで刊行された。歌人の松尾芭蕉は、弟子の向井去来が別荘として使用していた嵯峨野の草庵・落柿舎を3度訪れ、1691年の滞在中に『嵯峨日記』を著したことがよく知られて

---

7）臨済宗大本山　天龍寺公式ホームページ。https://www.tenryuji.com/precincts/
8）京都市『京都の歴史 5 近世の展開』学藝書林、昭和47年、289頁。

いる。江戸時代の紀行文や見聞録を対象に研究した山口敬太らは、嵯峨野に関する22編を選び出し、その風景記述を分析した。これらの紀行文は1664年から1861年までの時期に書かれたものであり、筆者は儒学者や国学者など多岐にわたる。山口らの研究によれば、嵯峨野において共通して見られた風景の鑑賞のあり方は、主に以下の3つが挙げられた。まずはイメージの追体験、次に視覚的風景の鑑賞、そして遊びをともなう風景鑑賞である。歌枕や四季の名所に関する風景鑑賞では、古歌の引用とそこに詠まれた景物の探索・鑑賞が目立ち、自らも詠歌して風景を楽しむ様子が見られた。物語や故事に基づく風景鑑賞では、文学的イメージの享受や追体験が主であり、表現された景物を探索・鑑賞する態度が見受けられた。眺望に関しては、絶景の称賛をともなう視覚的風景の鑑賞が多かった。遊びに関しては、嵐山や大堰川での仙境の疑似体験や故事を模した遊びが見受けられた。

　一方、神社仏閣に関する風景記述が少なかったことが明らかになった。つまり、江戸時代の風景に関する情報は主に文学から得られ、文学的なイメージを基にした風景鑑賞が主流であったことが分かる。これは、文学的イメージに合わせた風景の形成や演出にもつながることになる[9]。

　風景に関するイメージを創出するもう一つの重要なメディアである名所図会も江戸時代に誕生した。名所図会は地理書・地誌書の特徴を持ちながら、多くの図絵が掲載されているため、各地の名所をより具体的にイメージできる実用的な案内書だった。江戸時代を通じてもっとも有名な名所案内記は、名所図会本の先駆けとなった『都名所図会』である。『都名所図会』は墨摺六冊本で、京都の俳諧師秋里籬島が本文を著し、大坂の絵師竹原春朝斎が図絵を描き、1780年に京都の書林吉野屋為八より刊行された。

　「嵐山」の名所（図1）に関して、嵐山、法輪寺、渡月橋がそれぞれ解説され

---

9) 山口敬太・出村嘉史・川崎雅史・樋口忠彦　2010　「近世の紀行文にみる嵯峨村における風景の重層性に関する研究」『土木学会論文集』D66（1）、14-26頁。

るだけでなく、関連の和歌も掲載されている。また、「嵐山観桜（嵐山花見）」
（図2）の図絵は、花見する人びとの楽しそうな表情を生き生きと描き出してい
る。一方、「嵯峨野」の名所に関しては、解説文に和歌のほかに「嵯峨十景」（叡
嶽晴雪・難瀬飛瀑・遍照孤松・愛宕雲樹・五台晨鐘・幡山霊社・嵐嶺白桜・仙翁麦
浪・亀緒落月・雄蔵紅楓）も取り上げられている。俯瞰的な視点で描かれた雄大
の風景や行楽する人びとが登場する『都名所図会』はベストセラーとなり、未

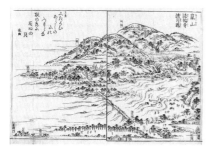

図1　『都名所図会』（1780年）にある「嵐山」の図絵と解説
出典：国際日本文化研究センターデータベース

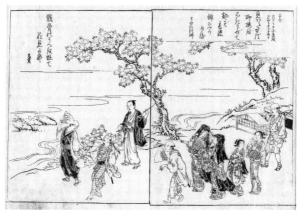

図2　『都名所図会』（1780年）にある「嵐山観桜（嵐山花見）」の図絵
出典：国際日本文化研究センターデータベース

曽有の刊行部数である4000部を超える記録を樹立した[10]。このように、『都名所
図会』は「何を見るか」、「どのように楽しむか」といった旅人たちの風景体験
に大きな影響を与え続けた。

## 3. 景観整備、鉄道開通と嵯峨嵐山の観光

　19世紀における鉄道をはじめとする交通機関の発達は、人びとの空間・時間
の知覚を大きく変えた。1871年（明治4年）に開催された日本初の博覧会であ
る京都博覧会には、すでに団体旅行の人びとが集まった。そして1872年（明治
5年）には営業用鉄道が開業し、日本でも鉄道の時代が幕を開けた。鉄道網の
拡充と休日の制度化により、旅の大衆化が進んだ。1897年（明治30年）から始
まった「遠足」は、のちに修学旅行に発展した。また大阪を中心にした日帰り
の旅行も盛んになり、郊外電車の発達を促進した。

　京都の近代化過程は、嵯峨嵐山にも大きな変化をもたらした。まず、景観の
整備が行われた。江戸時代まで、嵐山は天龍寺の寺領として管理され、桜や松
の植栽などが行われ、それによって一定の林況が維持されてきた。1871（明治
4年）には、「社寺上知令」により嵐山は官有地に編入され、国有林として大阪
営林局に管轄されるようになった。1915に保護林、1916年に風致保安林に指定
され、その後は積極的なヤマザクラやカエデの植林が行われた。この新しい森
林管理体制により森林景観保全の動きが生まれ、禁伐による「風致」保護が行
われた。しかし、これが「アカマツやヤマザクラの枯損が進み、山頂附近一帯
にはアカマツ林が広がっているものの、中腹以下の大部分はカエデやケヤキを
主木とする広葉樹林が占めていた。渡月橋付近にはアカマツ・ヤマザクラ造成
林が見られるが、これらは枯死に瀕して残存しているに過ぎなく、その本数は
少ない」結果を招いた。この反省を受け、昭和初期には自然景観を人為的に制

---

10）長谷川奨悟　2010　「『都名所図会』にみる18世紀京都の名所空間とその表象」『人文地理』第62巻
　　第4号、60頁。

御しようとする「風致」保全思想が展開されたという。1933年（昭和8年）に、大阪営林局による嵐山風致林施業計画が渡月橋から大堰川の右岸に計画・実施された。「営林局は吉野のように山全体がサクラで埋め尽くされたものではなく、マツの下に新緑とともにサクラが程よく散らばっており、これが碧潭に映える景観こそが嵐山の景観であると明示している」。つまりここで実施されたのは、ヤマザクラとアカマツを市松模様に植林（市松式画伐法）し、サクラはヤマザクラ、マツはアカマツ、カエデはヤマモミジと樹種も限定された。これにより、「何処の地点を切り離しても、一幅の絵画となし得る」[11] ような風景が創り出された。

　1930年（昭和5年）3月に吉田初三郎が描き、田中本店から発行された「嵐山名所図絵附保津川くだり」（図3）は、渡月橋を中心に嵐山や天龍寺から上流の保津川までを描いた鳥観図である。嵐山（左手）と中之島公園（手前）の桜花爛漫の風景が広がっており、昭和初期には「桜の嵐山」というイメージがすでに確立していたことが伝わる。このように植林を通して景観を演出することは、鉄道開通によって急速に高まった観光ニーズに対応する一環として行われたものであろう。

図3　「嵐山名所図絵附保津川くだり」（1930年）に描かれた嵯峨嵐山の景観
出典：京都府「デジタル展覧会『京の鳥観図絵師 吉田初三郎』鳥観図」

---

11）　岡本和己　2018　「京都における景観の形成過程に関する研究」、中嶋節子　1994　「昭和初期における京都の景観保全思想と森林施業——京都の都市景観と山林に関する研究」、中川理　2015　『京都・近代の記憶／場所・人・建築』など参照。

嵐山が明治後期から昭和初期にかけて、近代の観光地へと変容していく過程において、鉄道が大きな役割を果たしてきた。1897年（明治30年）2月15日には、京都鉄道（現在のJR山陰線）が二条・嵯峨間で先行して開業し、その後に京都方向に路線が延長された。1899年（明治32年）8月15日には、嵯峨・園部間の開通により京都・園部間全線が開通した。1906年（明治39年）に設立された嵐山電車（現在の京福電鉄嵐山線）は、京都と景勝地嵐山を結ぶ郊外型の遊覧電車として、1910年（明治43年）3月25日に四条大宮・嵐山間7.4kmの路線を開業した。一方で、京阪電気鉄道嵐山線（現在の阪急電鉄嵐山線）は、京阪電気鉄道傘下の新京阪鉄道が阪神地方からの遊覧客を獲得する目的で、1928年（昭和3年）11月9日に桂・嵐山間4.1kmを複線で開業した。

　1897年、京都鉄道が嵯峨駅まで開通すると、嵐山への観光客が急増した。京都鉄道が開通した直後の花見の季節には、「日曜日は満都の士女嵐山に至るもの非常に多く、三軒屋を始め掛茶屋の繁盛は言ふも更なり。遊船の如きも先約のありし為め大抵払底の姿にて…之が為め此頃京都鉄道乗客は頓に増加し毎列車に乗り切れざる」と当時の新聞記事からその活況を伺うことができる[12]。観光客が嵐山に押し寄せてきたため、旅館・料亭不足が深刻化した。そこで地元洛西地方の名望家が連合して嵐山温泉株式会社を設立する一方、ほぼ同時に商工会議所有力会員を中心に既存の三治楼（松田治右衛門）を買収し、10月に嵐山三軒家株式会社が発起された。

　人びとを郊外の観光地に誘い出すため、鉄道会社はさまざまな宣伝やイベントを展開した。京都鉄道は保津川の景勝や納涼を楽しむために「観月列車」を運行し、嵐山電車は新聞広告を出した。京阪電気鉄道は「爽涼の郊外へ」などのキャッチコピーを打ち出した。また、観光地ごとに探勝、参拝、登山、遊覧、散歩などのアクティビティを提案し、観光案内のきめ細やかなサービスを充実

---

12) 小川功　2014　『観光デザインとコミュニティデザイン──地域融合型観光ビジネスモデルの創造者〈観光デザイナー〉』日本経済評論社、162頁。

させ、都市生活では味わえない郊外観光の健全さをアピールした[13]。また、これまでの主に徒歩による旅行の案内記に代わり、「京都鉄道名勝案内」（1903 年）、「京阪電気鉄道線路案内」（1910 年）、「京阪電鉄沿線遊覧案内」（1912 年）などの鉄道沿線案内が刊行された。これらの観光案内は、従来の名所図会のように寺社仏閣や風景の紹介だけではなく、例えば大江理三郎が著した『京都鉄道名勝案内』には、「寺社の掲載割合が低いだけでなく、嵯峨以西で、茶屋、旅館、松茸狩りや、川下り、鮎釣り、観月列車といった、イベント・行楽や店舗が少なからず取り上げられている」[14] と記されている。このように、新しい観光の楽しみ方が提示され、新たな観光価値が見出された嵐山は、1927 年（昭和 2 年）4 月に国の史跡名勝に指定された。

　一方で、明治時代から昭和初期にかけて、嵯峨嵐山は観光地として外国のガイドブックや外国人観光客向けの旅行雑誌に頻繁に登場するようになった。1881 年に刊行された "A Handbook for Travelers in Central & Northern Japan" には、京都の主な観光スポットとともに「周辺地の嵐山」も紹介されている。また、1891 年にはイギリスのマレー社が発行した同書の第 3 版には、京都の見学日程表が記載され、その 1 日目の日程には「御所、北野天神、平野神社、大徳寺、織田信長神社（現・建勲神社）、金閣寺、等持院、御室御所、太秦、清凉寺、嵐山」が含まれている[15]。

　1893 年（明治26年）3 月に、訪日外国人の誘致を目的とする会員制団体である「喜賓会」が創立され、英語や中国語での日本旅行案内地図や旅行案内書などを発行した。そして1912 年（明治45年）に、より積極的な外国人誘致と観光旅行の仲介を目的とする「ジャパン・ツーリスト・ビューロー」が設立され、翌年 6 月に機関誌『ツーリスト』を創刊した。1914 年10月号には、「The Tourist」

13) 杉野圀明　2007　『観光京都研究叙説』文理閣、32頁。
14) 印牧真明　2019　「近代京都における鉄道開業と名所変化 ── 『京都鉄道名勝案内』を中心に ──」『立命館地理学』第31号、90頁。
15) 杉野圀明　2007　『観光京都研究叙説』文理閣、35-37頁。

というタイトルの英文欄に、渡月橋が写っている嵐山の風景写真が掲載された。さらに1931年3月号の英文欄には、春の桜、秋の紅葉、冬の雪景色、夏の涼しげな川辺、岩と岩の間を縫うように激流を進む保津川くだりの風景写真とともに、鳥観図絵師・吉田初三郎が書いた嵐山の紹介文が5ページにわたり掲載された。写真のキャプションには、「Loveliest amongst the lovely places of Japan is Arashiyama. It is well said "Talk not about Japan before seeing Kyoto; talk not about Kyoto before going to Arashiyama."」[16] と嵐山を絶賛していた。

## 3  マスツーリズムの拡大と消費される嵯峨嵐山

　明治・昭和初期には、鉄道の開通や昭和初期の風致施業により、嵯峨嵐山地域では観光客誘致を目的としたさまざまな事業が展開された。そして、第二次世界大戦後、特に1960年代から70年代にかけて、観光の大衆化が急速に進展した。1965年には、嵐山と高雄を結ぶ全長10.7kmの観光道路である「嵐山・高雄パークウェイ」が完成し、嵯峨嵐山への交通アクセスが一層強化された。

　一方で、観光の対象である嵯峨嵐山の景観は、時代とともに変化していた。「桜の嵐山」のイメージが完全に確立した1960年代に、大阪営林局は市街地が桜で満ちたことを受けて、嵐山を観光地としての利用価値を一層高め、紅葉の景観へと転換する方針を採った。カエデは春は新緑、夏は緑陰、秋は紅葉と四季折々の変化が楽しめ、行楽の期間も桜に比べて長い。また老木になると幹形も雅致があり、寿命が長いのが特徴である。これらの特性から、営林局はカエデを国有林の「風致木」として最適の樹木と評価していた。これらの特徴に基づき、嵐山の景観は平安時代の和歌に詠まれた歴史的風景として価値が付与され、紅葉の景観が重要視されるようになった。この結果、1980年頃には嵐山の国有林では松や桜が減少する一方で、カエデが重要な役割を果たしていたのである。

---

16）Hatsusaburo Yoshida, ARASHIYAMA『ツーリスト』1931年3月号、17-21頁。

　1980 年代の嵐山の施業計画を策定する際、大阪営林局は学識経験者や地元関係者が参加する懇談会を開催した。懇談会では、学識経験者や地元住民がアンケート調査の結果に基づく観光客の意見を共有し、嵐山が 700 年前（13 世紀末）に吉野から数百株の桜を移植したことに始まり、それ以降代々人為的に守られてきた「人工の山」であることを強調した。彼らは、松と桜の風景こそが「天下の名勝の嵐山」にふさわしいものであると主張した。この結果、施業計画では再び松と桜による嵐山へと戻すことが計画された[17]。

## 1.「アンノン族」と女性に人気の嵯峨嵐山

　京都市は観光客の動向を把握するため、1958 年から観光関連の調査を実施してきた。『京都市観光調査年報』のバックナンバーを調べると、京都を訪れる観光客数は、1963 年には 2,034 万人、1971 年には 3,063 万人であった。

　1970 年代初頭に、『an・an（アンアン）』（1970 年）と『non-no（ノンノ）』（1971 年）という女性ファッション誌が誕生した。両誌はカラー写真を多用し、ファッション、グルメ、カルチャー、旅などを幅広く紹介し、特に流行に敏感な若い女性たちの間でたちまち人気を博した。『an・an（アンアン）』および『non-no』は、1972 年秋から国内旅行の特集記事を毎号掲載するようになった。これらの特集記事は 1 ページまたは 2 ページのスペースを使用し、ファッショナブルな装いのモデルが観光地を歩く写真や、絵葉書のような美しい風景や旅先の小物などの写真を組み合わせ、優雅な旅を楽しむイメージを表現した。同時に、読者に対して語りかけるようなコピーやイラストマップを使用して、「観光ガイドには載っていない、私だけの旅」という感情を喚起する工夫も凝らされた。1976 年 4 月 19 日付の読売新聞に掲載された記事では、東京の男女学生 278 人を対象に行われた「現代ヤングの旅行観」に関するアンケート調査結果が取り上げら

---

17）岡本和己　2018　「京都における景観の形成過程に関する研究」京都工芸繊維大学博士論文、46-54 頁。

れた。この調査によれば、「旅行のきっかけ」について、男性は「旅行専門誌」
（31.9％）と「一般週刊誌」（27.7％）が主な情報源とされているが、女性の48.4％
が「ファッション雑誌」を選んでいることから、女性においてファッション雑
誌の影響力が顕著であることが示されている[18]。

　『an・an』と『non-no』の旅行特集が取り上げた観光地の中で、圧倒的に多かっ
たのは京都であり、どちらの雑誌にも年2回以上登場していた。これらの雑誌
はガイドブックとは異なり、短いサイクルで刊行されるため、季節に合わせて
観光地、風景、旬の食べ物、モデルの服装などを取り上げてイメージを形成す
ることができた。女性誌が提示したこの新しい観光スタイルは、まだ頻繁に個
人旅行をしていなかった女性たちのニーズを引き出し、『an・an』『non-no』を手
にする多くの若い女性たちが各地を訪れる現象が一大ブームとなった。これら
の若い女性たちの画一的な行動パターンは、メディアに取り上げられ、「アンノ
ン族」と呼ばれるようになった。

　嵯峨嵐山において女性観光客が増加したのもこの時期だった。1975年10月に
発行された『ヤングレディ』には、北嵯峨の直指庵に関する記事が掲載され、
「2000冊のノートに刻まれた『この愛に死ぬ』　愛を失くして全国から訪れる若
き女性は日に300人」[19]と記されていた。さらに、1974年10月には、京福電気鉄
道（通称「嵐電」）の嵐山駅舎の2・3階に、日本初の女性専用ホテルである「嵐
山レディースホテル」が誕生し、41室ある部屋は連日満室[20]だったという。2002
年まで営業していたこのホテルは、広告の中で「愛とロマンとポエジーがいっ
ぱいの嵯峨野」巡りの始発駅と位置づけ、着物姿やレンタルサイクルでの散策
を薦めていた。

　一方で、1970年10月に旧国鉄（現JR）は慰安旅行のような団体旅行ではなく

18）片山一弘「アンノン族とインスタ映え、個人旅行の楽しみ今昔」読売新聞オンライン、2021年3月
　　26日。https://www.yomiuri.co.jp/column/chottomae/20210324-OYT8T50062/
19）『ヤングレディ』1975年10月6日、30-35頁。
20）読売新聞　2000年5月7日「嵐電、開業90年 沿線の町おこし担い走る ゴトゴト住民に愛され」。

「個人の国内旅行」の促進を目指す「ディスカバー・ジャパン」というキャンペーンを開始した。このキャンペーンは「アンノン族」やイベントへの参加などの形で人びとを旅行に駆り立て、その影響で1975年には京都を訪れる観光客数が3,800万人台に達した。この時期、嵯峨野に住んでいた作家の瀬戸内寂聴は、「嵯峨野はあまりに観光地として膾炙しすぎていて、春秋の季節は人を見にゆくようで気がすすまない」「観光地化して俗化してはいるけれど、まだ嵯峨の風景の美しさは日本でも有数だと思う」[21]と、当時の嵐山の状況について書き残していた。

　瀬戸内寂聴が1985年に書いたエッセイには、「私はある夏、この舟の中で、東山如意ヶ岳の大文字を眺めたことがあった。渡月橋の上も鈴なりの人で、浴衣姿やワンピースの人たちで橋が落ちはしないかと思うくらい一杯になる」[22]という描写があった。また、1988年10月4日付の読売新聞夕刊には、「1988年京都市の調査によると、昨年、京都を訪れた観光客のうち半数を超える54％が女性という。嵯峨野は約6割と、さらに女性度が高い」との記述がある。「アンノン族」現象は1980年代に終息したが、『源氏物語』・『平家物語』の舞台である嵯峨嵐山は女性観光客の中でなお高い人気を誇っている。

## 2.　タレントショップの乱立と撤退

　1950年代後半から60年代にかけて、テレビが急速に一般家庭に普及し、視聴時間も増加し続けた。テレビはドラマやアニメ、芸能、バラエティ番組だけでなく、1960年代終わりから1970年代にかけては、落語家、漫才師、コメディアンを起用した番組が広く受け入れられていた。エンタテイメント要素が強いテレビは全盛期を迎え、家族全員で楽しめるメディアとして高く評価され、1975年の平均視聴時間が3時間19分に達していた。1980年代に入ると、テレビ以外

---

21）瀬戸内寂聴　1985　『嵯峨野みち』平凡社、14頁、24頁。
22）同上、274頁。

の余暇活動の活発化し、人びとのテレビへの興味が低下し、番組制作のマンネ
リ化ややらせなどの問題も浮かび上がってきた。一方で、1985年10月7日にテ
レビ朝日の「ニュースステーション」がスタートした。これまでのNHKニュー
スとは異なり、視聴者本位の姿勢を確立した「ニュースステーション」が大成
功を収め、各局が似たようなニュース番組を次々と立ち上げ、「テレビニュース
戦争」を引き起こした。こうした状況の中で、テレビは単なる娯楽メディアだ
けでなく、ドキュメントを伝える重要な役割を視聴者が認識するようになった。

　この時代の特徴を反映した代表的な番組として誕生したのが、『天才・たけし
の元気が出るテレビ‼』（1985〜1996年、日本テレビ）である。毎週日曜日午後
8時〜8時54分に放送されたこの番組は、ビートたけし社長率いる「元気商事」
が企画するイベントやゲームに視聴者も参加して「元気になる」バラエティ番
組だった。特に視聴者を巻き込んで行う「町おこし」や「学校おこし」といっ
た独創的な「やらせ企画」が人気を博した。これらの企画では、商店街の人び
とや校長先生、生徒たちが実際に登場し、虚構と現実が融合して奇妙なリアリ
ティを生み出した[23]。「元気が出るテレビ」は大ヒットし、当時の視聴者参加型
番組の中でもっとも勢いがあり、「バラエティ・ドキュメント」というジャンル
を新しく築き上げた[24]。

　「元気が出るテレビ」は、番組内で虚実の境界を探り、その面白さを最大限に
引き出した。その人気により、本来テレビの画面にいるはずの芸能人たちが現
実社会に飛び出して店を経営するという現象が広がった。1986年には、東京の
原宿・竹下通りにおいて、タレントのキャラクターグッズを扱う初のタレント
ショップであるおニャン子クラブの「ヒップすろーど」が開店し、1990年には
原宿界隈に約50軒ものタレントショップが軒を連ねた状況となった。原宿から

23) 伊豫田康弘・上滝徹也・田村穣生・野田慶人・八木信忠・煤孫勇夫　1998　『テレビハンドブック
　　改訂増補版』自由国民社、133頁。
24) 高田文夫　1989　『昭和のTVバラエティ』太田出版、洋泉社MOOK　2013　『80年代テレビバラエ
　　ティ黄金伝説』洋泉社など参照。

誕生したタレントショップは、その後各地の観光地にも波及し、嵐山は特に原宿と肩を並べるほどの「西のメッカ」として知られた。

　嵐山のタレントショップ第1号は、1987年夏に京福電車嵐山駅近くにオープンしたビートたけしの土産物店「元気が出るハウス」と、カレー店「北野印度会社」だった。それ以来、年間1000万人近いといわれる観光客を狙ってタレントショップ次々に進出してきた。中にはタレントの名前を借りて出店するケースも見られる。1988年4月号の『週刊女性』に掲載された「京都新風景嵐山族　たけしに五木にまことの店までオープンして、京都嵐山は、ただもうミーハーでいっぱい」という記事によると、「五木茶屋」が嵐山にオープンし、1週間で3万人の客が殺到したという[25]。1988年10月号の『るるぶ』に掲載された「嵐山タレントショップ体験記」という記事は、イラストと地図も含めて4ページにわたり、タレントショップの混雑ぶりを詳しく紹介していた。

　タレントショップは、ほとんどが渡月橋から2-300メートル以内に集中していた。客層は主に修学旅行生と女性観光客であり、どの店も「客は観光バスを降りたら、渡月橋も見ずにいっせいに直行する」とのこと（地元観光会社幹部談）[26]だった。1990年の時点で、嵐山には20近くのタレントショップ（図4）が存在し、最盛期には30店舗以上が営業していたという。

　タレントショップの進出により、嵐山の雰囲気や観光ルートも一変し、地元商店主や住民たちは複雑な気持ちでこのブームを見ていた。「嵐山のイメージは台なし。タレント店目当ての客ばかりが増えて、嵯峨野のよさを楽しもうとする客が少なくなった」[27]と不快感を表明する関係者もいれば、タレントショップのおかげで活性化できたと、その影響力を認める声もあった。実際、当時、京都は古都税紛争で金閣寺や清水寺など有名寺院が拝観停止中で、観光客が激減していたが、嵐山は逆ににぎわいを増していた。1992年1月、地元の嵐山保勝

25）『週刊女性』1988年4月12日、37頁。
26）朝日新聞　1990年4月28日。
27）同上。

```
●こんなに多く店がある
タレント名        店名                  内容
ビートたけし      元気が出るハウス        キャラクター商品, パーラー
  〃             北野印度会社           カレー屋
所ジョージ        TO・KO・ROS          キャラクター商品
とんねるず        バレンタインズ・ハウス     〃
片岡鶴太郎        鶴太郎                〃
タモリ           TA・MO・RI・ワールド    〃
浅香唯           花菱・浅香唯の店         〃
大場久美子        ホワイト・バス          カジュアルレストラン
千葉真一          オベルジェ             カフェレストラン
五木ひろし        五木茶屋              茶屋
藤田まこと        主水                  中華レストラン
山城新伍          山城新伍のうどんの店      うどん店
松方弘樹          元気！！松方弘樹の店      キャラクター商品
梅宮辰夫          梅宮辰夫の店           漬物
コロッケ          Mr. コロッケ          キャラクター商品
TMネットワーク     TMネットワークの店       〃
```

図4　嵐山にあったタレントショップ
出典：朝日新聞夕刊 1990 年 4 月 28 日

会はタレントショップとの共存を図ろうと、タレントショップ部会を発足させた。しかし、タレントショップの賑わいは長く続かなかった。タレントの人気に陰りが見え、そしてバブルが崩壊し、景気が停滞しつつあるなか、消費者の購買意欲も落ちていた。1994年になると、嵐山のタレントショップは半減し、1995年になると撤退が始まった。

　一方で、1994年3月に美空ひばりの遺品約千点を集めた「美空ひばり館」がオープンした。4年目で入館者が300万人突破し、嵐山の新たな観光スポットとして話題を呼んだが、ファンの高齢化により入館者が減少し、2006年に閉館した。

## 3. 外国人観光客と人気スポットになった竹林の道

　1994年に天龍寺がユネスコ世界遺産に指定されたにもかかわらず、タレントショップのブームが退潮した20世紀末、京都を代表する観光地の嵐山も観光客数は年を追って落ち込んでいた[28]が、2000年代に入ってから欧米の観光客が徐々

---

28）朝日新聞　1999年2月19日。

に増加し、2008年頃からはアジア圏の観光客が急増した。嵯峨嵐山のいろいろな観光スポットの中で、竹林の道が外国人観光客、特に中国語圏観光客の間で人気が高まり、混雑するスポットとなった。

　竹林の道は、野宮神社から天龍寺の北側を通り、大河内山荘庭園へ続く長さ約400mの竹林の小道である。もともとは静かな場所であり、観光スポットではなかった。1932年（昭和7年）に嵯峨自治会が発行した郷土誌『嵯峨誌』には、芭蕉がかつて落柿舎に滞在した際に辺りの静寂を詠んだ句「時鳥大竹藪を渡る月夜」が記載されている。また、1947年（昭和22年）に出版された高桑義生の著書『洛西景観』には、竹林の道が以下のように描写されている。

　　　野宮とへば、知る人ぞ知る藪の小径がすぐ思ひだされる。天龍寺から釈
　　迦堂へ向ふ舗装路を左へ入ると、雨あがりには道もしめつて、両側の竹藪
　　が深々と藪ひかぶさり、ひえびえとした静けさが身うちに浸み入つて來る。
　　その竹藪はずつと行手につづいて、やがて竹藪の底へ入つて行く――さう
　　いふ道のほとりに、野宮のささやかな社がある。しかしこの道の竹も近來
　　夥しく伐られて、曾ての野宮の竹藪の氣分、ほの暗く冷かに、心をひにす
　　かそけさはなくなつた。今は明るい道である[29]。

　ところが、時代の変遷とともに竹林の道は整備され、次第に「幻想的な」風景として描かれるようになった。例えば、JTBパブリッシングが運営する「るるぶ＆more」というサイトでは、竹林の道は次のように紹介され、「ちょっと立ち寄り」「女子おすすめ」のラベルも付けられている。

　　　青々とした竹は空を覆うほど高く、晴れた日は竹林からもれる日差しを
　　浴びて、気持ちよく散策できる。天気が悪いと昼でもほの暗いがそれもま

---

29）高桑義生　『洛西景観』高桐書院、昭和22年、156-157頁。

た趣がある。夕暮れ時も幻想的で、まるで異次元に迷い込んだかのよう。京を代表する風景であり、テレビドラマなどにもよく登場する。また、初冬の新たな風物詩「嵐山花灯路」では、竹林の両側がライトアップされ、灯りにゆらめく夜の竹林の幻想的な景色が楽しめる[30]。

2003年の「ラストサムライ」や2005年の「SAYURI」など、日本を舞台にしたハリウッド映画のヒットが、竹林という「日本らしい風景」を求めて訪れる欧米観光客の増加につながったとの説がある。欧米の観光客の中で特に人気が高く、世界でもっとも読まれているガイドブックの一つである『ロンリー・プラネット』が、2013年版の日本ガイドの表紙に竹林の美しい写真を使用した。この写真は嵯峨鳥居本にある化野念仏寺の庭から裏の墓地へ抜ける竹林で撮影されたものだが、誤って嵐山の竹林の道として広く認識され、かなりの宣伝効果があったと考えられる。

図5 『ロンリー・プラネット』の表紙を飾った嵐山の竹林
出典：筆者撮影

---

30）るるぶ＆ more。https://rurubu.jp/andmore/spot/80027218

図6　『臥虎藏龍』（グリーン・デスティニー）の竹林のシーン
出典：壹讀（https://read01.com/y2yjJg.html）

　しかし、中国語圏観光客の間で竹林の道が人気になったきっかけの一つは、ロケ地の誤認だった。台湾出身でアメリカ在住の李安（アン・リー）監督の映画「臥虎藏龍」（グリーン・デスティニー）は、2001年にアカデミー賞の作品賞を含む10部門でノミネートされ、最終的には外国語映画賞など4部門を受賞した。その映画の中には、竹林の上を飛びながら戦う美しく印象的なシーンがあったが、それが嵐山の竹林でロケーション撮影されたという噂が立ったのだ。

　誤った情報にもかかわらず、嵐山の竹林が「人気映画のロケ地」であるという説は、さまざまなウェブサイトに転載され、中国最大の旅行プラットフォーム「馬蜂窩」（2010年から運営開始）のサイトとアプリでも、嵐山を紹介する際の重要なキーワードとして登場した。馬蜂窩にアップされた観光客の口コミを分析すると、竹林に関する感想や体験よりも、「ここが映画のロケ地だよ」という投稿が増加していることが分かる。同時に、コメントの中に急増したのは、「人波でごった返している」「人の流れが絶えない」「黒山のように」といった混雑に関する内容である。投稿された写真も人混みを避けるために上向きに撮影されたものが目立つ。一方で、「臥虎藏龍」のロケ地は嵐山ではないと指摘する投稿も複数あったが、それらはサイトの運営側や利用者から無視されていた。

また、もともと竹林の道が「臥虎藏龍」のロケ地である情報は間違いであるが、この誤った情報が別の形で再生産される投稿も見受けられた。2004年に中国の張藝謀（チャン・イーモウ）監督は映画「十面埋伏」（LOVERS）を製作し、「臥虎藏龍」にも登場した章子怡（チャン・ツーイー）を主演女優として起用した。この映画にも竹林のシーンがあったため、口コミ投稿の中には、竹林の道は張藝謀監督の映画ロケ地だとする誤った投稿も見られた。

　中国最大の旅行口コミサイトで竹林の道のイメージがどのように生成され、共有されたかを分析して分かったのは、口コミの膨大な量とは裏腹に、実際に引用され、参照され、あるいは何度もくり返される事柄はそれほど増えていないことだった。観光地のイメージ生成に関連する情報の中で、観光客自身の経験によるものや感想が減り、代わりにメディアに登場した場所を確認したり、チェックインしたりする「メディア巡礼」とも言える行動が目立つ。従来のイメージは、これらがくり返される中でさらに強固なものになった。つまり、竹林の道が本当のロケ地であってもなくても、「有名な場所にいる」、「チェックインした」、「写真を撮った」ことがより重要視されていることが、口コミ投稿から読み取れたのである。

## 4　持続可能な観光とまちづくりに向けての地域の取り組み

　ここまで、嵯峨嵐山における観光の変遷をたどり、時代の推移とともに変わるメディアと観光の相互作用を考察した。幾重にも過去の時間が層をなしているこのプロセスの中で、嵯峨嵐山という観光地の形成、保護、発展には地域の力が欠かせない。本節では、高まるインバウンド需要の中で、地域の商業者たちが立ちあげた「嵯峨嵐山おもてなしビジョン推進協議会」が持続可能な観光とまちづくりの実現を目指すための実践を取り上げ、観光の新しい特徴と可能性を考察する。その前に、これまでの嵯峨嵐山の観光に尽力した地域の先駆者や組織の活動を振り返る。

## 1.　小林吉明と嵐山保勝会

　明治から昭和戦前期にかけて嵯峨村長・町長などを歴任した小林吉明（1869
-1936）は、「嵯峨の近代を語るときに欠くことのできない人物であり、近代嵯
峨の観光化という面でも重要な役割をはたしている」[31]。小林は嵐山温泉、嵯峨
遊園、清滝川水力電気、嵯峨銀行の経営者であり、嵐山電車軌道、愛宕山鉄道
等の発起人でもあった。同時に、嵯峨の観光振興を図るために観光案内記を著
し、「現時点で確認できているのは5種、延べ8冊である」[32]。探勝を呼び掛け、
愛宕神社への団体参詣を促し、資産家に対して別荘設置を呼び掛け、嵐山焼（嵯
峨焼）などの名産品を開発・販売し、角倉了以を顕彰し、荒廃した名所や旧跡
の保存・修復に取り組んだ小林は、「嵯峨嵐山の振興に関しては公私の区別な
く、私費を惜しまず投じて奔走した」[33]。1929年、小林は『嵯峨町政の過去及未
来』において、旧跡を復活させた講組織と似たような組織として、保勝会の名
称を挙げていた。小林が唱えていた保勝会は、古社寺の保存のほかに、地域の
力を重視し、また今ある施設を保存だけではなく、将来、地域の歴史観を箔付
けするような物語性を持つ施設ないしブランド力を発揮するような施設を保護
することにも、町が関心を向けることの重要性を説いている[34]。

　1934年3月に、嵐山保勝会が発足した。嵐山保勝会は嵯峨（清瀧、愛宕を含
む）、松尾を保勝区域として、「地方の景勝並特性を保育すると共に鑑賞慰楽の
施設をなし、且つ地方の発展を図」り、「風致維持並土地の開発に関し府市の諮
問に応し又は建議をなすこと」などを目的とする組織である。会規則では、会
員は料理業、旅館業、飲食業、名産品販売店、遊船組合、運輸業と定められて

---

31）渡邊秀一　2008　「名所案内記からみた近代嵯峨・嵐山の観光業」『鷹陵史学』第34号、4-5頁。
32）同上、5頁。
33）小川功　2014　『観光デザインとコミュニティデザイン──地域融合型観光ビジネスモデルの創造
　　者〈観光デザイナー〉』日本経済評論社、v-vi頁。
34）岩田京子　2015　「風景思想の転換に参与したローカルエリート──小林吉明による京都市郊外の
　　風致保全・保勝事業を事例に──」『Core Ethics』Vol.11、3-4頁。

いる[35]。

　嵐山保勝会は設立当時から「景勝区域」を定め、「建築物、工作物又は土地に関する工事、竹木土石類の採取等に関する相談、手続、指導」や「風致維持並土地の開発に関し府市の諮問に応じ又は建議」を行うなど、積極的に保勝事業を展開している。初期には会長が地元関連企業の社長が務めることも多かったが、次第に地元住民が会長を務めることが増え、第7代目会長古川英一からは会長の職はすべて地元住民の手に委ねられるようになった[36]。

　1980年代初め、嵐山の施業計画を策定する段階で、大阪営林局主催の学識経験者や地元関係者が参加する懇談会で、当時嵐山保勝会副会長だった古川英一は桜を植樹することになれば苗木の提供や協力を行う意志を示し、嵐山は作られた美しさの山で自然の山ではないと強調し、嵐山の松と桜の風景の重要性を説いていた[37]。1984年、古川は「嵐山の美」という文章の中で、「この土地に住まいするものとして、この自然をさらに次の世代に後世への立派な遺産として残すためには、それだけの努力も必要」だと述べ、「毎年2月25日を嵐山の植林デーとして営林署をはじめ関係各位とともに嵐山保勝会が山桜の苗木百本を毎年山に植えてきている」と綴っている[38]。

　1987年以降、嵐山はタレントショップの乱立に悩まされた。その際、保勝会のリーダーたちは市風致地区条例に基づき、タレントショップに対し指導や助言を行った。1991年3月末に開店した「吉本新喜劇ハウス」では、屋根の上には縦横約5メートルもあるお笑いタレント間寛平の似顔絵大看板が掲げられいた。嵐山保勝会は「景勝地の景観を損なう」とクレームを提起し、これに対し

35)　同上、6頁。
36)　土井祥子　2002　「わが国における風景づくりの実践の歴史的展開に関する研究──保勝会の活動とその理念に着目して──」東京大学大学院修士論文。
37)　岡本和己　2018　「京都における景観の形成過程に関する研究」京都工芸繊維大学博士論文、47-50頁。
38)　古川英一「嵐山の美」『京都市文化観光資源保護財団会報』No.40、昭和59年10月、7頁。

て京都市風致課も行政指導を行い、約 1 か月後看板を撤去させた[39]。

　このように、嵐山保勝会は自然災害や経済・社会情勢の大きな変化にもかかわらず、約90年にわたり嵐山の美しい自然や観光景勝地の美化とその魅力を守り、後世に受け継いでいくために活動してきた。

## 2. 嵯峨嵐山おもてなしビジョン推進協議会の実践

　嵯峨嵐山エリアには、嵯峨商店街・嵐山商店街・嵐山十軒会・嵐山中之島会・嵐山西の会の 5 つの商店街が存在する。外国人観光客が押し寄せる中、嵯峨嵐山の自然や歴史文化をどのように守り、どう見せていくかという大切なことを今一度、地域全体で共有する必要という認識から、2010年 3 月に 5 つの商店街が連携し、今後の嵯峨嵐山地域の商業のあり方や取組みをまとめた「自然と歴史文化のなかで嵯峨嵐山おもてなしを」というビジョンを策定した。同年 6 月には「嵯峨嵐山おもてなしビジョン推進協議会」（以下、「おもてなし推進協議会」と略す）が設立され、各商店街から選ばれた16名の役員・幹事（2020年 2 月現在）が月 1 回の定例会合を開催し、各商店街の最新情報や事業実施に関する情報共有し、協力して事業を進める仕組みが整備された。また、京都市の職員や商工会議所職員が特別幹事として任命され、幹事会に参加している。さらに、嵐山保勝会の会議にも一部の理事が参画し、行政を含む関係団体との連携も確立されている[40]。

　これまでおもてなし推進協議会は、京都嵐山花灯路の協賛事業である「嵯峨おもてなしフェスタ」の実施や、ゴミのポイ捨てを抑制するためにゴミ箱の設置とゴミ箱マップの作成、そしてコロナ禍において感染対策を守りながら観光を楽しんでもらうためのマナーUPキャンペーン（図 7）など、多様なイベントや取り組みを展開してきた。ここでは、インバウンド観光に関連する具体的な

---

39) 毎日新聞　1991年 4 月21日。
40) 中小企業庁　2021 『はばたく中小企業・小規模事業者300社・はばたく商店街30選』395-396頁。

図7 「あらしやマナー」ポスター
出典：嵯峨嵐山 おもてなし帖

実践に焦点を当てよう。

## （1）相互理解

国連世界観光機関（UNWTO）が提唱する「世界観光倫理憲章」では、観光客は受入地域や国の属性や習慣と調和し、それぞれの法、習慣や慣習を尊重した形で観光活動を行うべきであり、一方で受入側地域社会や地域社会の専門家は訪問する観光客をよく理解、尊重し、観光客の生活習慣、嗜好、期待を知るべきであると呼びかけている[41]。おもてなし推進協議会は、観光客（ゲスト）と受入地域（ホスト）が互いに気持ちよく観光する空間づくりに向けて、まず相互理解から始めることにした。

---

[41] 国連世界観光機構（UNWTO）「世界観光倫理憲章」。
　　https://unwto-ap.org/wp-content/uploads/2021/06/GCET2021_H.pdf

　おもてなし推進協議会が設立されてまもない2010年秋頃に、中華圏の観光客が増加するなか、使用済みのトイレットペーパーを流さずにゴミ箱に捨てることによるトラブルが多発していた。おもてなし推進協議会は調査を行ったところ、これはマナーの問題ではなく文化や生活の習慣の違いに起因することが分かった。このことをきっかけで、日本人が当たり前だと思っていることは、海外の人にとって当たり前でない可能性があることに気付き、アジア圏の留学生20人を集め、それぞれの国の文化や生活の習慣についてヒヤリングを行った。次に、地域の商店街を中心に100人を集め、「中国語圏観光客おもてなし・セミナー」を企画・実行した。外国人観光客を応対するなかで不思議に思ったことや違和感があったこと、困ったことを参加者に書きあげてもらった。これらの文化や習慣の違いによる理解不足に対応して、『嵯峨嵐山おもてなし・ヒント集』を作成し、「〇〇の不思議」といった形で、観光客がとる行動とその理由について説明した。そして、「ヒント集」を地域商店街の約200店舗に配布すると同時に、トイレに「トイレットペーパーが流せる」という英語と中国語のポスターを掲示した。これにより、トラブルがすぐに解決し、文化の理解がトラブルを未然に防ぐことができることを実感した。おもてなし推進協議会の活動が京都新聞で紹介されると、テレビの取材アポイントが殺到した。しかし、マナーの問題に特化し、相手国を批判的に捉えようとするマスコミが現れた際には、おもてなし推進協議会は取材を断り、真のおもてなしを推進する姿勢を見せた[42]。

　おもてなし推進協議会のメンバーたちは、2010年には台湾、2015年には上海を視察した。これらの視察を通じ、メンバーたちは自身の滞在経験を通して相手国の生活文化を考察し、観光客としての視点から異文化理解を深めると同時に、自身の文化に対する新たな理解も得られた。

---

42) 郭育仁　2011　「『地域の精神』は観光振興にはどう生かされるべきか——京都・嵯峨嵐山における中国語圏インバウンド観光に関する取り組みから——」『日本観光研究学会第26回全国大会論文集』175頁。

2015年に、現状把握のために外国人観光客と地元商業者を対象にアンケート調査を実施した。その結果を踏まえて開催された商店街や行政関係者ら約60名が参加したワークショップでは、中国語圏観光客の特徴について「学び」、観光客に接する際の取り組みや問題点、そして不安や期待について「対話」が行われた。ワークショップなどで得られた成果を実際のおもてなしで生かせるかを確認するために、2016年2月、中国語圏最大の祝祭日である春節（旧正月）に合わせて、おもてなし推進協議会は「春節祭」という実証実験を行い（図8）、筆者も企画段階から関わった。事前ワークショップでは、まず日本と中国語圏のお正月の文化や習慣を勉強し、イベント当日には嵐電嵐山駅前の広場で「餅つき」を実施した。そのほかにも、春節でよく用いられる「福」のステッカーを各店舗や人力車に飾ることで、中国語圏観光客に歓迎の意思を伝えた。「餅つき」会場でアンケート調査を行ったが、中国語圏観光客のほとんどは、春節行事に込められた嵐山の人びととのおもてなしを嬉しく感じており、また多くの人は日本のお正月の風習も紹介してほしいという日本文化への関心を示した。一方、準備段階では、春節の演出は日本人観光客の目にどう映るか、中国語圏観光客に迎合するものだと思われないかという心配の声もあったが、調査結果を見ると、嵐山を訪れた日本の観光客の大部分は春節行事を好意的に評価し、「楽しいイベント」として受け入れたことが分かった。

図8　2016年に実施した春節祭（左：事前ワークショップ、右：餅つき）

出典：筆者撮影

（2）観光と文化交流

　また、筆者はおもてなし推進協議会と共同で、嵐山を訪れた中国・復旦大学新聞学院の学生や教員が参加するワークショップを2度開催した。1回目（2015年9月）では、約40名の学生たちがまず嵐山の観光スポットを回り、「嵐山印象」（「嵐山イメージ」）について発表した（図9）。彼らはもともと嵐山にどのようなイメージを持ち、そのイメージがどこから来たのか、そして実際の観光を通じて嵐山のイメージがどのように変わったか、一番印象に残ったことは何か、そのイメージを発信したかどうかなどを探る内容が組み込まれていた。ワークショップを通じて、学生たちは日本語がほとんどできないにもかかわらず、嵐山の風景よりも片言の日本語や英語、そして身振り手振りで会話（コミュニケーション）が成立する人力車が一番印象に残ったことが分かった。

図9　2015年に実行された「嵐山印象」ワークショップ

出典：筆者撮影

　2回目（2017年10月）は、6名の教員と学生が商店街の花屋、竹工房、座布団店などふだん観光客がのぞけない舞台裏を訪ね、ものづくりの現場を見学したあと、天龍寺の小川湫生宗務総長から嵐山の歴史と風景に関するレクチャーを受け、地元商店街の人びとや観光関係者と意見交換した（図10）。教員と学生たちは地元の方たちの地域愛を知り、嵐山への理解が深まり、新たなイメージ

図10　2017年に実行されたワークショップ
出典：（左）筆者撮影、（右）復旦大学新聞学院提供

を持つようになったと述べている。

　アメリカの都市計画家ケヴィン・リンチは、イメージは観察者と観察される
ものとの間の往復過程の産物であり、両者の相互作用によって展開されると指
摘する。リンチによれば、都市の中の動く要素、特に人間とその活動は、静か
な物理的要素と同じくらい重要であると述べている。「われわれは単にこの光景
の観察者であるだけでなく、われわれ自身その一部であって、他の登場人物と
一緒に舞台の上で演じているのである」[43]。以上の嵐山で行われた観光と文化交
流をめぐる実践が証明したように、観光地で地元の人びとと触れ合うことは、
ゲストとホスト、観光客と観光対象を結び付ける重要なポイントであり、観光
客は地元の人びとと会話（コミュニケーション）するプロセスのなかで、観光
地に対するイメージを形成していくことになる。そして、異文化を理解し尊重
する姿勢は、自身の文化への理解につながること（たとえば「嵐山らしさ」とは
何か、「日本らしさ」とは何か）も、一連の実践で確認することができた。「世界
観光倫理憲章」に明記されているように、「人間と社会間の相互理解と敬意」へ
貢献することは、観光のもっとも重要な価値であると考えられる。マスツーリ

---

43）ケヴィン・リンチ／丹下健三・富田玲子訳　2007　『都市のイメージ』岩波書店（原著1960年）、2
　　頁。

ズム時代では振り返る余裕がなくなってしまった観光客と受入地域の人びととの交流は、アフターコロナの観光を考える際に欠かせない要素になるだろう。

## 5　結びにかえて ── 住んでよし、訪れてよしのまちへ

おもてなし推進協議会は、「後世に承継できる『住んでよし、訪れてよし』の街づくりと、商業者ならではの知恵と工夫をもって市民、国内外から賞賛されるおもてなしを目指している」という目標を掲げている。嵯峨嵐山は世界的に有名な観光地であるが、観光地としての賑わいは嵯峨嵐山の一側面に過ぎず、ここを暮らす人びとの生活の場所でもある。観光地の住民が観光から遊離してしまうと、持続可能な観光地になり得ないし、永続なる商いも実現できないのである。

おもてなし推進協議会はかねてから地域との連携を図る取り組みをしている。たとえば、定期的に地元の小・中高生に向けて、嵯峨嵐山の観光とまちづくりに関するレクチャーを行い、地域の資源、環境、課題について子どもたちに知ってもらい、一緒に考えてもらうことにしてきた。また、2016年2月、おもてなし推進協議会と嵯峨商店街は地元の京都嵯峨芸術大学の学生と一緒に、嵯峨商店街エリアで観光客に分かりやすい案内表示を兼ね備えた、統一暖簾を製作するプロジェクトを展開した。京都嵯峨芸術大学の染織・テキスタイル領域の学生がデザイン・制作をし、グラフィックデザイン領域の学生がサイン（案内表示）計画を行い、嵯峨嵐山の街並みにふさわしい竹を連想させる緑の統一した色調や、統一感を維持しながらも各々の店舗の特徴を表現したオリジナルデザインを実現した[44]。

特に2020年から3年間も続いた新型コロナウイルス感染拡大は、観光客の急

---

44）嵯峨商店街 おもてなしのれんプロジェクト（2016年2月）。
　　https://www.arashiyama-kyoto.com/source/pdf/noren.pdf

減をもたらしたが、これを契機におもてなし推進協議会は地域との関係を見直し、夏祭りや５分間花火など、地域住民の心を癒すイベントを企画・実行した。これにより、疲弊していた地域住民から感動の声が寄せられた。また、嵯峨商店街主催の「嵯峨嵐山秋祭り－Happy Halloween－」などの地域のイベントには、音楽祭・縁日・商店街屋台とともに交流のある台湾屋台やキッチンカーなども参加し、地域の子どもたちも異文化に触れあい楽しむことができるように工夫された。地域の未来を担う若い世代や地域住民を巻き込んだこれらの活動は、地域内での共感を喚起し、地域の魅力を高めることができ、持続可能な観光とまちづくりの実現に向けて重要な手がかりを提供している。

**【参考・引用文献】**

嵐山保勝会『観光の嵐山』昭和11年。

嵐山保勝会公式サイト「THE嵐山」。https://www.arashiyamahoshokai.com/

伊豫田康弘・上滝徹也・田村穣生・野田慶人・八木信忠・煤孫勇夫　1998　『テレビハンドブック　改訂増補版』自由国民社。

岩田京子　2015　「風景思想の転換に参与したローカルエリート ── 小林吉明による京都市郊外の風致保全・保勝事業を事例に ──」立命館大学大学院先端総合学術研究科『Core Ethics』Vol.11、1-11頁。

大塚五郎　『嵯峨野の表情』京阪電気鉄道株式会社、昭和14年。

大村拓生　2004　「中世嵯峨の都市的発展と大堰川交通」『都市文化研究』3号、67-83頁。

岡本和己　2018　「京都における景観の形成過程に関する研究」京都工芸繊維大学博士論文。

小川功　2010　「嵯峨・嵐山の観光先駆者 ── 風間八左衛門と小林吉明らによる嵐山温泉・嵯峨遊園両社を中心に ──」『跡見学園女子大学マネジメント学部紀要』第10号、1-18頁。

小川功　2014　『観光デザインとコミュニティデザイン ── 地域融合型観光ビジネスモデルの創造者〈観光デザイナー〉』日本経済評論社。

郭育仁　2011　「『地域の精神』は観光振興にはどう生かされるべきか ── 京都・嵯峨嵐山における中国語圏インバウンド観光に関する取り組みから ──」『日本観光研究学会第26回全国大会論文集』、173-176頁。

片山一弘「アンノン族とインスタ映え、個人旅行の楽しみ今昔」読売新聞オンライン、2021年3月26日。https://www.yomiuri.co.jp/column/chottomae/20210324-OYT8T50062/

加藤就一　2022　「商店街のインバウンドと多文化共生」『嵯峨の福祉』第130号、2頁。

印牧真明　2019　「近代京都における鉄道開業と名所変化 ──『京都鉄道名勝案内』を中心に

　　──」『立命館地理学』第 31 号、81-91 頁。

京都市『京都の歴史 5　近世の展開』学藝書林、昭和 47 年。

京都市『史料 京都の歴史 14　右京区』平凡社、平成 6 年。

京都市埋蔵文化財研究所　1997　「京都嵯峨野の遺跡──広域立会調査による遺跡調査報告
　　──」京都市埋蔵文化財研究所調査報告第 14 冊。

京都の史跡を訪ねる会　1991　『嵐山あたりの史跡と伝説と古典文学を訪ねて』。

京都府「デジタル展覧会『京の鳥観図絵師 吉田初三郎』鳥観図」。
　　https://www.pref.kyoto.jp/shiryokan/yoshida-t.html

桑本咲子　2013　「ディスカバー・ジャパンをめぐって：交差する意思から生まれる多面性」
　　『日本学報』32 号、131-145 頁。

ケヴィン・リンチ／丹下健三・富田玲子訳　2007　『都市のイメージ』岩波書店（原著 1960
　　年）。

国際日本文化研究センター（日文研）データベース。https://www.nichibun.ac.jp/ja/db/

国連世界観光機構（UNWTO）「世界観光倫理憲章」。
　　https://unwto-ap.org/wp-content/uploads/2021/06/GCET2021_H.pdf

嵯峨嵐山おもてなしビジョン推進協議会・嵯峨嵐山地域中国語圏観光客調査研究会　2016
　　「地域資源を活かした中国語圏観光客の受け入れ態勢を強化するための調査・研究報告書」。

嵯峨嵐山おもてなしビジョン推進協議会「嵯峨嵐山おもてなし帖」。
　　https://www.arashiyama-kyoto.com/

嵯峨自治会『嵯峨誌』臨川書店、昭和 7 年。

嵯峨商店街 おもてなしのれんプロジェクト（2016 年 2 月）。
　　https://www.arashiyama-kyoto.com/source/pdf/noren.pdf

ジョン・アーリ、ヨーナス・ラースン／加太宏邦訳　2014　『観光のまなざし〔増補改訂版〕』
　　法政大学出版局（原著 2011 年）。

新城常三　1984　「旅と日本人──その変遷の意味をさぐる」『観光文化』Vol. 43、2-9 頁。

杉野圀明　2007　『観光京都研究叙説』文理閣。

瀬戸内寂聴　1985　『嵯峨野みち』平凡社。

高桑義生『洛西景観』高桐書院、昭和 22 年。

高田文夫　1989　『昭和の TV バラエティ』太田出版。

谷沢明　2021　『日本の観光 2 ──昭和初期観光パンフレットに見る《近畿・東海・北陸篇》』
　　八坂書房。

中小企業庁　2021　『はばたく中小企業・小規模事業者 300 社・はばたく商店街 30 選』、395-
　　396 頁。

土井祥子　2002　「わが国における風景づくりの実践の歴史的展開に関する研究──保勝会の
　　活動とその理念に着目して──」東京大学大学院修士論文。

中川理　2015　『京都・近代の記憶／場所・人・建築』思文閣。

中嶋節子　1994　「昭和初期における京都の景観保全思想と森林施業——京都の都市景観と山林に関する研究」『日本建築学会計画系論文集』（459）、185-193頁。

西村幸夫　2018　『西村幸夫 文化・観光論ノート——歴史まちづくり・景観整備』鹿島出版会。

萩原滋編　2013　『テレビという記憶——テレビ視聴の社会史』新曜社。

長谷川奨悟　2010　「『都名所図会』にみる18世紀京都の名所空間とその表象」『人文地理』第62巻第4号、60-77頁。

古川英一「嵐山の美」『京都市文化観光資源保護財団会報』No.40、昭和59年10月、7頁。

文化庁・国指定文化財等データベース。https://kunishitei.bunka.go.jp/bsys/index

水越伸・飯田豊・劉雪雁　2022　『新版 メディア論』、一般財団法人放送大学教育振興会。

溝尾良隆　1984　「旅の変遷と日本人の旅行特性」『観光文化』Vol.43、16-23頁。

山口敬太・出村嘉史・川崎雅史・樋口忠彦　2010　「近世の紀行文にみる嵯峨村における風景の重層性に関する研究」『土木学会論文集』D66(1)、14-26頁。

洋泉社MOOK　2013　『80年代テレビバラエティ黄金伝説』洋泉社。

劉雪雁　2020　「旅行アプリにおける中国人観光客の口コミ情報から見る観光地イメージの生成と共有——嵐山・竹林の道を事例に」関西大学経済・政治研究所『セミナー年報2019』、35-49頁。

臨済宗大本山 天龍寺公式ホームページ。https://www.tenryuji.com/

林野庁・嵐山風景林。
　https://www.rinya.maff.go.jp/j/kokuyu_rinya/kokumin_mori/katuyo/reku/rekumori/arashiyama.html

るるぶ＆more。https://rurubu.jp/andmore/spot/80027218

渡邊秀一　2008　「名所案内記からみた近代嵯峨・嵐山の観光業」鷹陵史学会『鷹陵史学』第34号、1-19頁。

第3部

博覧会と地域の持続的発展

# 第6章 共創としてのエキシビションと地域文化の醸成
## —— 博物館都市松本を例に

中 江 桂 子

## 1 はじめに ——エキシビションと地域文化をめぐって——

　地域文化という言葉があるが、その地域特有の文化がそのままの形で生活の
なかで継承される時代ははるか昔に終わっている。近代の産業と効率の論理だ
けでは、文化の個別性や多様性という言葉はむなしく響くが、このむなしい時
代になおこれらの言葉が叫ばれるのも事実である。どうすれば文化の個別性や
多様性を守りつつ発展させていけるのか、この現代の問いに実りある形で答え
るのは簡単ではない。しかし本稿では、地域文化の個別性や多様性を守り、か
つ発展させていく拠点として、エキシビション —— 博覧会・博物館・イベント
—— をとらえ、この難しい問いに幾分かでも応える努力をしてみたい。

　とはいえ一般的には、たとえば博物館は、社会の支配構造あるいは支配の正
当化の問題と必ず重ね合わされて論じられてきた。また、博覧会については『日
本博覧会史』の冒頭に、博覧会が興味本位に濫催されることを憂いた著者によ
り、以下の記述がある。「そもそも博覧会の根本とするところは、衆知を一堂に
あつめ各自の見聞を博くし、一国産業の奨励、百般の事業を促進して家の富強
を期するところにあることは今さら言を俟たないところである」(山本 1970:
23)。新しい時代を迎えるにあたり広い知識にふれて日本人が学ぶこと、さらに
近代における、産業と貿易の発展および新しい技術の公開と共有がその目的に
含まれるが、これは国家政治とつながる。とはいえ、これまでの博物館や博覧
会がすべて同じではない。

私たちは地域でもエキシビションが開催されたことや、それが文化の保存継承に果たした役割、そしてそれらのツーリズムとの関わりを忘れてはならない。現代では、博物館は、その地域の歴史、文化、アイデンティティを確認する場所として、地域に残る文化遺産を蒐集し、管理・展示することを仕事に含んでおり、ワークショップなど文化振興の拠点にもなり、かつ観光旅行の訪問先にもなっている。現代ではむしろ、エキシビションが地域文化の滋養となるには何が必要かという点も大きなテーマとなっている。

　この論考では、明治期の松本博覧会からはじまり、その後も多くの市民のちからによって文化財の蒐集と保護及び文化振興を進め、現代では「博物館都市」を標榜する長野県松本市をとりあげる。長野県は博物館県と呼ばれ、博物館の数の多い県であるが、そのなかでも地域の歴史と博物館やエキシビションが深いかかわりを持ち、行政としても博物館の活用に工夫を重ねてきたのが、松本市である。現在では「松本まるごと博物館」構想に基づいて事業展開を進めており、松本駅前にはそのスローガンである「三ガク都」学都・岳都・楽都のモニュメントも建ててある（図1）。まるごと博物館のガイドブックには、「美ヶ

図1　松本駅前モニュメント
揮毫は元市長の菅谷昭氏（学都）・小澤征爾氏（楽都）・田部井淳子氏（岳都）による。（筆者撮影）

原から槍ヶ岳まで松本は屋根のない博物館」という標語が踊っている（松本市博物館 2014）。これらの言葉は、この半世紀の間に論じられてきたエコミュージアムの概念や、近年の博物館法の改正で唱えられた社会教育的機能のほかに文化の継承・発展・創造につなげる循環、等の路線に合致するものである。しかし、文化・自然環境等の循環的で有効な活用としてのエキシビションは、松本ではすでに歴史的に積み重ねられている。本稿では、松本のエキシビションのこれまでを確認しながら、文化財やコレクションにおける市民／行政／来訪者たちが果たした役割を確認し、課題と可能性を考察したい。

　最初にことわっておくが、ここでいう「松本」は必ずしも行政区域としての松本市を意味しない。松本まるごと博物館構想の中では、松本市・安曇野市・大町市・塩尻市ほかを含む、旧松本藩領全体を大まかに含む地域が想定されている。また「市民」というのは、松本に住民票を持っている人という意味ではない。上記の旧松本藩領を含む地域であり、文化を育み、守り、継承し、そして文化に学ぶ、そのような場所としての松本とその周辺を愛した人々を含む。広義の意味でその土地に縁をもった人々、ということと考えたい。これら社会関係資本全体のダイナミクスを見過ごさないこと通じて、地域文化における共創と継承および、地域のエキシビションとツーリズムとの関係性について論じることとしたい。

## 2　博覧会と文化運動のはじまり　——松本城をめぐって——

　日本における地域博覧会の嚆矢といわれる京都博覧会は、京都の本願寺の境内を博覧会会場とし、市内の寺社仏閣も博覧会展示場として利用しながら、明治5年に開催されている[1]。京都博覧会[2]は、廃仏毀釈後の荒れた状況を回復す

---

1）　京都博覧会の前年の明治4年に、この博覧会の予行ともいえる小規模の博覧会が西本願寺書院を中心に行われているが、京都博覧会協会が第1回と自認するのは明治5年の京都博覧会である。
2）　京都博覧会以外でも、明治4-5年に名古屋総見寺や両国万八楼をはじめとして、浅草伝法院、湯

るきっかけを得たいという動機にもとづき、京都博覧会協会の会主は三井八郎右衛門・小野善助・熊谷久衛門という京都の豪商らであり、内容は勧業博覧会といってよい。通商路新開拓の意欲はあからさまだった。この京都博覧会の期間、外務省は各国領事館で手続きを踏めば外国人が自由に訪問できるようにし、また京都府は外国人用の英語の案内パンフまで作り、さらに京都博覧会協会は外国人の宿舎（寺5か所）やそこで出す西洋料理のメニューまで決めている[3]。京都の国際ツーリズムの始まりである。しかし来場者に外国人を意識したことや、寺社仏閣が会場だったことなどから、日本人からすれば世界の文物に目を拓くというより「骨董展覧会」のようだった、という（土屋 1944: 47）。

これにたいして、国家とも産業とも関係ない地域博覧会の最初は、明治6年開催の松本博覧会（筑摩県博覧会）である。京都とは異なり松本博覧会は、松本にある文化財の保存と継承を目的に松本の市井の人々によって開催されたものであり、この歴史は現在の松本の文化遺産にもつながっている。しかし既存の博覧会研究のなかで、国家目的から外れた松本博覧会はほぼ扱われず、前述の『日本博覧会史』にすら登場していない。

## 1. 市川量造 ──松本城天守保存に奔走した啓蒙家──

明治3年の廃仏毀釈、明治4年廃藩置県をうけ、藩の中心はどこも荒廃をみていたが、松本でも同様だった。明治5年1月には松本城天守も競売で落札されていた。多くの城は取り壊されたが、市川量造はこの事態を深く憂いた。

市川量造は松本城下下横田町の名主の家の生まれだったが、蚕種紙を売り込みに横浜の外国商館を訪ね、また東京や横浜などの世情調査に歩き回るなど、

島聖堂博覧会、金沢博覧会（兼六園）などで地域博覧会が開かれているが、およそ県庁所在地ないし寺社の境内が開催地となっている。

3) アメリカ太平洋郵船会社が上海航路を神戸と横浜に寄港させ始めたのは明治3年、京都博覧会はサンフランシスコから直輸入が可能となったばかりの時期である。博覧会の来訪外国人770人の食事は、辻重三郎が外国人指定の宿泊所に西洋料理三食すべてを作り届けたが、彼は神戸まで買い出しに行っていたという（京都博覧会協会 1903: 3-42）。

若くして諸外国への関心をもち、維新の激動の時代を好奇心を以て情報収集するような性格だった[4]。明治4年当時は松本下横田町の副戸長であり、のちに3つの戸長を兼ねることになるが、それにとどまらず政治に関心のある同世代とともに明治5年に民間ジャーナリズム『信飛新聞』を創刊した啓蒙的な人物でもある[5]。市川はこの新聞で、考えもなくただ古いものを壊すのを良しとせず、松本の人々の心のよりどころとしての意味や数百年の歴史の遺物の価値を市民に説きながら、松本城天守の保存活動をはじめる。

　明治5年11月27日、市川は筑摩県参事（のち権令）永山盛輝宛てに建言書を提出した。「海外博覧会の盛なる言を俟たず。近頃都下博覧会行はれて開智の益少なからず」と、博覧会が新時代を迎える人々に有用なものであると示している。「去とも遠境僻地に至りては、その美を目撃するもの稀にして遺憾に堪えず候に付」と、松本のような僻地ではなかなかそのような開智の機会を得られないので、同志と相談して筑摩県下で博覧会を開催したい、という希望が述べられる。開催場所については、「城内天守櫓破却の命ありて代価二百三十余円にて、既に落札相成り候趣承及候、右は数百年前の建築にて、当時他邦に対しては敢て誇示するに足らずと雖も、僻邑中に在ては頗る壮構なるものにて、且其地は高敞遠眺快闊、人意を開拡すべく博覧館に用ふるには尤も適当」、「暫く之を以て衆庶遊観の地となし」そののち、「龍動キリスタルパレス、維也納ミュゼエム等の如き」半永久的な博物館にして保存したい旨が訴えられている（有賀 1976: 31-35）。博覧会から博物館へという近代思想がここにみられる。特筆するべきなのは、「殖産興業」「産業上の新知識」「通商拡大」等の言葉が、この

219

建言書にも松本博覧会規則前文（趣意）にも一切無いことである。この松本博覧会は、新旧の文化および広く世界を知る「智見」をもつための、また文化保存と文化振興の契機を共有するための、博覧会の最初であるといえるだろう。市川は一度落札された松本城の破却をとどまらせるために、建言書を提出しながら私財をなげうち借金までして金集めに奔走し、落札金と租をおさめることで10年間の拝借を認められた。

　京都博覧会のまるで骨董展覧会だとの批判を松本で繰り返さないために、かつ博覧会本来の目的である「開智」を実現するために、松本博覧会事務局は、出品の品々の提出を各方面に呼びかけるだけではなく、東京府博覧会事務局にたいして博覧会出品物展示品の周旋を願い出ており、その結果数多くの品々を下賜されたことが記録されている（有賀 1976: 46-47）。このため松本博覧会では、展示に古来の重要な品々や骨董品ももちろん数多くあったが、それだけでなく『信飛新聞』（39号、明治8年3月）によれば「海内外の奇品珍具は言うに及ばず、日用手に触れ身に纏う絹布、メレンス、キャップ、書籍、陶器に至るまで、和製舶来総物品を羅列して悉く皆代価を記し置き、博覧の数に加」（有賀 1976: 49）えて展示されていた。これらが奏功して、松本博覧会は大成功をおさめる。前年の京都博覧会が、来場者40613人（内外国人770人）（京都博覧会協会 1903: 38, 45）であったのにたいし、第一回松本博覧会は「闔県人民宣伝呼応し老を扶け幼を携へ開場へ輻湊する者日々四、五千人を下らず」（『信飛新聞』11号、明治6年12月）と未曾有の賑わいであった[6]。会期が11月10日から12月24日であったことを考えると、毎日4000人と最も少なく計算しても18万人である。展示品の面白く、松本城天守閣からの眺めもある。三代広重が錦絵にするほど松本博覧会は盛況をきわめた（図2）。その後も博覧会が開催されるたび取り壊しが延期になった。こうして、博覧会を開催した収益金等が城の買戻し

---

6) 明治6年当時の信濃国松本町の人口は14,275人、長野町の人口は6,928人であった（元正院地理課 1982）。地元の住民が複数回通ったにせよ、信濃以外からの来場者は相当な数いただろうことが推定される。

図 2　筑摩県博覧会図（出典：信州デジタルコモンズ）

資金の一部に償却され、市川は買戻しに成功する。ついに松本城天守保存の目的が達成された[7]。

　これに気を良くした筑摩県権令永山盛輝は、筑摩県各地で博覧会を奨励した。明治 7 年から筑摩県廃止まで、松本城では毎年博覧会が開催され、筑摩県内の広い地域で、廃仏毀釈のため荒れかけた神社仏閣の敷地を活用し、博覧会が開催され続けた[8]。筑摩県下の博覧会は廃県後は継続されなかったが、松本城天守は保存され、松本城の敷地は公的な場所として活用されていく。

## 2.　小林有也 ── 文化財の継承に尽くした教育者 ──

　破却を免れたとはいえ、松本城のような文化遺産の継承はたいへんな労が必要となる。博覧会の売り上げを失い、市川が松本を去ったあと、松本城はその

---

7)　買戻しの後で松本城は松本町に寄付されている。
8)　筑摩県権令永山盛輝は松本博覧会の成功を受けて、筑摩県下で博覧会を奨励した。このため明治 7 年に飯田・松本・高島・大町・高遠・高山・福島で博覧会が開かれ、8 年にも高島・松本・飯田・神宝（筑摩郡深志神社）・古川・明盛・飯田・福島・下諏訪・松本で開催された（有賀 1976: 29）。

まま放置されて年々の荒廃にさらされていた。

旧二の丸跡地に明治18年に県立中学校松本支校（松本中学校）が落成した。この初代校長を務めたのが小林有也である。彼は大正3年に没するまで中学校長としてあり、その野球好きでその質素かつ有徳な人物像は、子供向けの読み物にもなって親しまれている（信濃教育出版部編 1960: 39-51）。松本城を見上げて過ごす中学校の先生生徒たちは、年々の荒廃にたいして憂いが深まり、ついに小林は行動を起こした。明治34年、これ以上看過すれば城が倒壊するかもしれない危機感から、小林は松本町長小里頼永らに協力をあおぎつつ、自ら率先して「松本天守閣保存会」を設立し、寄付金の募集に東奔西走しはじめた。中学校の校庭を拡張する必要が生じた明治35年には、旧本丸跡地の農事試験場[9]への貸与をやめて中学校校庭に転用することと、天守の管理を願い出る。これが認められると、小林はみずから補修計画をたて、明治36年からその工事に着手した。日露戦争の中断もはさみ大正2年までの11年あまりの歳月をかけて修繕が行われたが、その間、資金調達、修繕計画、工事監督すべてを取り仕切ったのが小林有也であった。小林は大学では理学士を取得、そののち農商務省の公務局に勤務した経歴もあり、理学工学への彼の広い知見が生かされたといえるだろう。職人たちと親しく語らいながらも、小林の知識は専門の職人たちをうならせたというエピソードも残っている（信濃教育会 1935: 439）。校長という職務とこの事業を同時に果たしたのだから、大役であった。

さて、天守閣保存会が集めた修繕資金であるが、わかっているだけで当時の2万円余、そのうち松本町からのいわゆる公的資金は3,700円だった（山本 1981: 113）。16,000円以上は志を理解する保存会会員からの寄付である。当時の松本町の経常歳出額が61,000円ほどと比べても、2万円がいかに高額だったかがわ

---

9) 市川量造は松本城保存に成功したのち、明治13年に松本の農業発展のために松本農事協会を設立し、松本町から松本城内の敷地を借り受けて農事試験場をつくっていた。小林校長の要望を受け、松本町はこの貸与をやめて、明治35年には中学校校庭に転用することになる。甲信鉄道事業を廃止に追い込まれた市川量造が明治26年にすでに松本を去っていたことも、背景にある。

かる。そしてこの調達を成功させた小林の手腕もさることながら、小林に協力
した人々の数の多さも考えてほしい。松本中学校の卒業生や関係者はもちろん、
地域の人々の協力がここにあったことは想像に難くない。学校が地域に根差し
ていること、かつ、そこに地域の記憶を共有する集団が存在していることが、
いかに重要かを考えさせられる。

　天守閣保存に貢献した人物として、市川量造と小林有也は、現在松本城黒門
を入るとその右手に肖像が顕彰されている。しかしこのふたりのみが貢献した
のではなく、彼らに協力した多くの人々のことも忘れてはならないだろう。こ
のふたりのイニシアティブと松本城が存在することによって、「文化財は市民が
守る精神」の種がまかれたといってよい。松本城は、当初の市川量造の願いの
ように、博覧会から博物館へという歩みは叶わなかったが、明治から大正にか
けての小林の大修繕を経て、昭和 5 年に本丸と二の丸の一部が文部省より史跡
に指定された。天守の国宝指定は昭和 11 年であった。

## 3　地域の記憶を文化財へ　——紀念館をめぐって——

　松本における博物館の誕生は、日露戦争まで待たなければならない。明治39
年 9 月松本尋常高等小学校（開智学校の後身・この後段で小学校と記載）に、「明
治三十七八年戦役紀念館」が誕生した。日露戦争に出征した松本出身の軍人が
出征先で集めた彼の地の草花標本、紙幣、写真、戦利品などが小学校に寄贈さ
れ、相当数の資料となったが、それらを基礎とするものである。

　小学校校長の三村寿八郎は、これまで学校に寄贈される品々[10]を整理し、明
治38年に「時局室」（時局資料室）を設置するとともに、時局室資料陳列品縦覧

---

10）小学校には寄贈の文化財はそれまでにもあり、たとえば日清戦争の際には、日清戦争の錦絵を生徒
　の父兄から寄贈されたし、日清戦争中も戦利品として武器が寄贈されている。ただ日清戦争と比べ
　ると日露戦争は動員数も戦死数も 5 倍以上であった。その意味でも、時局室を必要としたのは、明
　治37年以降であったといえよう（窪田 2020: 16）。

教育陳列場をつくり、寄贈品を保管と、学校の児童・生徒、市民、何かの記念日に来賓が来る場合などに、縦覧させていた。明治38年バルチック艦隊全滅の際には学校で「戦利品展覧会」が開かれ、生徒だけでなく町民たちが観覧に訪れ、観覧者の監督や説明に教員たちが従事している。こうなると、他の松本出身の兵士たち（そのほとんどが松本小学校出身）も、戦利品や戦争関係資料を次々と母校に寄贈するようになった。「時局室」は三村の積極的な働きかけにより、明治39年に「明治三十七八年戦役紀念館」として独立の陳列館として設置され、広く一般に公開されるようになった。この年の5月には、陸軍大将乃木希典、海軍大将伊藤祐亨、松本出身の参謀本部参謀次長陸軍中将福島安正ら[11]、8月には久邇宮が松本城と紀念館を訪れている[12]。同年9月の開館後、開館当初は毎日約1000人ほどの来館者があった。明治40年に松本に陸軍歩兵第五十連隊松本連隊区が設けられると、在連隊区の兵士たちは松本を訪れる軍人らがこぞって参観するようになった。紀念館は、松本を訪れた際の、松本城天守と並ぶ訪問地となったのである。

　もちろん紀念館にあるものはすべて戦利品なのだと考えれば、国家イデオロギー教育のための博物館である。三村校長は、伊藤祐亨海軍大将と乃木希典陸軍大将が偶然小学校で出会って握手した部屋を「邂逅室」とし、乃木が巡視するとこの部屋に乃木関連の資料を集め乃木室とするなどしている。小学校には明治天皇来松時の御座所もあり、この一帯は当時においてナショナリズムの育成の拠点だった。

　しかしこの紀念館をナショナリズムの下にのみあると考えると、それは間違いである。というのも、実際に寄贈された品物の内容を見ると、明治40年当時

---

11) 松本出身の福島安正中将は松本では大変な人気であり、福島が松本に来て紀念館を訪れた明治39年5月18日は、紀念館の入館者は3,700人、19日は3,500人、20日は2,700人となっている。松本市民31,000人程度を考えると、福島安正も紀念館も松本町民に親しまれていたと考えることができる（窪田 2020: 9）。

12) 久邇宮は松本城と紀念館を訪問し嘆賞した。昭和6年、紀念館は正式に小学校から松本市に移管された（窪田 2020: 11）。

軍事関係1353点にたいして、博物標本（動植物鉱物を含む）2,411点、風俗（民俗）資料363点、図書6,796冊などとなっている。これが大正5年の寄贈記録を見ると、軍事関係1,795点、博物室4,050点、地歴室2,711点、図書室27,305点となっている[13]（窪田 2020: 16）。戦争を記憶する博物館といいながら、これら寄贈品は誰が何のために行ったかといえば、松本小学校出身の兵士たちや父兄たちが母校の子供たちに見せたいと思うものであり、幅広く内外の資料が収集されていた。開館後1年を過ぎる頃になると、ここに集積される資料類はますます多様になっていく。小学校の父兄懇話会が旧松本藩士から譲り受けた武具を陳列したり、市民からこの地域にまつわる土器類なども寄贈された。また、歴史考古資料だけではなく、下駄、押絵雛、武者人形などの松本の民俗資料も集積されていった。大正元年の資料寄贈数を見ると、戦役資料15点、歴史参考資料83点、標本類15点、風俗資料21点、地理参考品18点、書籍74点（窪田 2021: 13）となっており、戦役紀念館の開館からわずか4年であるにもかかわらず、戦役資料の比重が低くなっているのがわかる。また、毎年の寄贈資料が蓄積されるのだから、開館時から数年で2倍の所蔵資料数になっている。寄贈は、市民みずからこの地の歴史の構築にかかわるということであり、その意義の大きさがわかるだろう。やがて松本町が市制施行され、松本市になった明治40年ごろ「明治三十七八年戦役紀念館」はたんに「紀念館」と呼ばれるようになり、大正8年には「松本紀念館」という名称になる。大正期には次第に郷土博物館へ緩やかに移行したといえよう（窪田 2021: 14）。

　三村寿八郎は、教育者として実物資料を重んじる人物であった。集まる資料は、軍事資料か否かにかかわらず保管管理し、教育に役立てようとしたことが、より多くの市民を紀念館に結び付けることになった。三村と親交があった澤柳政太郎[14]は、大正8年にこの紀念館を「地方に稀に見る博物館」と述べ、「戦役

---

13）明治40年当時とは分類の形が異なるが、鉱物類標本、地図、写真、貨幣および風俗資料等は地歴室に移されたことがわかっている。
14）松本出身、東北帝国大学、京都帝国大学総長を歴任し、そののち成城学園を創設。

紀念博物地理歴史に関する物より考古学参考品並びに図書に及び実に数万点」、「その社会教育に裨益するまことに大なるものあり」と述べている（窪田 2021: 16）。紀念館は松本の人々にとって、歴史の刻印を確認する場所であるのみならず、地域のアイデンティティを地域の人々みずから作り出し、自覚し、育てていく拠点としても機能していたのではないか。紀念館は戦後に松本市立博物館となる。

## 4　紀念館の嘱託委員とコレクションの広がり

松本紀念館が手狭になり、松本城二の丸跡地にある旧松本中学校の建物に移転したのは昭和12年であった。しかし問題は広さだけではなかった。収蔵品が多様で複雑になり、陳列品の内容、蒐集、陳列方法や経営についての調査研究についての人員不足が深刻だった。このため、紀念館はこれら調査研究のため昭和11年に嘱託委員を任命している。嘱託委員は、市内在住かつ研究技能を有するものとされており、例えば郷土史研究者として堀内・大熊・松林、文化史研究者として住山・胡桃沢・池上、山岳植物研究者として河野・矢沢・犬塚、芸術研究者として南海・小穴・胡桃沢・飯田…といった名前がある。昭和初期にすでに、博物館と外部の研究者との連携をつくることで、博物館の学術的な高度化と充実を図ろうとしたのである。本稿で嘱託委員のすべてを論じる紙幅はないが、山岳植物研究の河野齢蔵、および文化史と芸術分野として挙げられている胡桃沢勘内について、ここで言及しておきたい。

### 1.　河野齢蔵　――山岳都市の基礎をつくる――

河野齢蔵は慶應元年生まれで、もの心つく頃から父に文字を学び、孝経や論語も修め、漢学も学んだ教養人である。歌人であり築庭も好んだ父の影響か、齢蔵も歌や書画も一級で、囲碁、鉄砲の腕も上手だった。齢蔵は生涯教育者として勤め、長野県尋常師範学校で友人となる矢澤米三郎とは、生涯ともに歩む

関係となる。明治 31 年夏に河野は二人の友人とともに白馬岳に登山し、トガク
シショウマ、シロウマアサツキなど植物採集をしたが、これが長野県人の学術
研究としての白馬岳登山の最初であった。また明治 36 年には長野師範学校の田
中貢一ら数人と赤石探検を企画したが、これが学術的赤石登山の最初であった。
信濃の山々は山岳信仰の対象だったが、河野らの学術登山によって徐々に近代
登山の時代にはいっていく（信濃教育会 1939: 2-13）。

　矢澤米三郎とは乗鞍岳や妙高山など一緒に登るなどしていたが、明治 35 年に
は河野は矢澤とともに信濃博物学会を創立し、『信濃博物学雑誌』を創刊した。
学会会長が矢澤、副会長が河野だった。その『信濃博物学雑誌』創刊号の巻頭、
矢澤は次のような文章を載せている。「本県のごときは南北七十里に亘り、東西
亦五十里に垂んとして、加ふるに高山峻嶺、其間に横はり、河湖沼澤其中に瀦
し、山川の形勢、気候の異同、風雨の多少、草木の種類、岩石の成立、虫魚の
盛衰等、一々相異なるを以て、……北海道に限り産すと考えられた動植物の、
高山に産するを見たり、……斯る自然物に富める地方に居つて、之を研究しな
いのは所謂天物を暴殄すると云ふ者ではあるまいか」（矢澤 1902: 1-2）。この土
地に与えられた豊かな自然をとことん観察しようとする会であり、彼らに賛同
した信濃博物学会員は、設立当初すでに 100 名余りいた。

　河野齢蔵は次々と信州の動植物や鉱物についての論文を雑誌に発表する[15]。調
査活動も勢力的で、博物学会員たちのグループで、あるいは師範学校や勤務先
の教員たちのグループで、齢蔵はしばしば登山をして植物採集や動物観察を指
導している。また、実物を見せることを貴ぶ教育者でもあり、学校の生徒を連

---

15）河野齢蔵が『信濃博物学雑誌』に掲載したものをみると、研究者の顔と教育者の顔が両方見えてく
　る。彼にとってはその二つは連続するものだった。ライチョウをはじめとする高山動植物の観察記
　録や研究等を掲載する一方で、それらを教育に生かす手法に関する記事も書いている。例えばこの
　雑誌の創刊号には、「博物学の教授上、必要のことは何かと云ふに、教授法は勿論であるが、教授
　に要する実物を用意せねばならぬ。また実物があつても其微細なるものを拡大したり、又其複雑の
　作用を簡単に示す所の模型が必要である」、と論じ、魚の模型作成の方法を具体的に論じている（河
　野 1902: 8-12）。

れて登山し観察実習をしたり、植物園、果樹園などの実験園をつくることにも
熱心に取り組んだ。齢蔵がはじめて学校園を作ったのは、松本尋常高等小学校
女子部に明治26年に赴任した際であるが、のちの赴任先でも学校園をつくり続
けた。明治38年に松本女子師範学校の開校にともない齢蔵は着任したが、早々
に果樹園と菜園を、翌年に花壇を設置し、明治40年には高山植物園を、42年に
は風致園をつくった。博物学、物理学、植物学、化学にいたる幅広い教育と、
植物を愛おしみ園の世話もいとわない地道な活動をここに確認することができ
る[16]。その後も学校園を諦めることはなかったが、大正10年飯田高等女学校に
学校園をつくる頃からは、高山植物園に特化し、園をロックガーデンと称する
ようになる。齢蔵はその後7か所のロックガーデン築造にたずさわる[17]。

　齢蔵は高山植物の採集と標本を明治20年代から蒐集し研究しており、その成
果として大正6年に『高山植物の研究』を、昭和9年に『高山植物の培養』を
著したが、そのなかで「余は高山に登って御花畑に立った時に、無我の境地に
悠遊し、大自然の美観を味わうのが最も楽しとする處であった。ロックガーデ
ンはこれを低地に移してこの美観に接せんとするのである」(河野 1934: 73)[18]
と書いている。市内にいながら大自然を慈しむ精神の醸成や、情操教育の側面
も願っていた。高山植物の培養では植木鉢よりも主流であり、大規模なものも
あれば小さなものも可能で、適切に築造されれば世話がしやすく多くの人に親
しんでもらえることが、齢蔵にとってロックガーデンの魅力だった。

　さて、河野齢蔵の登山文化への貢献について触れよう。前述したように河野
は植物採集や動物観察のために信州の山々を登山していく。とはいえ登山のた

---

16) 学校園設置の主意として、「植物に関する確実の知識を与ふるを得べきのみならず、自然物に対す
　　る趣味を養ひ、美的観念を養成し、兼て身体を活動せしめて、心身をして円満に発達せしむるを得
　　るもの」(河野 1911: 1) と述べている。松本女子師範学校の学校園は明治45年の大火で消失した。
　　女子師範学校時代の学校園については、(大森 1939: 17-20)。
17) 那須の李王家別邸、自宅、長野市五明館別館中庭、松本中学校新築校舎裏、松本第二中学校本館
　　裏、富士高原療養所、最後に松本記念館である (松本市立博物館 2015: 37)。
18) このころには登山ブームが高まり、高山植物の乱獲が問題となっており、採集したものは培養して
　　大事にしてほしいという願いや登山者の趣味向上の目的もこの著作にはあった。

めの情報が豊かにあるわけではない当時、河野と矢澤は博物学と同時進行で、登山の知識や技術に関する啓蒙活動にも入っていくことになった。

　日本博物学会が明治33年に設立され、その有志である日本博物学同志会を母体として明治38年に日本山岳会が発足した。明治29年に出版された英国人宣教師ウォルター・ウェストンの著書『日本アルプスの登山と探検』に影響を受けた小島鳥水が、その日本山岳会初代会長となったのである。日本山岳会発足翌年に河野齢蔵と矢澤米三郎はその会員になっている。また信濃博物学会を母体として明治44年信濃山岳研究会がつくられ、会長が矢澤で副会長が河野だった。大正 8 年この組織が信濃山岳会となるが、やはりふたりは山岳会の中心だった。徐々に近代登山が広がり、大正にはいる頃になると登山熱が高まり、日本の高嶺はほぼ探検しつくされたといわれる。

　登山は身心の鍛錬ととも大自然の壮麗神秘を経験するという意味で教育的なものであり、河野も矢澤もこれを推進するとともに学校現場をとおして教育登山を行っていたが、これが次第に大衆のレジャーとして楽しまれるようになると様々な問題が起こった。登山マナーのない登山者の動植物の乱獲とゴミ問題、そして登山技術の無い登山者の怪我や遭難などである。博物学研究を継続するためにも、山岳会は必要だった。齢蔵はいち早く登山者の安全のために立山や白馬岳をはじめとして山小屋建設に積極的に取り組む（松本市立博物館　2015: 22-23）[19]。信濃山岳会発足と同時に、松本出身の教育者澤柳政太郎を総裁とする日本アルプス会も設立され、安全な登山路の開削、山小屋の設置推進、登山案内人の育成、高山植物の保護を活動内容としたが、矢澤や河野の願いがここに関わっていたことは察しがつく。また矢澤と河野は、大正 5 年に『日本アルプス登山案内』を出版し、日本アルプスの代表的な山々をとりあげ、その一つ一つ

---

19)　一例だが、立山の大沢小屋を建てたのは、齢蔵の大町小学校校長時代の教え子であり、その後山岳会で活動する百瀬慎太郎だった。百瀬は齢蔵の山小屋の必要性に説得され、大正 7 年に手作りの小屋を実現する。山小屋の認可を受け、炊事場も付いた大沢小屋が実現するのは大正14年である。また彼は登山の案内人組合も結成する（中村　1981: 56-70）。

に山の説明、登山案内、動植物目録などを付けて紹介しているが、同時に、登山計画の立て方、登山の支度と装備のこと等、登山心得も指南している（矢澤・河野 1916）。また、日本アルプス会は大正8年に『登山と道徳』を発行したが、大自然の最も純なる姿をとってあらわれる高山を永久に保つために、急増した登山客にたいして天然の美を棄損しないよう説く冊子であった（日本アルプス会 1919）。現在に至る日本アルプスの登山文化は、矢澤河野らを中心に基礎固めされていったといえよう[20]。

　河野齢蔵の山と自然にたいする幅広い活動により、松本紀念館の嘱託委員に任命されたのは昭和11年である。紀念館は山岳室を設けるとともにロックガーデンの築造を決めた。河野がその歩みとともに育ててきた信濃山岳会が信州の山々の開発紹介の目的を一定程度達成したことを記念して、なにかを残したいという時期、紀念館がそれに応えたといってよい。委嘱されたときに72歳であった河野は、以後生涯最後の3年間を、紀念館の山岳室の整備充実とロックガーデンの築造に力を注ぐことになった。紀念館の「自然その内容の貧弱や経営の困難なる事情も知悉さられ、非常に同情を」（熊田 1939: 27）寄せ、山岳室の戸棚類の見積もり、雷鳥の生態陳列の岩組の岩の取り寄せ、陳列品の説明文などまで、齢蔵は学問的な態度で真摯に取り組んだ。そして長年蒐集した鳥類標本、植物標本、高山関係の図書などを寄贈し、紀念館の完成に力を尽くした（熊田 1939: 27-28）。齢蔵は、山岳室やロックガーデンの完成を見ず亡くなったが、信濃山岳会や信濃博物学会の縁者らがその意思を継ぎ、その死の2か月後に完成をみた。

---

20) 米澤と河野の信濃山岳会における活動は、昭和のはじめ北アルプス一帯の国立公園指定問題が起きた際には特に活発になった。このとき信濃山岳会は、山岳会の会員だけでなく、旅館・温泉・山小屋・案内人組合・商工会議所など、関係する人々を広く集め、山案内への注意（不案内・不作法・不整頓・山岳知識の不足・特定山小屋への強制・地方色欠如など）・山小屋や旅館の改善（待遇改善・茶代廃止・宿泊料の掲示や値下げなど）・交通（登山路の長さと時間の調査・道標の整備・登山地図の作成など）について議論し、登山者の安全と利益を守るよう決議している。このような努力が成果となり、現在では登山が誰にとっても身近なものになったといえるだろう。日本アルプス一帯は、昭和9年に「中部山岳国立公園」として指定をうけた（日本山岳会信濃支部 1984: 14-20）。

　紀念館の齢蔵のコレクションは市立博物館所蔵となり、植物標本だけでも2,882点におよぶ。また彼の日本アルプスの自然の保存運動と安全な登山文化の基礎作りは、高山に囲まれた松本市民たちの文化——岳都——として、十分な成功をみたといえよう。

## 2. 胡桃沢勘内と「話をきく会」 ——文化・芸術を守る市民力——[21]

　胡桃沢勘内は明治18年に農家の四男として生まれたが、小学校を卒業後は、松本銀行行員として永年勤めた。また、正岡子規の俳句革新運動に心酔し、子規に直接教えを受けていた上原三川に師事、短歌は伊藤佐千夫に師事した。俳人・歌人としての胡桃沢勘内は、さらに斎藤茂吉や島木赤彦らと親交を重ね、『馬酔木』『アララギ』に加わり、若くして文学のネットワークを広げていった（松本市立博物館 2010: 10-11）。やがて『信濃日報』に文章が連載されるなど活動を広げていた勘内だったが、この新聞に載った柳田國男の『郷土研究』についての紹介を読み、強い影響を受けることになる。柳田が明治40年ごろから自宅で細々と開いていた郷土研究会は、地理学者や農業経済学者など多分野の人びとを巻き込みつつ成長し、その成果としての雑誌『郷土研究』は大正2年に発刊した。柳田はこれについて、郷土という言葉が「いっそう力強く我々を動かしたのは、郷土の語によって運び出された、無垢な行き掛かりのない前代の懐かしさだったであろうと思う」（柳田 1990: 461）と述べている。すなわち、近代の新しい社会変動が、地域を因習に満ちた不自由なものという認識を排し、自然の恩恵あふれる無垢なものという認識へと更新し、歴史と未来を取り結ぶ場所であるという考え方を構築した時期でもあった。勘内は柳田の考え方に共鳴し自らも民俗研究にはいる。勘内の「犬飼山の神おろし」が『郷土研究』に掲載されるのは大正4年であるが、同年に同雑誌に7本の論文を載せ、熱心な

---

21) 胡桃沢勘内についての叙述については、（中江 2023）を基礎に大幅な削除や加筆修正をおこなった。

寄稿者となっている[22]。柳田國男と『アララギ』同人でもあった折口信夫にたいして、彼は終生の敬愛の念を持っていた。このつながりを通じて、勘内には急速に自分の生まれた地域の歴史文化への意識が育ったといえる。勘内は信州における民俗学の先覚者として記されている（平凡社編 1961a: 235）。郷土研究は信濃教育会東筑摩部会員たちにも呼びかけられ、その成果として『東筑摩郡誌』『郡誌別篇』が編纂されることになる（松本市立博物館 2003: 35-36）[23]。松本ではこの時期から地域研究が地域の人々の手によって記録されていくのであり、評価されてよいだろう。

　胡桃沢勘内の松本における、もう一つの重要な仕事は「話をきく会」の運営であった。昭和4年、柳田の紹介で五島列島帰りの画家橋浦泰雄が民間伝承採集帖を携えて松本を訪れた。橋浦は松本が気に入りその2か月ほど滞在するが、その間、信濃教育会東筑摩郡部会から委嘱された『東筑摩郡道神図絵』を完成させている。その間、泰雄から北海道や五島列島の旅の話を聞き、交歓を深めた胡桃沢勘内、池上喜作、池上隆祐らは、話をきく会の必要を認識した。常民の心意伝承を探ろうとする柳田は、目以上に耳、人の話を聞くことを重視しており、「話をきく会」は柳田の提唱でもあった（松本市 1997: 859）。泰雄の松本訪問から4か月後には、胡桃沢と池上らは「話をきく会」を発足させている。『話をきく会　趣意書』には、こうある。

　「話をきく会」という会をはじめました。

---

22）ほかに「松本地方の年中行事」「信州松本より」「生団子」「信州松本地方の入稼出稼」「信州松本地方の入稼出稼補遺」「土着品と外来品」を1914年の『郷土研究』に立て続けに掲載している。胡桃沢勘内が執筆した民俗学の論考には、ほとんど平瀬麦雨のペンネームが使われている（平凡社編 1961b: 306-307）。

23）『東筑摩郡誌』は、大正7年より編纂された常民の生活を明らかにする材料蒐集であり、間もなく消失してしまうであろう民俗資料・民間習俗・民間信仰についての冊子である。翌年の『郡誌別篇』はこの地域の1,200を超える家名一覧および分布や家の習俗などが整理されている資料である。これらの学術調査は柳田国男の指導協力の下で胡桃沢勘内に委嘱、胡桃沢が中心になっておこなった（信濃教育会 1929: 100）。

この会は話を聴いたり話したりする会であります。（中略）

　私達の話したいという欲望はほとんど無限に近いのであります。話の種類
も従って無限であってほしいのです。私達は私達郷党人同士の話だけでは
実は充分満足出来ないのであります。日本中、それも北は親愛なるアイヌ
の人びとから、南は何がなし懐かしい琉球の人びと、更には台湾、朝鮮の
新しい同胞達のなかに、多くの話好きのあるのを確信しているのでありま
す。（中略）

　どんな遠隔の地からも早速にやって来られる時勢に、而も知っておきたい
事は一方どしどし出来てくると同時に、他方又どんどん消えていく今日、
人類発生以来連綿としてその血を受け継いだ話好き達が、黙り込んでいよ
う筈は実はなかったのであります。（中略）

　だからこの会には、別段面倒くさい主義や主張があるわけではありません。私
達にはただ交詢と其の喜びとがあるだけです。（後略）（松本市文化課　1995: 34）

　「話をきく会」には、柳田國男をはじめ、折口信夫、橋浦泰雄、渋沢敬三、新
村出、金田一京助、有賀喜左衛門、武田久吉、早川孝太郎、河東碧梧桐、武者
小路実篤など、多くの文化人が呼ばれ、文学や民俗学を中心としつつ幅広い分
野の人々が登壇した。また、話題も北海道・ハワイ・琉球の話、その地にまつ
わる怪談や、国語学、時事問題など、多岐にわたり、松本に居ながらにして世
界に接する機会であっただろうことがわかる。ここには解放的な講演会とそれ
を囲むコミュニティがあり、参加者は地元の教員はもちろん、公務員、社会人、
実業家など、郷土松本をけん引する人物が多く含まれていた。最新の知識につ
いて耳を傾けるとともに、消え去ろうとするもの、忘れられようとするものに
気づき、その地域の遺産を守り継承していく地ならしをする場であったともい
えよう。話をきく会は、毎回、20～50名超の参加者[24]があり盛況で、生の交流

---

24）松本市文化課　1995　掲載の柳田国男「話をきく会」写真等から筆者が推定した人数。

が実現された。

　昭和4年から16年まで続いた「話をきく会」は、外から講演者を招聘しながら同時に郷土の人々同士も結び付けたことは言うまでもない。昭和11年に紀念館が外部の委嘱委員を選ぶ際にも、胡桃沢勘内のこの実績を重要視したことも確かである。さて注意を向けるべきなのは、胡桃沢勘内は松本銀行行員（退職後は商会の理事）、市井の人間であったことである。紀念館が委嘱委員を選ぶとき、研究者の肩書よりも、松本在住の人でこの郷土に足をつけつつその分野に最も深い知識と人脈のある市井の人間を選んでいることは重要である。

　さて、勘内の活動の足跡は、やがて彼のコレクションとして遺されることになる。胡桃沢勘内コレクションは遺族によって守られてきたが、平成14年から松本市立博物館に寄贈され、それは約13,000点におよぶ（松本市立博物館 2010: 11）。このなかには、勘内宛て伊藤左千夫、斎藤茂吉、島木赤彦、柳田国男、折口信夫らとの書簡をはじめ、自作正岡子規之像、伊藤左千夫愛用の硯、香取秀真作の青銅文鎮、橋浦泰雄『東筑摩郡道神図絵』、柳田国男『遠野物語』初版、折口や島木の歌画、柳田や渋沢の原稿類が含まれる。

　「話をきく会」に関連して付言すれば、勘内とともにこの会を作った運営側の重要人物として池上喜作がいた（松本市文化課 1995: 10）。勘内とともに紀念館嘱託委員（文化史）に選ばれた池上喜作は、松本市有数の呉服卸商に生まれ、自身も家業に精を出す、やはり市井の人であった。5歳年上の勘内とは勘内が没するまで親交が続いた。池上は「話をきく会」にはほとんど出席し、熱心に耳を傾け、文人や碩学たちとの交流を続けたのである。池上喜作のコレクションもまた、正岡子規自筆の俳句原稿や絵、短冊類、書簡などをはじめとして、伊藤左千夫や胡桃沢勘内（歌人名としては平瀬泣崖）の作品など、戦後松本の民芸運動にかかわる作品類も含めて200点ほど、1994年に松本市に寄託され、のちに寄贈されて松本市美術館所蔵コレクションとして、保管継承されている。

　池上二良（喜作の次男）が父のコレクションについて次のように書いている。「父は、かつて、日本画家として気品ある画風をもち、また歌人でもあった平福

百穂画伯に私淑し、後年あるいは、鋳金家で歌人でもあった香取秀真先生に御厚情を得て親交がありましたが、そうした自分が人間的に魅せられて敬愛する芸術家の作品を入手しては、そこにこよなき喜びを感じておりました。……画商から入手した品はあまりなかっただろうと思います。父は、本当の価値をもつと思う人間に引かれて尊敬し、その作品から受ける感銘は深いものであったと推測します」（池上 2002: 6）。胡桃沢や池上のコレクションは、個人コレクションとはいえ、その意味を超えて、松本の人々の文芸俳句運動や話をきく会の活動とその歴史をそのまま伝えるものである。これらのコレクションが博物館におさめられ継承されていることには、大きな意味があるといえよう。

## 5　戦後における民芸運動とコレクション
### —— 普通の生活を支える文化と産業 ——[25]

　戦後の新しい文化の芽吹きとしては民芸運動がある。少し遡るが、信州白樺派の隆盛のきっかけとなった大正 6 年の、信濃教育会での柳宗悦の講演があった。この講演は「神に関する種々なる理解道」という演題で、長野と松本で行われたが、ここには笠井三郎のほか一志茂樹、小林多津衛、池田忠、降旗恭充、今井久雄らが参加していた。白樺派や柳らを介して民芸の思想や運動がゆっくりと浸透しはじめていたといってよいだろう。

### 1.　信州の自然のなかの民芸運動と博物館

　昭和 10 年、26 才の三代澤本寿は、松本を出て染織店を営む静岡の姉のもとに住むようになり、染物教室を手伝っていたが、芹沢銈介に出会うことにより民芸に開眼し、以来芹沢に師事する。『白樺』『工藝』などの冊子を熟読し、昭和

---

25）松本の民芸運動についての叙述については、（中江 2023）を基礎に、本稿の趣旨に合わせて削除・修正・総括をおこなった。

14年には柳宗悦に出会い、日本民芸協会静岡県支部の設立や、柳に同行して秋田樺細工の指導にも携わっていた。しかし昭和20年になると戦局激化と母の病気のために松本に帰郷していた（大阪日本民芸館 2021: 53）。丸山太郎は、昭和11年日本民芸館開館を伝える新聞記事に載った、徳利や蕎麦猪口が光る写真に惹かれ、民芸館を訪ねたところからその関わりが始まる。三代澤本寿が松本に戻り、丸山が三代澤を訪ねたことをきっかけに丸山の民芸への情熱が噴出した。二人の交友は熱を帯び、松代や長野の古道具屋などを回った。そこに、松本市職員の下条寛一が加わり、民芸協会支部の発足などを相談したが、そのうちに敗戦を迎えた。

　彼らの下相談が急に実現したのは、昭和21年松本幼稚園で「濱田庄司陶器展」を催し、これに合わせ柳宗悦が「地方文化と工芸」という講演をおこなったのを機にであった。丸山、三代澤、下条らの奔走が実を結び、、日本民芸協会長野県支部が松本に発足した（松本市立博物館 2004: 9）。支部長には、戦前は「話をきく会」の中心であり、柳宗悦にも知遇があった年長の池上喜作が就任した。これを機に、民芸の指導者たちが頻繁に松本に足を運ぶようになる。特に柳宗悦は、このころから、夏の1～2ヵ月を松本で執筆する年も珍しくなく、柳を訪ねて濱田庄司や河井寛次郎、リーチ、棟方志功らが頻繁に松本を訪れ、松本の民芸を指導し盛り立てた。

　ところで長野県支部を中心的に立ち上げた松本の7人は、昭和25年（1950）ごろからは月に一度は集まって民芸談義をした。7人とは、池上喜作、三代澤本寿、丸山太郎、下条寛一の他に、民芸家具の池田三四郎、柳澤木工所の柳澤次男、表具や拓本を手掛けた森泉音三郎で、「民芸七福神」と呼ばれた。七福神の集まりに、やがて小木工品制作の柳澤静子や、民芸建築の棟梁櫻井慶雄らが参加していくことになる（松本市立博物館 2009: 8）。

　松本市職員だった下条寛一は、戦後復興を果たす足掛かりとして、山に囲まれた信州にふさわしく木工生産や家具生産を考え、焼けてしまった各地に送りだそうとしていた。もともと森に囲まれた松本は和家具製作の伝統があり、徳

川時代には既に一大家具産地であり、木工文化が根差す土地柄であった。松本の工芸のひとつに帳箪笥がある。これは帳面を入れる箪笥だが大工職の伝統的な技の結晶である。大正時代から昭和初期にかけても松本は全国屈指の和家具生産地だった。しかし戦争中は軍需産業の下請けとなり、戦後も最初は進駐軍用住宅の受注があったものの価格の安い新興生産地に市場を奪われ、手工芸の衰退と職人の脱落という暗澹たる状況に追い込まれていた。これをなんとか逆転復活させるべく下条は、三代澤や丸山と同級生であった池田三四郎を民芸に誘い、伝統的家具職人のわざを戦後の洋家具の生産へと振り向け、復興の基幹産業に育てようとしたのである。

　池田三四郎は昭和23年に京都で柳の講演を聞き、忘れえない経験となったことを告白している。こうして池田は下条らの誘いに応じる形で、松本の木工業の復興を民芸の道に見いだすことにした。柳はこの池田の熱意に応じて、富山民芸の安川慶一に、講師として池田の工房への出張指導を依頼する。また彼は、バーナード・リーチから指導を得て、洋家具生産を自分のものにしていった。とはいえ戦後の木工業の復興といっても、民芸作品は量産ができないので苦労が続いたという。それでもその後、松本から新作の民芸木工を下条らが用意した工芸展に出品し、何度目かの出品で賞を得たりして、次第にその基盤と知名度を高めた。また民芸の小木工作品は柳澤次男が請け負い、柳澤木工所で生産するようになった。安川、リーチ、黒田など、民芸の主導者が来訪して指導をうけるうちに、民芸の考え方と作品は松本に根を広げたといってよい（池田　1997: 116-124, 145-150）。そして東京の百貨店白木屋で初めて、松本民芸家具が単独で展示販売されたのは昭和27年だった（池田　1990: 173-180）。

　池田の民芸家具が松本に根を下ろしたころ、丸山太郎は自宅商家の一角を改造して、ちきりや工芸店[26]を開いた（図3）。1階では松本の人々に丸山が選んだ美しく身近なものを提供し、2階のギャラリーは、民芸の同人が集まったり

---

26) 富山民芸運動の中心人物である安川慶三によるデザインで建てられた。

図3　ちきりや工芸店（筆者撮影）

展覧会を開催したりという、美しいものをめぐり意見を交換したり励まされたりする自由な交歓の場だった。また丸山は家業の傍ら、民芸の研究と民芸蒐集のために国内外の旅に生きた人であったが、その著書『旅の鞄』は訪ね歩いた先々の古道具や民芸についての記録ともなっている（丸山 1981）。ちきりや工芸店にそれらの一部が並んだことは、松本でクラフトへの関心を育てたであろうことは想像に難くない。

　昭和37年に丸山太郎は各地で集めた民芸コレクションのため松本民芸館を開館する。丸山の蒐集品のほか、自身が戦前から制作していた版画や絵、のちに彼は螺鈿細工や卵殻細工の研究と制作に励むようになるが、それらも展示に加わっている。また信州は養蚕の盛んな土地柄であり、松本は信濃手工芸指導所の地であり、途絶えた自然染料（草木染）復興の地[27]でもある。この染織工芸が森島千冴子らに伝えられ、戦後に三代澤本寿、柳悦孝や外村吉之助らの指導が加わって染織工芸や松本紬などが育成されたが、これらの育成にも丸山は積

---

27) 草木染は、山崎斌の命名による。化学染料により自然染料が日本から駆逐された状況のなか、和産藍玉による藍甕の染色法は、松本でのみ、濱茂人氏によって継承されていた（後藤・山川編 1972: 1082-1083）。

極的に加わり、森島千冴子や三村はなの作品も収蔵している。三代澤本寿は、芹沢から授けられた型絵染のわざを駆使して独自の世界を創造するようになる。三代澤は戦後の創作の中で信州の山々を歩いたり信州の造形をデザインに取り入れる一方、世界を旅して歩き、その土地の歴史や風物を作品に取り入れ自由な世界を創っているが、これらも民芸館に収蔵されている。丸山の蒐集は幅広く、「美しいものが美しい」という丸山の心情を形にしたものであった。「私の見る眼と、観者の見る眼と合致した時の喜びは最高といってもよい。そういう人は少ないが、自分の眼を活かして、やがて潤いのある人生を送る人もいるだろうと、心ひそかに楽しんでいる」（丸山 2011: 140）と、丸山はいう。この場は、誰もが民芸を見て感じて、研究する場であるとともに、丸山と親しく話ができる場でもあった。松本民芸館は昭和58年、松本市に寄贈されている。

　池田三四郎は、民芸の棟梁櫻井慶雄の助力を得て古民家を移築し、昭和44年に松本民芸生活館を建てた。松本工芸の伝統を学び伝える若者たちの寄宿舎として、さらに、池田による家具コレクションを陳列し、その家具とともに暮らしながら、暮らしの真理を探究することがその目的とされている。触って、使って、何が良いものかを理解することは、民芸の精神そのものであると同時に、その精神を松本で経験できることの意味を池田は考えていたのである。

　森泉音三郎は、柳宗悦から直接の指導を受け、道祖神や石仏の拓本の技術を極めた。信州は急峻な山々と盆地での人々の暮らしと民間信仰が自然に根付いている土地柄であり、道祖神がそこかしこにあり、「道祖神のふるさと」などともいわれる。森泉は昭和23年ごろから柳と三代澤と連れ立って小さな観音堂の青面金剛の拓本をとった。これを機に、陰刻陽刻にかかわらず野の仏たちの拓本をとり、民芸としての拓本と表具の独自の世界を独自に作り出した（森泉 1984: 49-50）。森泉音三郎の作品は、松本民芸館にも多くが所蔵されているが、松本参考館で見ることができる。表装や拓本はしばしば鑑賞することが難しい作品群ではあるが、参考館では「見るべきもの」として対象化し、その世界を味わうことができる。

## 2. 生活する博物館は日常のなかに

　松本民芸館、松本民芸生活館[28]、松本参考館、等の蒐集品や施設が、戦後の民芸運動と復興の歴史とともにつくられたことは、その収蔵物そのものの価値もさることながら、松本の文化やそこに生きた人々の記録としても重要であり、地域の個性を構築していく。

　民芸建築を手がけた棟梁櫻井慶雄は、民芸の街づくりにも腕を振るった。彼は、ちきりや工芸店のちかくに、「まるも」という旅館兼喫茶店を建てたが、民芸の指導者たちはもちろん古い街並みを愛する人たちに大変愛される場所となった（図4）。そのほかにも、松本城ちかくに「しづか」という郷土料理店、フランスレストラン「鯛萬」など、民芸建築を誰もが楽しめる場所が街なかに増えていくのも必然であった。内部はもちろん松本民芸家具である。また、松本ホテル花月は、池田三四郎設計であり、意匠も家具もすべて松本民芸家具で、おちついた空間づくりである。旧制松本高校出身で民芸の作り手であり、丸山のちきりやギャラリーで若い頃はよく展覧会を開いていた染色家柚木沙弥郎の作品が飾られていて、松本に縁ある空間になっている。松本の人々にも、松本を訪れた人々にも開かれた、生きた博物館が街のあちこちにあるようである。

　高度経済成長のあおりで古い建造物がことごとくつぶされていく時代にあって、丸山太郎はそれを大変に

図4　まるも（筆者撮影）

---

28）松本民芸生活館のみ、現在でも一般公開されていない。

惜しんだ。ちきりや工芸店周辺の白壁の蔵が集まる松本市中町地域について、以下のように語る。

> 古い物を惜しげもなくふり捨てて、土蔵造りの店舗をこわし、新しい近代化という幻影にとびつく松本の人びと。そういう事をあまり感心しない私である。……古いよき時代の家屋をそのまま生かし、その中の改造を近代的商店として生かしていく。扱う商品も、現代生活にマッチしたものでなくてはならぬ、……中町しか持たぬ特性、それは土蔵造りの商家を生かすほかない。旅の人びとが私の家の路地に残った数棟の土蔵、瓦は落ちてみすぼらしいが、いとも懐かし気に写真をとっていく。城下町としての松本の名残を郷里に持ち帰りたい気持ち、ふるさとの心にふれる気持ち、それを見逃してはならない（丸山 2011: 215-216）。

　現在、松本市内の中町は、土蔵造りの街並みが残り、工藝店やクラフトを中心にした店が並ぶ、観光客の多い通りとなっている。中町通りはちきりや工芸店だけでなく、松本民芸家具がショールームを構え、三代澤本寿のギャラリーも近年つくられた。工芸やクラフトの店がならび、ツーリストたちのそぞろ歩きのコースとなっている。

## 6　音楽の都の醸成と発展

　松本の「楽都」について触れておかなければならない。松本が特に音楽とのかかわりを持つのは主に戦後であるが、それ以前のことも少しふれておきたい。
　伊澤修二は、信濃高遠藩の進徳館出身で、明治の近代教育において最初の音楽取調掛設置に関わる人物である。また彼は時計職人だった山葉虎楠にオルガン制作の指導をし、日本における洋楽器の制作と普及に重要な役割をした人物としても知られるが、ヴァイオリンについても研究をしており、その素材や板

の特徴、f字型の穴のことなどまで、詳細にその歴史および楽器の構造、製作の難しい点についても言及している（伊澤 1958: 332-341）。そのなかで、木材原材料の豊かな日本ではヴァイオリン製作に必要な質の良い板も見つけられるに違いないと述べる。また、絃についても[29]、欧州では絃は山で育った羊の腸をもちい、スイスアルプスの羊の腸が最上質の絃とされていることを述べ、「日本でも将来此の絃を製するようになりましたならば、信濃などの土地柄はたいへん宜しい土地柄だろうと思われます」（伊澤 1958: 339）、という。日本人の工人の繊細なわざ、良質で豊富な材料が手に入るのなら、やがてはイタリアのストラディバリウスにも匹敵する楽器を日本で作れないとはいえない、と言った。伊澤には信州における洋楽器の製造・普及への大きな期待があったことは覚えておきたい。

## 1. 鈴木鎮一と楽都松本の基礎

　さて、松本の楽都において重要な位置付けにある鈴木鎮一は、名古屋にある鈴木ヴァイオリン製造創立者鈴木政吉の三男であるが、幼くしてヴァイオリンを学び、ベルリン留学も果たし演奏家としても有名だった。独自のヴァイオリン教育法を創案し、スズキ・メソードとして普及させた人物である。彼はそのヴァイオリン教育のあゆみを、昭和21年設立の松本音楽院でスタートさせたが、鈴木鎮一が松本音楽院で根を下ろすまでの経緯について、遡って確認したい。

　鈴木は父のヴァイオリン工場に勤めながらヴァイオリン演奏は独学で進めていたが、大正8年鎮一21才のとき転地療養先で柳田一郎（侯爵徳川義親と学習院の同窓）と同宿となる。この縁で鈴木は徳川侯爵とともに北千島探検旅行にも出かけている。その北千島旅行で一緒だったピアニスト幸田延と徳川侯爵の

---

29) 明治20年では日本ではまだ絃までは国内生産しておらず、共進会に出品されたヴァイオリンも琵琶箏の絹糸の絃を代用していたことなど伊澤は残念がり、やはり羊の腸の絃でないと力強い音が出ない、羊の腸は絃にムラが出ず清明な音が出ると述べている。国内ヴァイオリン製造の先駆である鈴木ヴァイオリン製造は明治21年の設立である。

勧めで、鎮一は上京、徳川家に間借りし、幸田延の妹のヴァイオリニスト安藤幸に師事した[30]。徳川家には幸田延や安藤幸はもちろん、物理学者でヴァイオリン弾きの寺田寅彦、音声学者の颯田琴次、音楽者の田辺尚雄の訪問もあり、個人教授も受けた。徳川家に置かれた徳川林政史研究所には、終生親しく付き合う松本出身の歴史学者の所三男も出入りしていた。また、民芸運動の柳宗悦と声楽家の柳兼子夫妻も徳川義親の親友であり、鎮一が22才の夏、徳川侯爵家の軽井沢別荘に度々訪問してきた柳夫妻と面会し、親しくなっている。このあと約8年のベルリン留学の後、帰国すると、弟たちとともに鈴木カルテットを結成し、日本各地で本格的な演奏活動をするようになる。演奏活動の一方で、昭和6年には鎮一は帝国音楽学校の教授に招聘されるが[31]、教授陣に声楽家の柳兼子、森民樹、学理の青木謙幸がいて親しい同僚であった。

　昭和18年になると帝国音楽学校も経営困難で解散し、鎮一は信州木曽福島に疎開[32]、同じころ森民樹は松本に疎開していた。終戦後、松本の人々から松本音楽院を作る話を持ち掛けられていた森民樹から、木曽福島の鈴木鎮一に音楽院を手伝ってくれないかという相談があった。鈴木は構想を温めていた「幼児からの才能教育」の構想を伝え、これが実践できるならとの意向を示した。なお、松本音楽院の設置に情熱的に奔走した松本の文化人たちとは、鍛治倉那二（元中部日本新聞記者）、神田平四郎（楽器の販売店店主）、藤本徳次（映画館・松本中劇ピカデリー経営者）、渡辺幾太郎（居酒屋「蔵」店主）、能勢豊（眼鏡店店主）、である。特に鍛治倉那二は才能教育とは何かを鈴木鎮一に話を聞きに出向き、その考え方に強烈な共鳴をし、松本音楽院実現の後押しをすることになった。

---

30) ピアニスト幸田延とヴァイオリニスト安藤幸は、ともに幸田露伴の妹である。
31) この時期、鎮一は帝国音楽学校の学生だけでなく、4歳だった江藤俊哉や天才少女と言われた諏訪根自子を指導しており、のちにかれらは才能教育が生んだ演奏家とされている。江藤俊哉は才能教育が生んだヴァイオリニスト第一号ともいわれる（久保 2012: 78）。
32) 疎開先の木曽福島鈴木ヴァイオリン工場では、工場長として水上飛行機のフロートの生産をしていた。両親を戦災で失った豊田耕兒を引き取り、育てたのは木曽福島のころであった。豊田耕兒はヴァイオリニストとなり、ベルリンドイツ交響楽団のコンサートマスターなどを務めた。

彼らはごく普通の松本の市井の人々といってよいが、彼らの熱意こそが鈴木を
ここに引き寄せ、楽都の基礎を盤石としたといってよい。鈴木の住居や最初の
松本音楽院の場所を決めるについても、このような松本の人々の助力に鈴木は
深く感謝している（鈴木 1960: 160-161）。

　最初の松本音楽院は、昔の芸妓組合の検番の建物だったが、踊りの練習場だっ
た80畳ほどの広いフロアがあり、そこを講堂として使った。松本音楽院の開校
は昭和21年9月であり、鈴木の思想を反映して幼児教育に焦点を置いたものに
なった。講師陣は帝国音楽学校時代の鈴木の縁者などあり、レベルは高かった。
帝国音楽学校の学理の講師だった青木謙幸[33]も、鈴木と懇意で音楽院のために
尽力した人物である。松本における戦後の最初の音楽会は松本音楽院開校記念
音楽会（昭和21年11月）であった（松本市 1997: 940）。昭和23年には才能教育
研究会として財団法人化し、本部を松本に、支部を東京に設置している。昭和
23年の写真（Monthly Suzuki 2021）をみると、50人前後の子供の生徒たちと父
兄たちが映っている。そのなかには15歳の豊田耕児、12才の中嶋嶺雄もいた。
この年には安川加寿子[34]のピアノ独奏会や、豊田耕児の独奏会も行われた。昭
和35年にはウィーンアカデミー合唱団を松本音楽院に迎え、交流している。柳
兼子[35]のリサイタルは、民芸協会主催で既に戦前に何回も開かれているが、戦
後は昭和20年代にも開かれている。昭和39年の長野民芸協会夏季講座では、兼

---

33）青木謙幸は、レコード会社グラモヒル社（のちのディスク社）の主幹であり、才能教育研究会が東
　京支部を置いた際には支部長となっている。
34）安川加寿子はフランスで音楽教育を受けた後、帰国し、昭和20年には父である草間志亨（外交官）
　の故郷である松本に疎開していたが、終戦後は東京に戻り東京芸術大学の教壇に立つなど、ピアニ
　ストとして日本の楽壇の中心人物となった。安川は、昭和23年、29年にリサイタルを松本で開催
　している。
35）柳（旧姓中島）兼子は、民芸運動の父柳宗悦の妻だが、東京音楽学校研究科まで進み、アルト歌手
　としてベルリンでも独唱会を成功させた初の日本女性であった。結婚後も音楽家として活動を続
　け、ビゼーやマーラーの歌曲のいくつかの日本初演など、日本におけるクラシック音楽の受容に大
　きな役割を果たした。詳細は、（中江 2021: 8-11）。鈴木と兼子は徳川侯爵との縁ではじまり、帝
　国音楽学校でも親しく、音楽学校時代には幾度も兼子の歌にヴァイオリンを合わせたことがあり、
　思い出を語っている（鈴木 1984: 7-8）。（松橋桂子編 1987）。

子の世話で鈴木鎮一と子供たちがヴァイオリン演奏をして広く称賛を得ている。さらに昭和42年、鈴木鎮一主宰の清韻会の第一回の音楽会として兼子の独唱会が才能教育会館で開かれ、47年にも柳兼子と鈴木鎮一のコンサートが松本で開かれている（池田 1984: 9-10）。このように世界水準の上質の音楽を耳にする機会を松本の人々は得ることになった。

　松本の才能教育の音楽会を個別に説明する紙幅はないが、戦後、音楽の種が撒かれ、さまざまな形で花開いていく[36]。しかし、鈴木の才能教育との関連で言えば、音楽だけでは足りない。才能教育は音楽に特化した教育方法ではなく、子供の力を適切に伸ばすための教育であったので、その対象は広いものであった。鈴木の考え方に強く共鳴したのは、本や講演会などを通じて才能教育の考え方に接した市民のなかにも、また松本の学校の教員のなかにもいた。昭和23年3月1日には松本市立本郷小学校で音楽会が、翌日には鈴木の講演会も開かれた。その後、本郷小学校教員の田中茂樹の息子が松本音楽院のヴァイオリン教室に来ていたことから、鈴木は田中茂樹に、才能教育、能力を身につけさせる教育法を本郷小学校で実験し、どの子も育つ事実を教育界に示していただけないか、と話した。田中はさっそく校長の上條茂に相談したが、その翌日には職員会でこの実験について話し、教員の協力が得られることが確認された。そして3月26日には田中と上條が鈴木を訪ね、才能教育の実験的クラスについて詳細を検討している。その1週間後の新年度本郷小学校1年生の1クラスで、田中茂樹を担任としてあらゆる教科で才能教育の試みがスタートした（上條茂先生遺稿集刊行会 1956: 162-192; 上條・田中 1949）。様々な立場を超えてよりよい教育とは何かを模索し一緒に考える教員たちがここにいたことは、鈴木にとって喜びであったことは疑い得ないし、勇気づけられたに違いない（鈴木 1982:

---

36）松本出身音楽家としては、鈴木鎮一門下として豊田耕兒・志田とみ子・真峰紀一郎（ヴァイオリン）片岡治子（ピアノ）高橋利夫（フルート）がおり、そのほかでは、Ｎ響に瀬戸川道男・村山弘（ヴァイオリン）河野昌彦（ヴィオラ）がいる。そのほか桐朋音大の飯沼信義は作曲家であり学校の校歌も多く手掛けている。声楽家二期会の池上恵三も松本出身で知られる。

141-144）。鈴木鎮一は、スズキ・メソードが全国的に広がり、国際的展開もするなかでも、本部を松本に置き続けた。それはただ最初の音楽院がある場所だからというだけではなく、市民のなかに音楽や才能教育が理解されていること、理解しともに研究してくれる教員たちがいたこと、それらの人々との関係や交流がここに根を張っていたからではなかっただろうか。

## 2．楽器製造の中心地として

　鈴木鎮一がヴァイオリンを中心として音楽教育を広めていくと、その楽器の需要も高まる。鈴木ヴァイオリン製造は名古屋にあったが、鎮一が松本で活躍しはじめるとともに、鈴木鎮一の弟である鈴木士郎が松本でヴァイオリン製造をはじめた。鈴木士郎の工房は旭町小学校の近くにあり、鈴木メソードで学ぶ子供用ヴァイオリンを中心に制作していた。鈴木士郎は名古屋の鈴木ヴァイオリン製造の製造方法とは異なる独自の素材や工法を使い、彼が松本で製作したヴァイオリンには、Shiro Suzuki Violin Laboratory Matsumotoの銘が入っている。今ではアンティークヴァイオリンのひとつである。

　鈴木士郎の弟子である井筒信一は、現在でも自分の工房でヴァイオリン製作を続けている。彼は学生のときにヴァイオリンの音色に惹かれ、教会で出会った鈴木鎮一の妹にヴァイオリン製作に誘われ、鈴木鎮一本人にも勧められたことをきっかけに、鈴木士郎の工房に通い11年にわたり製作を学んだ（Harima Quartely no.125; 中山地域づくり 2020）。木工業は前述のように松本の工芸のなかでも重要な分野であり、小木工作品の職人の父をもつ井筒であったが、家族の期待に反して、一大決心でヴァイオリンの研究と制作の人生にはいった。こうして楽器も松本の地域産業となったのである。

　森林素材の豊かさ、戦前戦後にわたる木工産業の歴史的・文化的素地、培われた木工職人たちの技術があり、かつ積雪も少なく乾燥した山間地である松本は、かつて伊澤修二が期待を寄せていたように、ヴァイオリン製造産業には最適な環境だった。ただ、高度経済成長とともに右肩上がりの家電購買人口とは

異なり、クラシック音楽あるいはクラシック弦楽器の演奏を嗜む人口はそうそう増えるものでなく、ヴァイオリン製造工房が乱立するというわけにもいかなかった。一時期は鈴木士郎は人を雇って工房を拡張するまでにヴァイオリンの需要は高かったが、高級楽器の需要には限界があり採算性という意味では難しい。松本に1960年創立された富士弦楽器（現：フジケン）も、最初はヴァイオリン製造から始まったものの、市場調査を通じてすぐにヴァイオリン製造からギター製造へと転換した（松本GUITARS web）。

　松本のギター産業の発展については、ヴァイオリン製造の時と同じく木材産業の素地があり、すぐにギター製造に入れる関連業者が多かったことがあげられる[37]が、背景には1950〜60年代のビートルズやロックなどの音楽の流行や、エレキギターが注目を浴びていたことがあった。松本には高度成長期に金属機械産業も進出しており、これらの技術も一部参画し、いわば新旧技術の融合によってギター製造産業の発展があったといえるだろう。坂本らの研究によると（坂本ほか 2023: 15-29）、富士弦楽器のヴァイオリン職人たちは、数年先行してクラシックギターの生産に取り組んでいた諏訪市の企業[38]の楽器を分解して学ぶことからはじめた。ギターを生産できるまでは紆余曲折があったが、1961年には月間3000本の量産ができるまでに発展した。富士弦楽器は1962年にアメリカのギブソン社から委託されOEM方式でエレキギターの生産をはじめたが[39]、その際には、松本木工と分業体制を組み、1964年にはエレキギター月産3,000本のペースに拡大した。その翌年からエレキギターの自家生産も始め1967年には月産5,000本となっていたが、エレキブームの陰りもあり生産量の9割はア

---

37) 松本民芸家具のような企業だけではなく、このころ例えば松本には、テレビやスピーカーの木製キャビネットなどを生産する小木工企業が多くあったが、そのような産業転換先としてギターがあった。松本GUITARS web参照。
38) クラシックギターの生産を始めていた全音（現：ゼンオン）。
39) エレキギターの受注については（横内 1994）。OEMの方式で生産をはじめたのは、アメリカのギターメーカーGibsonのEpifhonブランド。1969年からはEpifhonの生産拠点は日本となった。70〜80年代のマツモク製Epifhonは近年再評価されている。

メリカ輸出であった。1970年代になると徐々に高品質高価格の製品へと方針転換をはかり現在に至っている。1982年にはエレキギターのフェンダー社の日本工場も松本に進出している。エレキギターに関しては、海外輸出が大きい時で9割、少ない時でも4〜5割ほどに至っている。

　もうひとつの松本のギターメーカー芳野楽器は、1961年創立でマンドリンやアコースティックギターを製造していたが、松本では最も早く1967年に自社ブランドMORRISを立ち上げ、アコースティックギターの量産体制に入る。国内のみならず世界展開するにあたり1973年には社名もモーリス楽器製造とした。これは現在でも国内有数の企業であるといってよい（モーリスギターHP）。これらギター生産には外注や分業システムが松本地域に多様かつ広範に機能しており、製造経験者の独立創業も継続的である。継続的であることは、現在の地域産業として生きていることの証左でもあろう。現在松本には小さな工房もふくめ10社がギター生産にかかわっており、国内生産のほぼ半数以上を占める。松本はギター関連の業種の一大集積地となり、世界のギター産業を支える場所としても注目されている（伊藤 2019）。

　とはいえ、このような地場産業は地元の人々の間でもあまり知られていなかった。これを克服するべく信州ギター祭りが開催されたのは、2013年からである。はじめは楽器店のスペースから始まったイベントだったが、楽器の製造者と楽器を楽しむ人々をつなぎ、お互いを知りあいたいという思いは次第に拡大した。2017年からは松本市商工会議所が協力し、2019年から3年間は長野県からの補助も得て、市内のイベント会場で、さまざまなアクターが参加する規模に育っている（坂本ほか 2023; 信州ギター祭り 2019）。

## 3. 音楽イベント都市としての発展

　松本には戦後さまざまな音楽団体が立ち上がる。「話をきく会」で世話人の一人を務めた池上隆祐が地元の音楽愛好家たちなどアマチュアを集め、自ら団長となって松本交響楽団を創立したのは昭和26年2月、地方都市に本拠を置く楽

団でかつ現在まで継続している点は貴重な存在であり、まさに楽都を象徴する
ものだ[40]。昭和24年には、日本交響楽団が県下の合唱団とともに第九の演奏会
を、松本セントラル座で開催し大きなインパクトをもって記憶されている。昭
和26年には、企業や学校などを拠点としてつくられた音楽研究会・合唱団・合
奏団などが集まって、中信音楽文化連盟が設立され、市民生活の中に音楽でつ
ながる関係が広がり始めることになった（松本市　1997: 941）。

　夏が到来すると毎年、才能教育研究会の研究発表会（夏期学校）が松本で開
かれ、国内外から生徒と保護者が集まってくる。7月末8月初旬にかけて開催
されるが、1990年代は2週間10日ほどにわたり、参加者保護者あわせて4000人
が松本に集まったという[41]（坪田　1993: 70）。現在では、夏期学校期間は4日、
2,000〜3,000人ほどの間の参加者となっているが、このイベントは2023年で第
72回を迎えた。楽都の風土醸成にゆっくりと貢献してきたといえよう。

　市民懇談会での意見集約の結果としてパイプオルガンも備えた音楽専用ホー
ルのザ・ハーモニーホール（松本市音楽文化ホールの愛称）が竣工したのは1985
年であった。翌年、役人のホールから市民のためのホールへの転換をめざしハー
モニーメイト[42]という組織がつくられ、「たんに音楽会を聴く、あるいは人集め
の組織ではなく、地元で活動を続ける多くの音楽文化団体が相互に援助、協力
し合い、ホールを拠点として音楽活動の展開と音楽文化の向上を目指そうとす
る」（坪田　1993: 71）団体であった。松本では、松本交響楽団はもちろん、松本

---

40）大都市以外では、たとえば神戸フィルハーモニックがあり、「神戸市民自身のオーケストラ」を掲
　　げているが、その創立は1980年である。池上隆祐は白樺派教員とのつながりでも知られ、戦後は
　　衆議院議員にもなり、さまざまな形で松本の地域文化を支えた。設立から昭和61年に亡くなるま
　　で松本交響楽団団長を務めた。
41）1983年と89年にスズキ・メソードの国際大会が開かれた際には、8,000人（うち外国人800人）が
　　集まったという。
42）ハーモニーメイトは、松本市音楽文化ホール友の会となっているが、その内部にはコンサートなど
　　の企画運営をおこなう事業委員会・情報誌発行を担う広報委員会・ホールや企画コンサートなどの
　　実施にあたるコンサートサポート委員会などがある。音楽愛好者の市民が積極的にかかわることの
　　できる場所がここにある（ハーモニーメイトHP「音楽文化ホール友の会」）。

フィルハーモニー、松本室内合奏団など歴史のある楽団が常時活動しているうえ、多くの合唱団もあり、彼らの日常の活動を支えるとともに、市民に良い音楽の提供を行っているといえるだろう。こうした背景のもと1985年に松本市は「音楽とスポーツ都市宣言」をおこなった。

　さらに毎年8月下旬から9月上旬になると、セイジ・オザワ・松本フェスティバル（2014年までの旧称はサイトウ・キネン・フェスティバル松本）の開催がある（図5）。毎年開催されるこの国際的な音楽フェスティバルは1992年から始まっている。小澤征爾率いるサイトウ・キネン・オーケストラは、斎藤秀雄の没後10年を記念して弟子を中心に編成されたオーケストラだが、海外公演を続けていたものの日本での演奏会が無かった。小澤は、日本でやるなら半永久的な音楽祭として腰を据えてしっかりやりたいという意向を持っており、音楽祭開催の候補地を探していたのである。その候補地としては、「優れたホールが確保でき、大都市ではなく自然環境の良い地方都市で、プロのオーケストラがなくメンバーが合宿をしながら練習できるところがいい」（小澤 1993: 106）。小澤が自身の希望にあう場所として、長野県知事に松本でのフェスティバル開催を申し入れたのは1991年3月だったが、すぐに準備が始まった。「県や市の対応が素早く、吉村長野県知事や和合松本市長も『県民市民にとって大きな名誉だ。文化の向上、子供たちの情操教育に与える影響ははかりしれない』と歓迎してくれた。市民のなかからは『短期間で終わる冬季五輪より永く続く音楽祭のほうがうれしい』という声や『やるからには永く定着させて、世界的な音楽祭の開催地オーストリアのザルツブルグを目標にしよう』という遠大な希望も多く聞かれた」（小澤 1993: 104）。建設中の長野県松本文化会館に、オペラには不可欠なオーケストラピットの拡充や残響を調節する装置の設置などの小澤氏側の要望を、

図5　セイジ・オザワ松本フェスティバルロゴ

県と市は全面的に受け入れ、世界的音楽ホールが準備された。その年の11月15
日に、サイトウ・キネン・フェスティバル松本開催の発表があった。長野県松
本文化会館がサイトウ・キネン・オーケストラの本拠地となること、そのオー
ケストラの演奏会だけではなくオペラや室内楽もプログラムされ、第一回のオ
ペラにはジェシー・ノーマンの登場があることも情報公開された。そして松本
文化会館の落成式は1992年7月17日、8月に入るとすぐニューヨークで製作さ
れたオペラの舞台セットの搬入などが始まり、8月後半になると世界中からサ
イトウ・キネン・オーケストラのメンバーが集まった。8月30日には松本市主
催で、駅前から松本城まで市内の中学校・高校・大学・一般の吹奏楽団約850
名が参加したブラスバンドの大パレードがあり、松本城本丸公園ではこの日の
ためにつくられたTシャツを着た小澤征爾が、パレードを迎えた（小澤 1993:
112-114）。本丸公園で小澤指揮の大合奏が何曲かあったのち、1万5000人の市
民も一緒になった「信濃の国」の大合唱もあり、フェスティバルは開幕した。

　このフェスティバルには最初から市民参加およびボランティアが活躍してい
た。そのコアだったのは、ザ・ハーモニーホールを活動拠点とし8年の活動歴
のあったハーモニーメイトである。ハーモニーメイトからのフェスティバルボ
ランティア参加は24名だったが（濱崎ほか 2021: 35）、この人々が800名のボ
ランティアの中心となり、市民参加と市民が楽しむ企画を立てる部分をも一部担っ
ている。普通の市民生活と、世界水準のサイトウ・キネン・オーケストラとを
取り結ぶステージは、吹奏楽団パレードだけではなく、出張演奏や街角コンサー
トなどいろいろあった。これらはボランティアの発想が生かされる場でもあり、
松本市民にとって自分たちの音楽祭の意識を醸成するのに、これらがどれほど
重要かも忘れてはならない。このフェスティバル前から文化会館でオペラのリ
ハーサルや、学校の講堂を借りた練習があったりと、音楽が溢れた。これ以来
毎年継続[43]して、サイトウ・キネン・オーケストラの演奏会やオペラ上演のほ

---

43）2020年のみ、新型コロナ感染症の世界的蔓延の影響で中止とされた。

か、地元の多くの吹奏楽団のパレードをはじめ、ふれあいコンサート、子供のためのオペラや音楽会、若手演奏者の育成プログラム、市民による街角コンサート、サイトウキネンの演奏家による出前演奏会などが、2週間にわたり続く。松本への来訪者は年により増減はあるものの約7万から8万人程度である。2022年には一部の公演をYouTube配信したところ29か国12万人の視聴があった。

　さて、松本の音楽祭がクラシックの音楽祭だけではないことを付け加えてこの節を終えたい。りんご音楽祭は毎年9月下旬の2日間にアルプス公園で開かれる野外音楽祭である（りんご音楽祭オフィシャルサイト）。「既存のクラシックともポップともロックともつかないオルタナティブな音楽を集めたミュージックフェスティバル」（松本市公式観光情報web）として人気を集めているが、2023年で15回を迎えることになる。ギターを中心とした絃楽器の一大生産地でもあり、将来を見据えてさまざまな音楽を柔軟に受け入れていこうとする姿勢がみえる。

## 7　まとめ　——エキシビション・地域文化・ツーリズムと市民——

　松本市に「三ガク都」学都・岳都・楽都が生まれ育ってきた経緯を論じてきた。現在このスローガンは、博物館活動や観光行政などに利用されているが、その素地は100年以上前からあり、松本の歴史の積み重ねとしてあるということがわかる。また、学都と岳都と楽都はそれぞれが別々にあるのではなく、松本に縁ある人々によってそれらは互いに関係しあいながら、博物館やフェスティバルなどを中心としたエキシビションと地域文化が相互作用しながら、歴史が作られてきたともいえるだろう。ここまでの事例を振り返り、本節では、あらためて松本における地域文化醸成とは何だったか、課題は何か等を論じることを通じて、エキシビションとツーリズムの関連を論じることとし、本稿のまとめとする。

## 1. 市民の日頃の活動と行政とエキシビション

　まず、松本城天守保存運動や紀念館からはじまる博物館や各種のコレクションにしても、その発端は市民たちの自発的活動が第一歩となっていることに注目したい。現代ではややもすると文化財や博物館といえば、なにやら人々に緊張を与える高尚なモノや場所という感覚に陥ってしまいがちであり、私たちの日常生活とは別の空間という意識があるが、しかしこれまでの論述でわかることは、市民の熱意や市民の間にある知的好奇心が地域の歴史・文化・自然の保存や記録に関わり、それを保存共有するために行政が協力して地域のエキシビションや博物館が形成されてきたことである。それはすなわち、市民が文化と歴史を構築する主体となることでもあった。松本城天守の保存にしても、日露戦争の戦利品コレクションにしても、山岳室や民芸館においても、行政からの号令で始まったわけではなく、市民の活動が共感の輪を広げその価値を認める人々があり、それを共同の文化遺産とするべく行政が博物館等の場所を用意したのである。知識や文化の蓄積の場所が生まれることによりエキシビションが開かれ、エキシビションによって地域への意識が醸成されていくという循環である。博物館やエキシビションはそれが継続することによりそれ自体の地域文化を対象化し、みずからの文化のアイデンティティとして見せることが可能になり、かつ、過去と未来をつなごうとする意識もまたつくられる。箱もの行政という言葉があるが、予算消化のために施設だけ作って中身が追い付かない、だから行政主導で市民文化を作ろうとするケースは、幸いにもこれまでの松本の歴史では多くない。市民の意識や活動にアンテナを広げ、地元にとって将来にわたり貴重なものは何かを見極め、市民を支援しつつ文化を支え育てようとする行政のありように学ぶところは大きい。

　市民がまず文化を守る伝統は戦後にも生き続けた。たとえば明治41年建築の松本裁判所庁舎は昭和52年まで使用されたが、同庁舎の新築に伴い松本市は取り壊しの予算計上をしていた。ところが文化財保護の観点からの保存運動が高まり「文化財を守る市民の会」が昭和53年に結成された。弁護士や郷土史家、

信濃史学会の人々が中心となり、文化庁への陳情や文化財保護の討論会やデモなど行い、かつ移築復元費用の調達にも奔走した。これをうけて、松本市も旧庁舎の無償譲渡や移築復元費用の補助を行うことを決定し、最終的には、松本城二の丸御殿跡地から島立に移築保存という結論にこぎつけた（窪田 2022: 202-203）。昭和57年に移築復元され日本司法博物館として開館する総事業費1億5,000万円のうち、最も比率の高い資源は8,400人の市民からの5,340万円の寄付であったが、このことは特筆するべきである（松本市歴史の里 2017: 7, 10）[44]。また、旧松本高等学校校舎についても当初は解体される予定だったのが、松本高校や信州大学同窓会や市民を巻き込んだ保存運動が展開され、市民団体からも保存活用の要望が出され、かつ保存修理費の寄付などもあり、これをうけて松本市は保存活用に方針転換している。昭和56年には旧松本高等学校本館及び講堂は県宝に指定され、現在では重要文化財指定されている（窪田 2022: 204）。これらは現在、松本の文化的観光地のひとつとなり、旧松本高等学校本館及び講堂のあるあがたの森公園は、市民の憩いの場所であり、現在では恒例行事となった松本クラフトフェア「工芸の五月」のイベント会場にもなっている。

　このようなことが可能であるためには、街であるいは日常生活のまわりで、市民が熱く語っていることは何か、面白がっていることや不思議がっていることは何か、そのような人はどこにいるかなど、市民が市民にたいして耳を開いていることや、そのような市民の動きに対して行政が耳を開いていることが必要である。地方公務員も博物館の学芸員も市民学芸員も、みな市民である。その人たちの周りの住民が自分たちの好奇心や集まりを見つけ、知的に掘り下げて深い喜びとしてゆっくり大きく共有しようとする市民もまた、市内に生活している。それらを発見してすくい上げ、エキシビションしたり育成したりするのが、博物館や図書館ではいけないだろうか。本稿で論じたように、これまで

---

44）この旧庁舎は、「和風の明治官庁建築の面影をよく伝えるとともに、内部の訴廷等裁判施設を良く残しており、建築史上および歴史上の価値が高い」として昭和60年に県宝指定された。

松本で繰り返された保存運動も、「話をきく会」や植物採集登山のような地域文化も、はじめは熱意や好奇心が基礎となって人の輪ができ、育ってきた。

とはいえ、これらは簡単ではない。社会が巨大化し、コミュニケーションが情報に取って代わりやすい現代で私たちは隣人をどれだけ知っているのだろうか——現代では、まして大規模都市では、なかなかこの環境は難しい。SNSはその機能を代行するだろうか——この答えも簡単ではないだろう。さらに好奇心や面白がる能力を持っているはずの若い世代は、現代ではどちらかといえば大人しい世代であり、活動的な若者は少ないかもしれない。だとしたらせめて、若者にとって面白い大人が楽しく生きている街にはなれないか。あるいは、若者のやりたいことを実現させるために協力してくれる大人がたくさんいる街にはなれないか。ユニークな顔をもつ人間たちが互いにその顔を見合せることができる距離での社会関係の構築と、そんな人々の日常の延長線上に博物館やエキシビションがあること。このように考える多くの市民がいてこそ、地域の"ひとづくり"・"まちづくり"が可能なのではないだろうか。

このような文化拠点の創生は、観光振興と観光産業という目的からみれば、あまり効率的とはいえない。市民の地域文化を愛する力を育てるのも、その地域文化が形を作るのも、長い時間を必要とするし、形となった文化資料や文化遺産のエキシビションを観光客が理解するのも、簡単ではないからである。観光産業の売り上げを第一の目的とするなら、行政主導で観光客が飛びつきそうなテーマパークをいろいろ作り、観光客の絶対数を稼ぐほうが効果的かもしれないし、そのような観光地は珍しくない。しかし、観光が栄えて一時的に経済は豊かになっても、長い目でみたときに、その地域の歴史や文化力が醸成されず、住民が生活するその地域を愛せない、あるいは地域文化が観光経済で摩耗するのであれば、それは次世代へと受けつがれる文化を失わせるに等しい。

## 2. 地域に仕掛ける行政とエキシビション――まるごと博物館構想――

市民の活動と博物館やエキシビションが支えあう関係を持ち続けた松本市だ

からこそ、2000年に松本市が「松本まるごと博物館」構想を策定したのは、自然な成り行きに思える。施設イコール博物館とするのではなく、施設を拠点としつつも市民の生活圏全体を博物館に巻き込んでいくことを目的とした構想である。「美ヶ原から槍ヶ岳まで松本は屋根のない博物館」というスローガンは、松本城下や松本平だけではなく北アルプスを含む広域の自然環境や社会圏までも、市民にとっての博物館資料ととらえようとする。前述したように松本には、先人たちの遺した文化財が豊富に残されてきたことや、それを後世に伝えようとする風土があったことは、まるごと博物館構想を支えたといえよう。

　「まるごと博物館」の実践とは、前節とは違って、どちらかといえば博物館（行政）側から市民に働きかけるものである。博物館として、なにより市民と博物館の間にある敷居を低くすることや、博物館をより身近に良く知ってもらうことをめざし、地域・市民へのサービスとして、転入世帯、松本の4大学新入生、成人式参加者の希望者に1年有効の博物館パスを配布したり、松本まるごと博物館ガイドブック（松本市立博物館 2014）やマップを製作している。また市民との共創という側面では、2006年からは市民学芸員の養成制度をつくり、博物館事業（展示解説・体験学習・地域調査など）に参画してもらったりなどを通じて、博物館についての知識と親しみを身につけた"ひとづくり"を、また、地域の歴史や個性を新たに発見する企画展をつうじて"まちづくり"をも目指している（窪田 2016: 184-224）。市民学芸員養成講座は2023年で第12期となり、修了者は市民学芸員として「市民学芸員の会」で活動をすることになっている。

　まるごと博物館活動の、"まちづくり"の一例として七夕人形を活用した事業がある。松本地方では七夕の季節に紙や木で作った人形を飾る風習が伝承されてきた。家の軒先や集落の入り口などに、男女の形代ないし人形を吊り下げ飾る風習で、江戸時代には特徴的な風俗としての記録がある（田中 1964: 143-148）[45]。しかし時代の流れのなかでこの風習が失われつつあった。昭和60年か

---

45）田中磐は松本在住の民俗学者で、香取秀真の息子である。

ら「松本の七夕を考える会」が発足し、博物館からの出張講義など、人形を飾る七夕行事を学ぶ活動はあったが、松本市立博物館所蔵の七夕人形コレクションが国の重要有形民俗文化財に指定されて50年（2005年）を機に、博物館は七夕をキーワードとした事業を展開[46]した。2012年の博物館特別展「七夕人形の風物詩」（松本市立博物館 2012）は博物館の研究成果と関連した博物館事業を紹介したものだが、それをきっかけに、松本の商店のおかみさんたちの団体「おかみさん会」が1000対の紙の七夕人形を作って、公共施設や店先やウィンドーに飾ったり（図6）、人形店が集まって「まつもと七夕会」をつくり、七夕人形マップを作ったり七夕人形の文化についての発信をしたりと、市民生活のなかに新しい文化を生み出している（窪田 2016: 216-217）。現在では、月遅れの七夕の時期の観光案内としてもつかわれ、メディアでも取り上げられるようになった。博物館が仕掛けた成果といってよいだろう。

　ただ、問題が無いわけではない。七夕人形の風習については、古い時代を知っている人からは、本来は外から見える場所ではなく家の裏側や縁側に飾るものだった、これはおかしい、との意見もあったという（窪田 2016: 217）。七夕人形を飾る風習を昔のままに継承することは現代の生活様式の中では無理である。とはいえ、いわゆる「伝統の創造」の落とし穴に陥らないようにするには、ウィンドーに飾って街を盛り上げるのと同時に、伝統への学びがセットとして考えられていなければならないのではないか。また、これが市民の

図6　松本の七夕人形（筆者撮影）

---

46）特別展「七夕と人形」は平成17年度文化庁芸術拠点形成事業、「七夕人形を活用したまちづくり」は平成22〜24年度文化庁地域伝統文化総合活性化事業、となっている。

文化として育まれていくためには、作ってもらった七夕人形を、「博物館や観光局から頼まれたからウィンドーに飾る」のではなく、自分たちで人形飾りを楽しみあう人々が地域に増えていくことが必要であろう。学びと楽しみを共存させていく工夫は様々な形で可能ではないか。博物館都市という平面をつくることとは、そのようなことではないだろうか。

　さらに市民学芸員の活動の場や博物館からの働きかけが、なかなか成果としてあらわれにくいことも課題とされている。もちろん資料整理や企画展の展示の補助やパンフレットづくり、民俗調査と街歩きなどはたまに広報に紹介されたり、また、地区のイベントとして七夕人形、カータリ作り、三色こま、ススキで作るコースター等、市民学芸員の有志で開催したり、が続いている。しかし「残念ながら来場者は少なかった」（松本市民学芸員の会 2022）という声もある。博物館として大学の新入生や成人式で博物館パスを配っても、「ほとんど利用はない」（窪田 2016: 199）とのありさまなのである。

　これだけ博物館や市民学芸員が働きかけても無反応という状況はとても厳しく、学芸員の努力がわかるだけに胸が痛む。でも、逆にこうも思うのである。博物館の側だけがいくらハードルを下げて市民を受け入れたいと考えたとしても、人間の好奇心は自身が面白いと思わなければ育たない。前項で論じたように、面白いと思うことは、人から提供されるのではなく、自分で面白いものを見つけなければ面白くはないし、面白がっている人や熱い思いを語る人の周りには、共感する人々が集まるのだ。

　博物館は知的な場所であり、市民学芸員に博物館事業に参画してもらう、ということも必要だろうが、時にはその逆の姿勢も必要なのである。養成講座にまじめに通い、知の権威のために役立ちたいという市民学芸員も必要だが、逆に、むしろ自分の周りに地域に対する熱意や好奇心をもつ人たちを発見し、それらを行政や博物館につないでいく —— 立場を超えて市民同士のパイプ役となること —— ことも、大事な市民学芸員の役割ではないだろうか。また、伝統的な懐かしい小物を作りますよ、ではなく、現在に生かせる伝統の形を模索しつ

つ未来に提案するようなアイディアを提案しワークショップする企画、あるいは、自分や自分の生活世界の課題や好奇心を共有の関心に育てるために、博物館を利用してやろうというほどの野心（？）を持つ人々もやはり必要で、市民生活に身近なエキシビション企画はそうやって可能になるのではないだろうか。つまり市民学芸員の本領は、職員である学芸員の補助というよりも、市民と博物館をつなぐ／市民と市民をつなぐ／市民として文化遺産を現在・未来へつなぐ方法を探ること、地域の生活者感覚や知的興味を武器に人を結び付ける力ではないだろうかと考えるのである。このためにはアイディアの豊富な多彩な人々が、もっと市民学芸員になり易くなる工夫が、最低でも必要ではないか。若い世代が通いやすい学芸員養成講座を増やしたり、市民学芸員の発想や自由活動をより広げたり、博物館がそれを創造的にすい上げて育てていく可能性を探ることはできないか。少なくとも、行政におぜん立てされた活動は、おのずから活動の限界を作ってしまうといえよう。

　「まるごと」の構想は実に素晴らしいと正直に思うのだが、そのように考えると、本来それは、博物館だけが背負うべきことではないのではないか、とも思う。むしろ、市民が過去に学び未来へ育てる文化の育成に、役所の縦割りを超えて、市民と公共の壁を無くして、広く市民が共創できる環境をいかにつくりあげるか、市政および市民全体にその連携のアイディアが求められているのではないだろうか。だからこそ「まるごと」なのである。

## 3.　地域が外に開く⇔外から地域に根付く、の循環とツーリズム

　本稿で論じた松本の地域文化やエキシビションを振り返ると、地域文化と言いながらその視線は決して地域に閉じておらず、むしろまなざしは外に開いているといってよい。

　たとえば松本城天守保存のために市川が奔走したのは、ウィーン万博展示品を管理している東京の万国博覧会事務局であり、日本の各所から出品された珍しく質の高い品々であった。だからこそ地元はもちろん地域外からも多くの来

場者があり、松本城天守を自分たちの誇るべきアイデンティティとして地元の市民がとらえたのであろう。日露戦争に出征した卒業生が小学校に寄贈した品々ではじまった紀念館は、後世においてはさまざまな博物資料を集め、前述のように澤柳政太郎をして「地方に稀に見る博物館」と言わしめ、かつ、訪問者にとって松本城と並ぶ必須の訪問先となった。このことは、そこにある品々が松本ならではの貴重な資料であるとともに、松本以外の訪問者にとっても価値のあるものだったからである。山岳室は河野齢蔵が整えたものであるが、彼の高山植物研究とその資料は植物学や博物学にとって貴重な資料であり、かつ日本の山岳文化全体を牽引するものであり、松本ならではの資料であるとともに日本にとっても世界にとっても価値のある資料である。胡桃沢コレクションや民芸コレクションも、松本の人的ネットワークが生んだ文化的産物であるが、そのネットワークは東京その他の学術や芸術の中心から招いた人びとが数多くいた。これは学術や芸術の最もホットな部分を、外から松本に取り入れる最前線だったといってよい。さらに鈴木鎮一も小澤征爾ももともと松本との縁はないが、松本の人々および行政は、彼らを松本に呼び寄せ、ここに新しい音楽文化として根付かせたのである。

　整理すると、第一に、ここでは地域文化が地域に閉じておらず、その目は外へと向けられている。むしろ地域への内向きのまなざししか持っていない場合は、地域文化は育たないのではないだろうか。自分の地域文化にどのような特徴や個性や価値があるのかは、他の世界や文化に目を拓いてこそ、はじめてわかるからである。その意味で、松本の人々が自分の地域を学び続けることとともに、世界の知識や人々との交流を持つことは貴重である。もちろん、何でもかんでも他から文化を移入すればよいのではない。来訪者とのつながりのなかで自分の地域の特徴と位置づけを知った市民によってこそ、松本の自然・歴史・文化の壌土のうえに新しい文化の接合ないし展開が可能であるということなのだ。松本で継続開催されるサイトウ・キネン・フェスティバルをオリンピックより歓迎した松本市民は、音楽文化の土壌のうえに新しい音楽文化を育てるこ

とにみずから協力し、松本で実現する広い世界との交流を求めた。そしてその交流は松本に縁のある人々を広げ、かつ育てていくのである。

　第二に、ここにある文化は、地域にとってのみ価値があるものではなく、地域を超越してなお価値を持つものであることがわかる。地域を超えた価値のあるものであるからこそ、地域を特徴づける文化となるのである。一見パラドクスに見えるが、地元の市民が文化的アイデンティティを持つためには、来訪者に胸を張って自分たちの文化を説明できることが求められ、そして保存と継承に協力する市民のすそ野を広げるためには、このような価値に多くの市民がつながることが必要なのである。日本水準ないし世界水準の文化が松本に在ることが、地元の人々のために、また観光資源としてもとても重要である。

　2002年に開館し2022年にリニューアルオープンした松本市美術館は、松本市出身の世界的アーティストである草間彌生のオブジェ（図7）を美術館建物の前庭に野外展示し、オブジェが写真映えすることもあって、今は観光客の人気スポットとなっている。草間彌生は松本高等女学校卒業後は松本を離れたし、その後自身の初の個展を昭和27年に松本市公会堂で開いているほかは、松本と

図7　松本市美術館前庭（筆者撮影）

の関わりは持っていなかった。しかし21世紀になって故郷としての縁が取り戻され、松本の人々と草間との関係が再構築されたのである。この美術館では草間彌生コレクションのギャラリーを置くほか、松本の美術史に深くかかわっている池上喜作の池上百竹亭コレクション、田村一男、上條信山の記念展示室も作っている。また市民ギャラリーも用意されており、市民の多彩な展覧会が開かれている。草間ファンは全国のみならず、世界じゅうからここを訪れている。

　故郷としての縁といえば、日本浮世絵博物館も紹介しておきたい。これは松本の豪商であった酒井一族が、安政の頃から5代にわたり蒐集した浮世絵コレクション10万点、うち肉筆だけでも千余点を所蔵する、質量ともに世界一の浮世絵博物館である。開館当時の館長酒井藤吉は熱心なコレクターとして知られ[47]、神田淡路町に好古堂という店を出していたが、代々のコレクションを災害から守るため[48]に東京から疎開させることを常々考えていた。それは故郷の松本であったが、とはいえ酒井コレクションの落ち着き先は一足飛びにはうまく決まらなかった。酒井は何年もかけて酒井コレクションの保存と散逸の回避、および将来的な浮世絵博物館の設立を県や松本市に働きかけていたという。酒井コレクションは世界的に有名なコレクションであるとはいえ、私的な、個人コレクションであり、浮世絵と松本の歴史や文化風土とはあまり関係はない。しかし松本市はこの受け入れに動き出す。浮世絵博物館をいつどこに建てるか、その資金をどうするかについて検討する、財団法人浮世絵博物館設置準備委員会がたちあがり、その会長には、元市長の降旗徳弥が就いた。降旗は将来市内に博物館を設立することを前提に仲介にはいり、設立場所は「市の都市計画を十分考慮して選定」することや、博物館完成まで目録が完成したコレクションの一部を松本城二の丸にあった日本民俗資料館（松本市立博物館）で「無料保

---

47) 博物館の設立以前から美術書の編集を通じて浮世絵作品の提供や助言をしており、東京の出版社には厚い人脈があった。海外での浮世絵展には積極的に活動していた（日本浮世絵協会 1994: 26-32）。

48) 関東大震災や太平洋戦争のため代々の貴重なコレクションが失われた経験があった。

管」することなどが、実現する（日本浮世絵協会 1977: 12-13）。昭和52年に資料館に酒井コレクションが運び込まれる際には、松本市主催で市長を含む市民をあげての受け入れ歓迎会が開かれ、総理大臣や文臣、日本芸術院長らの祝電も披露された。ついに市内に日本浮世絵博物館（日本浮世絵博物館HP）が開館したのは昭和57年であった。ここには民間の財団法人の場合でも、市民と行政が連携して地域の価値を高め、盛り上げる姿があった。

　日本浮世絵博物館のモダンな、コンクリート打ち放しとガラスの建物について（図8）、開館当時の酒井藤吉館長は、「当時の風俗の最先端、流行のはしりが浮世絵なのであった。浮世絵は現代という意味なのである。だから建築物としてもハイテックなものにする必要がある」（酒井 1983: 35）と述べている。松本市の風景の一部となっているこのモダンな建物デザインは、浮世絵の価値を現代の人々に伝えるメッセージでもあったのだ。現在、外国人旅行者にとってポピュラーな旅行ガイド、ミシュラン・グリーンガイドでは、松本で訪れるべき場所として3つ星が松本城天守、2つ星がこの日本浮世絵博物館となっている。地域を超える価値が（浮世絵博物館という）形となり地域に根付いたから

図8　日本浮世絵博物館（筆者撮影）

こそ、ここにツーリズムがつながることができる。

## 4. ツーリズムの多様性と共創への関係構築をめぐって

　観光客は多くは観光産業との関連で論じられることが多いし、だから数字として あらわされることがほとんどである。たとえば1泊や2泊程度で、文化財 や文化遺産や名所だけを見て、地元の特産を食べて楽しんで帰る、というのが 観光客のイメージで、ツアー型観光は概ねこれにあたる。観光消費型の観光客 である。ところが現代では、ツアーよりも個人旅行が増え、旅行客が求める旅 の内容も多様になってきた。個人で観光消費する場合ももちろんあるが、体験 型の観光もニーズが高まっているし、固有の関心や目的を持ってリピーターに なる旅行者もいれば、やや長い滞在をする人もいる。このような観光客が何を 求めて来訪しているのか、を知ることは、地域にとって重要になりつつある。

　観光消費型のツアー観光は、観光客が大量に押し寄せた場合は公共交通機関 と観光地および環境に負荷をかけるが、宿泊場所と飲食店は繁盛するので観光 産業の面から喜ばれる場合がある。しかし地域の生活者とのコミュニケーショ ンは少なく、オーバーツーリズムは日常生活にマイナスになるため、地域市民 を分断しかねない。

　これに対し、体験型・滞在型の観光客が次第に増えてくると、彼らは地域の 人々の生活や文化と関係を構築しようとする人々であることもわかってきてい る[49]。これらの人々の観光は観光産業を儲けさせるかはわからないが、地域の生

---

[49] イタリアではすでに1980年代から、地域社会の多様なセクターに分断をもたらしたり、地域社会 の荒廃を引き起こしたり、という可能性のある観光産業に対しては、非常に慎重であった。そのた め、あえて市域中心部には徒歩のみでしか入れないといった不便を選択する場合も珍しくない。し かしそれが、巨大産業に蝕まれず、互いに顔のわかる関係が育まれる環境なのである。SDGsの時 代になると、観光目的の多様化を図り、観光形態を滞在型や参加体験型へとシフトさせ、観光客と 地域市民との自然な接触の広がりと協働を求める観光スタイルを、政策として促進させている。こ のスタイルが、観光と市民生活を共存共栄させ、地域社会に穏やかな変容をもたらすと考えられて いる。ツーリズムと地域社会の関係のこのような方向性は、現在ヨーロッパに広がりつつある（宗 田 2000; 陣内 2023）。

活者や地域文化にとっては意味があるといえよう。本稿を振り返るなら、山岳調査に来た博物学者たちや「話をきく会」の来訪・滞在者は、地域の人々とともに信州信濃の自然や歴史文化に触れ、その価値を在住者にも話して帰ったのである。スズキ・メソード夏期学校やセイジ・オザワ・フェスティバルで、1〜3週間滞在して住民とともに音楽を楽しむ音楽家たちがたくさんいるからこそ、ここが音楽の都なのである。いずれも居住者ではなく来訪者ではあるけれども、地域の人々との交流をもち、この地域の特性を地元の人々と一緒に愛する人々であり、一緒にこの地域文化を構築する相棒であり、さらにこの地域だけでなく他の世界との関係も持っている人々である。前項で述べたように、地域が外に開く／外から地域に根付く、の循環を活性化させていくには、このような社会関係の層の厚さと広がりが最も必要だといえよう。何より地域の住人たち自身が喜び楽しむことに参加し、来訪者たちが一緒に参加することで、さらにもっと盛り上がり、互いに忘れがたい記憶となる、そんな体験の相乗効果がさまざまな場所で起こる。そして来訪者とのこのような関係は、地域住民のあいだに分断を起こさない。ツーリズムを産業としてではなく、社会関係資本を開拓して地域文化に生かす場として捉えなおす必要は、今後は益々高まるだろう。

　さて、「工芸の五月」のイベントに出店している常連の人／いつも足を運ぶ人はどのくらいいるだろうか。自分の街を、自分の好きな博物館を、あるいは自分が常連で通っている店を、自分と同じようにリピートしている観光客や滞在者はいるだろうか、あるいはそのような外からの訪問者に在住の市民たちは気が付いているだろうか。そのような訪問者にぜひ声をかけて関係を創出してほしい。共創は、市民と博物館、あるいは市民同士において重要なだけではなく、地域住民と来訪者（観光客）との共創も極めて重要である。来訪する観光客を、ただの観光消費者として把えるのではなく、共創のパートナーとしてとらえるという視点を忘れないようにしたい。共創とはしばしば、異質な者たちの不調和や葛藤を含むものだが、それでもコミュニケーションを放棄しない、関係構

築への持続的な努力が求められているといえよう。

## 5. 終わりに──

　現代社会は豊かで情報も溢れている。このような時代は、外からふんだんに面白い情報が与えられるが、内面から面白さを感じる機会を奪われがちである。好奇心はインターネットの波につぶされてしまい、すべてが自明なことのような気がしがちでもある。だから、行政としての博物館が「発見する喜び・学習する楽しみ」と掲げていても、どこか白けた感覚に襲われるのは、よくあることである。生きた関係を楽しむことも、多様な人々の共創によって新しい世界を見出すことも、現代人にとって簡単ではないことは理解している。

　しかしそれでも、自分が生まれ落ちた場所、あるいは自分が好きになった場所を、まず良く知ることは大切な自己承認にちがいない。また、自分の楽しみや喜びを地域の歴史や共に生きる人々の記憶に結び付け、誰かと共有できるとすれば、それも地域文化にとってかけがえのない支えとなるだろう。文化の個別性や多様性は、歴史のうえに構築されつつも、ひとりひとりの個別の存在を認めることにもつながるものである。地域内外にわたる、そのような個人の集まりが、地域の文化や歴史を学びつつ継承し、さらに現在から未来へと生きる文化を育む主体である。エキシビションやツーリズムという機会が、彼らの交流をより豊かに促すことこそ、今後ますます求められるだろう。

【謝辞】
　松本市文書館特別専門員の窪田雅之氏には資料提供や歴史資料の確認などにご協力をいただきました。ここに感謝を申し上げます。

【参考文献】
有賀義人　1976　『信濃の啓蒙家　市川量造とその周辺』凌雲堂
池上二良　2002　「父の「百竹亭コレクション」について」松本市美術館『池上百竹亭コレクション選2002』松本市美術館

池田三四郎　1984　「松本と兼子夫人」『民芸』380号

池田三四郎　1990　『松本民芸家具への道』沖積舎

池田三四郎　1997　『新版　松本民芸家具』沖積舎

伊澤修二　1958　「楽器の話」『伊澤修二選集』信濃教育会出版部

伊藤正　2019　「信州ギターヒストリー」https://shinsyuguitar.wisite.com（2023年10月19日参照）

大阪日本民芸館　2021　「三代澤本寿略年譜」『型絵染　三代澤本寿』大阪日本民芸館

大森栄　1939　「松本女子師範学校と河野先生」信濃教育会『信濃教育』(635)

小澤幹雄　1993　『松本にブラームスが流れた日　小澤征爾とサイトウ・キネン・オーケストラ』新潮社

上條茂・田中茂樹　1949　『小学校における才能教育の実際　一ヶ年の実験報告』才能教育研究会

上條茂先生遺稿集刊行会　1956　『上條茂先生遺稿集』信濃教育会出版部

上條宏之　1981　『地域民衆史ノート 2　民衆的近代の軌跡』銀河書房

京都博覧会協会　1903　『京都博覧会沿革誌』報會社

久保絵里麻　2012　「鈴木鎮一と日本のヴァイオリン教育」『言語文化』(29)

窪田雅之　2016　「松本まるごと博物館の"まちづくり"」、松本大学COC戦略会議編『地域づくり再考　地方創生の可能性を探る』松本大学出版会

窪田雅之　2020　「明治後期における地方博物館の誕生 ── 松本尋常高等小学校日誌類の記述を中心に ── 」『國學院大學博物館学紀要』(44)

窪田雅之　2021　「教育陳列場から郷土博物館への移行 ── 松本尋常高等小学校明治三十七八年戦役紀念館の事例から ── 」『國學院大學博物館学紀要』(45)

窪田雅之　2022　『増補改訂　信州松本発。博物館ノート』書肆秋櫻舎

熊田隆　1939　「河野先生と松本記念館」信濃教育会『信濃教育』(635)

胡桃沢勘内（平瀬麦雨）　1914　「犬飼山の神おろし」『郷土研究』大正3年3月号

弦楽器いづつWeb　https://izutsu-violin.com/（2023年10月15日参照）

河野齢蔵　1902　「動物の運動及び機関の作用を示す模型」信濃博物学学会『信濃博物学雑誌』第1号

河野齢蔵　1911　「長野県松本女子師範学校における学校園」信濃博物学学会『信濃博物学雑誌』第36号附録

河野齢蔵　1934　『高山植物の培養』朋文堂

後藤捷一，山川隆平／編　1972　『染料植物譜』はくおう社

酒井藤吉　1983　「日本浮世絵博物館」『博物館研究』No.176

坂本優紀・瀬戸啓一他　2023　「長野県松本市周辺地域におけるエレキギター製造産業の展開」『地域研究年報』45号

信濃教育会　1929　「部会報　東筑摩部会」『信濃教育』（518）

信濃教育会　1935　『教育功労者列伝』信濃毎日新聞社

信濃教育会　1939　「河野齢蔵先生年譜」『信濃教育』（635）

信濃教育出版部編　1960　『あすを築いた人々　第四集』信濃教育出版部

信州ギター祭り 2019　https://shinsyuguitar.wixsite.com（2023 年 9 月 18 日参照）

信州デジタルコモンズ　https://www.ro-da.jp/shinshu-dcommons/library/02CP0101284602（2023 年
　10 月 20 日参照）

陣内秀信　2023　『イタリア　小さなまちの底力』講談社

鈴木鎮一　1960　『私の歩いて来た道』音楽之友社

鈴木鎮一　1982　「偉大なる存在であった上條先生」『信濃教育』（1152）

鈴木鎮一　1984　「芸術とその人柄と」『民芸』380 号

田中磐　1964　『信濃・松本平の民俗と信仰』安筑郷土誌料刊行会

坪田明男　1993　「音楽がある街——サイトウ・キネン・フェスティバルに学ぶ」『都市問題研
　究』45 巻 3 号

土屋喬雄　1944　『明治前期経済史研究第一巻』日本評論社

中江桂子　2021　「1920 年代朝鮮における柳宗悦・兼子夫妻の文化活動」『国際行動学研究』第
　15 巻

中江桂子　2023　「民芸の思想と実践者たちのネットワーク——地域文化を支える文化媒介者
　とその社会関係資本をめぐって——」『明治大学人文科学研究所紀要』明治大学

中村周一郎　1981　『北アルプス開発誌：山小屋創始者と山案内人列伝』郷土出版社

中山地域づくり　2020　「ヒューマンストーリー　井筒信一さん」　https://www.chiiki-nakayama.
　com/single-post（2023 年 9 月 28 日参照）

日本アルプス会　1919　『登山と道徳』日本アルプス会

日本浮世絵協会　1977　「酒井コレクション松本へ里帰り」『浮世絵芸術』（52）

日本浮世絵協会　1994　「酒井藤吉氏を偲ぶ」『浮世絵芸術』（111）

日本浮世絵博物館 HP　http://www.japan-ukiyoe-museum.com/（2023 年 9 月 28 日参照）

日本山岳会信濃支部　1984　『日本山岳会信濃支部三十五年』日本山岳会信濃支部

濱崎友絵、茅原奈保子、田中大暉　2021　「セイジ・オザワ　松本フェスティバルの創設をめ
　ぐって——「松本」との結節点を考える——」『信州大学人文科学論集』第 9 号（第 1 冊）

ハーモニーメイト HP「音楽文化ホール友の会」　http://www.harmonymate.net（2023 年 8 月 20 日
　参照）

Harima Quarterly no.125「伝説のテクノロジー39　ヴァイオリン製作者井筒信一さん」　https://
　www.harima.co.jp/hq/legendary_technology/125/　（2023 年 9 月 28 日参照）

平凡社編　1961a　『日本民俗学体系　第 11 巻地方別調査研究』平凡社

平凡社編　1961b　『日本民俗学体系　第 13 巻口承文芸』平凡社

保科英人　2016　「没後百年田中芳男先生年譜」『福井大学地域環境研究教育センター紀要』No.23

松橋桂子編　1987　『柳兼子音楽活動年譜』日本民芸協会

松本GUITARS（ガラクタギター博物館HP内）　garakutaguitar.com/matsumotoguitars-matsumoku.html（2023年10月26日参照）

松本市　1997　『松本市史　第二巻歴史編Ⅳ』、松本市

松本市　公式観光情報web新まつもと物語　https://visitmatsumoto.com/column/楽都松本/

松本市市民学芸員の会　2022　Facebook 2022年11月10日投稿記事

松本市文化課　1995　『百竹亭コレクション』松本市教育委員会

松本市立博物館　2003　『胡桃沢コレクションⅠ』松本市立博物館

松本市立博物館　2004　『民芸ルネッサンス――信州の民芸を担った人びと――』松本市立博物館

松本市立博物館　2009　『松本・民芸・丸山太郎――丸山太郎の仕事』、松本市立博物館

松本市立博物館　2010　『胡桃沢コレクションⅡ』松本市立博物館

松本市立博物館　2012　『七夕人形の風物詩』松本市立博物館

松本市立博物館　2014　『松本まるごと博物館ガイドブック』松本市博物館

松本市立博物館　2015　『河野齢蔵――博物学者のProfile――』松本市立博物館

松本市歴史の里　2017　『市民が守った文化財――旧長野地方裁判所松本支部庁舎のあゆみ――』松本市博物館分館松本市歴史の里

丸山太郎　1981　『旅の鞄』近代文藝社

丸山太郎　2011　『松本そだち』書肆秋櫻舎

Monthly Suzuki　2021　「松本音楽院の思い出」　https://www.suzukimethod.or.jp/monthly/ikoinomori.html（2023年9月26日参照）

宗田好史　2000　『ひぎわいを呼ぶイタリアのまちづくり』学芸出版社

元正院地理課編　1982　『日本地誌提要』臨川書店

森泉音三郎　1984　「追憶――石仏採拓」『民芸』（380）

モーリスギターHP　https://morris-guitar.com（2023年10月19日参照）

矢澤米三郎　1902　「開会の辞」信濃博物学学会『信濃博物学雑誌』第1号

矢澤米三郎・河野齢蔵　1916　『日本アルプス登山案内』岩波書店

柳田國男　1990　「郷土研究の将来」『定本柳田國男集第二六巻』筑摩書房

山本良春　1981　『国宝松本城物語』信毎書籍出版センター

山本光雄　1970　『日本博覧会史』理想社

横内祐一郎　1994　『運をつかむ　弱小の会社を世界一にした男の物語』学研プラス

りんご音楽祭　オフィシャルサイト　https://ringo.imfo/fes2023/（2023年8月30日参照）

# 第7章　万博における共創と語りによる都市の持続的発展
## —— デジタル環境における市民参加と語りのレガシーからの考察

岡　田　朋　之

## 1　はじめに

　前章では明治維新直後に地方の一城下町で開催された博覧会をきっかけとし、その後の長い年月を経て「博物館都市」として新たなツーリズムとまちづくりの可能性を示すに至ったことが述べられた。本章の筆者である岡田らはかつて、2005年に愛知で開催された日本国際博覧会（愛称「愛・地球博」）が来場者との関わり方において注目すべき新たな局面を見せ、地元の人々に強い印象と記憶を残すことで支持を得たことを呈示した（加藤他 2006）。21世紀最初の万博であった愛知万博は市民参加の新たな形を示し、またデジタルテクノロジーによる展示の変化が来場者に対するインタラクティヴィティを拡大したことで、博覧会体験のあり方を変えた。

　序章ではツーリズムとミュージアム、博覧会のあり方において送り手／受け手の枠組みを超えた参加型の拡大を指摘したが、本章では21世紀以降の国際博覧会（万博）に焦点を当て、その傾向がデジタルメディアの広がりの中でどのように展開し、また地域の持続的発展に結びついてきたのかを明らかにしていきたい。まず愛知万博以降の市民参加の潮流をたどり、次に直近に開催されたドバイ万博を振り返りつつ、デジタルメディアを取り入れたインタラクティヴィティの拡大がどのように展開したのか、またそのレガシーについて紹介し、地域の持続的発展に関係づけられ売るのかについて論じる。続く節では、博覧会ではないものの住民参加のデザインによって作られたデンマーク、コペンハー

ゲンの公園「Superkilen」を取りあげ、共創がまちづくりにつながる観光地をもたらした事例として検討する。本章の最後では、2025年に予定される大阪での3回目の国際博覧会（万博）の開催について、市民参加やレガシーについてどのように構想されているかに触れ、都市の持続的発展に向けた課題を考える。

## 2　現代の万博における市民参加

　1851年のロンドン国際博覧会に始まる万博は、19世紀から20世紀にかけては開催国と各参加国の国威発揚という性格を強く帯びていたが、21世紀をまたぐ頃に大きな転換点を迎えた。グローバリゼーションの進展とICT（情報通信技術）の発展により、20世紀末にはそれまでのような博覧会の開催意義が薄れ、予定されていた万博の相次ぐ中止、開催された万博も想定の来場者を大きく下回るなど、もはや万博はその役割を終えたのではないかという声もささやかれるようになった。こうした情勢を踏まえ、国際博覧会事務局（BIE）が、1990年代半ばにそれまでの国威発揚型とされる万博から、人類共通の問題に向き合う課題解決型の博覧会へという方針転換を打ち出した。

　このあとに開催が決まった愛知万博（2005年）は地球環境問題への取り組みをテーマとして開催され、内外で高く評価される成功を収めた。この時のさらに画期的なできごととして、市民参加が幅広く取り入れられたこともあげられる。自然環境問題が、開催に当たっての大きな課題となってきた中で、博覧会のあり方を再検討する円卓会議がつくられ、そこには政府・行政関係、産業界、有識者といった従来の博覧会の担い手たちだけでなく、自然保護団体、環境保護団体、市民団体なども加わって万博の在り方を考えていく場が設定された。しかもその会議は完全公開とされ、インターネットでの生中継もなされた（町村 2005）。

　開催計画の策定だけでなく会期中の展示にも、「地球市民村」と「市民パビリオン」という2つの市民参加展示施設が設けられ、一般の参加を募る形がとら

れた。また会場内に設けられた、市民団体が運営する「EXPO エコマネーセン
ター」では会場内の売店などでグッズを購入する際にマイバッグを持参してい
たり、公共交通機関を使って来場したりしていた際にエコポイントを発行し、
貯めたポイントに応じて万博グッズと引き換えられたほか、植樹などのための
寄付にも充てることができた。万博会期中は 60 万人が来場し、ポイントシステ
ムには会場近隣のスーパーやコンビニエンスストアも参加しただけでなく、会
期終了後には名古屋市内にエコマネーセンターが常設された（加藤他 2006）。エ
コマネーセンターは 2013 年に閉館したが、その後も近隣自治体の豊田市や刈谷
市のエコマネー活動に引き継がれて、エコポイント活動の先駆けとなり、地域
通貨の可能性を示したともいえる。

　愛知万博閉幕後の会場は、もとの自然公園に復旧されて、現在の愛・地球博
記念公園（通称モリコロパーク）となった。この愛知万博に関しては、その後
開催される万博への理念継承が提唱された。愛知の次に 2008 年にスペインで開
催されたサラゴサ博覧会では会期中には市民参加の可能なフォーラムやセミナー
が多数開催され、市民主導型パヴィリオン「エル・ファロ」が建設された。こ
れらは愛知博の時のような市民団体による出展や運営のみならず、パヴィリオ
ンの企画や設計担当も NPO がおこなった初めてのケースとされる（地球産業文
化研究所 2008）。

　これに続く上海万博（2010 年）では、テーマ館の一角に「公衆参与館」（日本
語版ガイドブックでは「一般参加館」、上海万博事務局編 2010: 72）と名づけられ
たパヴィリオンが設置されていたものの、出展の企画運営が一般市民によって
おこなわれていたわけではなかった。その館内は、博覧会の開催運営における
上海市民の協力の様子を納めた数多くの写真や、市民の博覧会に対する思いの
寄せ書き等の展示のほか、地元の子どもたちによる演舞、図画の展示などにと
どまるものであった（図 1、図 2）。どちらかといえば、それらの展示は市民参
加というよりは市民への動員の様子を示すものだったといってもいいだろう。
中国国内では上海万博から 10 年近く経った 2019 年に北京国際園芸博覧会が開催

図1　2010 上海国際博覧会「公衆参与館」の入口　　　　図2　2010 上海国際博覧会「公衆参
　　　（以下の図版はすべて筆者撮影）　　　　　　　　　　　　与館」内部の展示

されていて、国際園芸博としては最上位のA1（BIE承認の万博として扱われる）
として開かれ、半年の会期中に900万人の来場者があった。会場内の大学生ボ
ランティアに尋ねたところ、北京近郊の大学からそれぞれ1週間参加すること
になっていたとのことである。しかも大学の授業期間かどうかは無関係だとい
う。また会場内にはボランティア学生のユニフォームによく似たカラーリング
のジャージ姿の若者もしばしば見受けられた。こちらにも同様に尋ねてみると、
大学から「インターン」として会期中派遣されていて、もっと長期にわたって
出向しているのだという。こうした点には、国家事業への動員という政策が上
海万博から継続している様子がうかがえた。

　さて話を戻すと、上海万博の2年後には韓国で麗水万博（2012年）が開催さ
れた。韓国国内では当時のスマートフォンの普及率が6割に達したと言われ、
「スマート万博」ともいえる中で、初めて公式のスマートフォンアプリが提供さ
れた博覧会でもあった。会場の中核部にある「EXPO Digital Gallery」と名づけ
られたLEDの巨大アーケードには、来場者が公式アプリを使って自分のスマー
トフォンの中の写真を1点アップロードでき、そうして集められた写真の集合
体で作られた巨大な鯨のアニメーション画像が天井の巨大スクリーンを行き来

するというアトラクションが会期中おこなわれていた。来場者も参加できる形態としては興味深いが、それ以上に特筆されるものとしては、博覧会の広報室がSNSサポーターズというグループを組織していたことが挙げられる。広報室がSNSのユーザーたちに呼び掛けて、自分たちで何か企画をさせて会場内でイベントをやったり、オフラインミーティングを会場でしばしば開催したりといったことを、博覧会の協会がバックアップしていたのである。博覧会の会期の最後にはそのSNSサポーターズのミーティングがあり、活動の総括と可能性について活発に議論されていた。その総括報告のなかでSNSサポーターズは「オンラインボランティア」であったと位置づけられ、以下の 5 項目の特徴が指摘されていた。

1. 純粋さ：報酬を求めない純粋な、自発的参加
2. トレンド：時代の流れに合わせたボランティアの概念
3. 1 人メディア：SNSの特徴に合わせ、コンテンツの生成、流通、管理の主体として活動
4. 協業：目標達成のために、効率的に協同実践
5. 社会性：共有と奉仕の実践
（岡田　2020）

　これらの成果は翌2013年に麗水市に隣接する順天市で開催された国際庭園博覧会でも受け継がれ、博覧会組織委員会の広報室と、順天市の両者がそれぞれオンラインのボランティアを組織して集客に貢献した。6 か月の会期中で440万人の来場者を数えたが、同博覧会が開催された順天は人口30万人ほどの中規模の地方都市であり、またA1クラスとよばれるBIE承認の万博と同格の園芸博覧会（2017年開催予定の横浜博覧会がこれに当たる）ではなかったにもかかわらず、これだけの集客がなされたのは画期的なことであった。
　市民主導による博覧会展示は、2015年のミラノ万博においても観ることがで

図3　2015 ミラノ国際博覧会「スローフード館」

きた。イタリアの市民運動として有名な「スローフード」のパヴィリオンが会場内に設置され、スローフード運動の思想に基づいた、持続可能な食生活の展示が行われていた。木造のゆったりとした開放感のある建築は、会期終盤における会場の混雑と喧噪の中では、なかなか和める施設となっていた（図3）。その他にも世界農学会が独自のパヴィリオンを出展するなど、それ以前の万博とはいささか趣の異なる多様な団体が出展していたのである。

## 3　デジタルな語りとその継承

　近年のSNS（ソーシャルネットワーキングサービス）等のソーシャルメディアの拡大は、博覧会体験の語りに少なからぬ影響を及ぼしてきた。その先駆けはやはり愛知万博である。一般ユーザーによるブログの情報発信と、それを取り巻くファンコミュニティの形成は、万博においても重要度を増しつつあったことは、岡田が愛知万博の直後に論じている（加藤他 2006）。ブログ、ネット掲示板の他に、当時始まったばかりのSNS、当時はミクシィでのコミュニティで一般来場者同士の情報交換も盛んにおこなわれていた。そうしたつながりは、閉幕後も会場跡で毎年開催されている「モリコロパーク春まつり」「モリコロ

パーク秋まつり」の年2回のイベント、そしてそこで開かれるEXPOピンバッジの交換会などに継承され、今日に至るまで万博ファンたちを結びつけることで記憶の継承につながっている。

　愛知万博のデジタルなレガシーとしては、公式ウェブサイト（expo2005.or.jp）が博覧会協会の継承団体である一般財団法人地球産業文化研究所（GISPRI）によって博覧会会期終了時点のままで維持管理されている。万博の情報発信のデジタル化が進む中で、その初期の痕跡がそのまま残されていることの意義は大きいが、それだけでなく、当時の情報を誰でも振り返ることができる場が用意されているという意味でも、こうした活動は極めて重要である。

　上海万博の場合、当初の計画では公式サイトに付随した「オンライン万博」という、今日でいうところのメタバース的な位置づけのネット上の万博会場をそのまま残すということが意図されていたようである（岡田 2012: 275-276）。しかしながら、その後「オンライン万博」も公式ウェブサイトも消滅し、公的にネット上に残るレガシーはなくなってしまった。記憶の継承については、ネット上での継承よりむしろモノと施設による継承が大規模になされている。2017年、世界初のBIE公認のミュージアムとして上海世博会博物館（World EXPO Museum）が万博跡地に開館し、1851年以来のすべての万博の歴史を紹介するとともに、上海万博に関する展示も数多い。開催当時販売されていた万博関連グッズも数多く収められ、市民たちが博覧会に込めた想いを語り継ごうという意図が伝わってくるものがある。

　2012年の韓国・麗水万博で、主催者側が一般のSNSユーザーのコミュニティを支援して博覧会を盛り上げたことは全節で触れたが、そのあとのミラノ万博（2015年）では主催者であるミラノ万博公社が「Social Media Hub」と名づけた部局を立ち上げ、各種SNSの公式アカウントの運営をおこなった。会期終了時には、Twitter（現X）のフォロワーが68万7千に達し、月間の平均ツイートは2200件、Facebook公式ページには180万のイイネ、公式Instagramアカウントには28万7千のフォロワーがいた。また公式Youtubeチャンネルの登録者数は1万5千、

アップされた動画すべての視聴数は130万に達した（Gatti eds., 2018）。万博公社
総裁のジュゼッペ・サラによるInstagramも13万１千フォロワーが付いていた
（2015年10月31日の会期終了時に筆者確認）。実のところ、ミラノ万博自体は主
だって具体的なレガシーをあまり残さなかったにもかかわらず、サラ総裁は翌
2016年春のミラノ市長選挙に出馬し当選を果たしている。そのことを見る限り、
SNSによるイメージ戦略はまずまずの効果があったといえるのであろう。

## 4　2020ドバイ万博のインタラクティヴィティとデジタルな交流

　次に、直近の万博における展開をみる意味で、2021年秋から2022年春にかけ
て開催されたドバイ国際博覧会（ドバイ万博）をふりかえり、その特徴と意義
について述べる。

　中東初開催の万博として喧伝されたドバイ万博は、アラブ首長国連邦（UAE）
のドバイ首長国で2020年10月１日から2021年３月31日に開催される予定だっ
たが、2020年に始まったCOVID-19パンデミック（いわゆるコロナ禍）により１年
開催が延期のうえで開催された。メインテーマは「Conecting Minds and Creating
the Future（心をつなぎ、未来を創る）」、サブテーマは「Sustainability」「Mobility」
「Opportunity」の３つが設定されていた。当初の目標とされていた来場者数2500
万人はコロナ禍の下で開催されたこともあって最終的に2400万人あまりにとど
まったものの、UAEの総人口989万人（2020年世界銀行データによる）からみれ
ば実にその約2.5倍という驚くべき数字である（経済産業省 2022）。参加した国
と地域の数は192におよび、2015年のミラノ博134、2010年の上海博192と比較
しても勝るとも劣らぬ規模であった。

　各国の展示の中でも特に注目を集め、来館者が多数詰めかけたのは、前回の
ミラノ万博（2015年）と同様、日本館とドイツ館で、この両館はミラノ万博で
日本館が展示デザイン部門、ドイツ館がテーマ展示部門で金賞を受賞したのに
続き、それぞれ２大会連続で同じ金賞を受賞するという快挙を成し遂げている。

図 4　日本館外観

　ミラノ万博の時も、それぞれテクノロジーを駆使した展示が人気を博したが、ドバイでもそれは同様であった。まずはそれらについて紹介しておこう。

　日本館は「Where ideas meet（アイデアの出会い）」をテーマに据えた展示をおこなった（図 4）。来館者ひとり一人にスマートフォンが渡され、画面にはそれぞれ種類の異なる花の一輪挿しの画像と花の名前が表示される。そして館内の展示のそれぞれの前で立ち止まって観覧したり通過したりするごとに、見た対象がエレメントとしてそれぞれの端末に収集されていく。観覧コースの展示の最後の方では収集されたエレメントに応じ、来館者それぞれのアバターが自動生成され、来館者の眼前の壁面スクリーンに表示される。そして音楽とともに来館者自身の動きに合わせて踊ったり、接近した隣の来館者との間で反応が生じたりして、データヴィジュアライゼーションと実際の身体運動が融合したようなきわめてユニークな体験ができた（図 5）。これらが非常に人気を博し、ネット予約と当日の来館受付が並立していた会期前半でも数時間以上の待ち行列ができていたが、コロナ禍の拡大によって完全予約制となった会期後半においては、毎日午前 9 時に始まるオンライン予約が開始後数分で完売してしまうとい

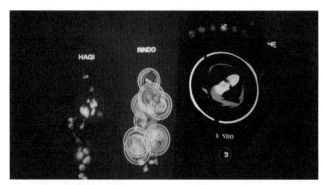

図5　日本館の展示。スマートフォンに集められたアイテムと、そこから生成したアバター

う状況であった。

　一方、ドイツ館のテーマは「Campus Germany」で、来館者は「ENERGY」「FUTURE CITY」「BIO DIVERSITY」の3つの研究室を順に回り、最後に「GRADUATION HALL」で卒業のセレモニーを迎えるという流れになっていた（図6）（図7）。各来館者は最初にファーストネームと国名を登録し、非接触型ICの内蔵された

図6　ドイツ館の外観

図 7　ドイツ館の館内。3 つの研究室のうちの 2 つと卒業式のホール

タグを身につけて観覧する。すると、たとえば「ENERGY LAB」の入口のディスプレイにくると、「トモユキ、あなたの国日本の再生エネルギー利用率は18.8%だ。ちなみに世界平均は26%、ドイツは48%にもなっているんだ」と教えてくれる（図 8）。そしてさまざまな展示のインタラクションを通じて各セクション

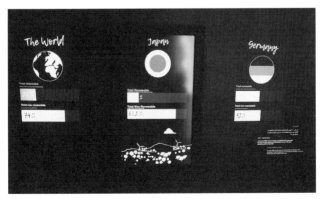

図 8　各国の再生エネルギー利用率の比較。来場者の国籍によって表示される。

で学んだ後、各研究室の出口では、「未来において、私たちは再生エネルギーだけを使うべきだと思うかい？」という質問に、「Yes」か「No」のいずれかの出口を選んで次に進み、最後の卒業式で、これまでの来館者は各研究室の出口でYesとNoのどちらを選んだかがパーセンテージが表示されるというものであった。

　来館者の人気が高かった日独両国館は、前回のミラノ万博でもやはり人気館の双璧であったが（岡田、2017）、インタラクティヴィティの高さによるエンターテインメント性や学びを、パーソナライズされたデバイスを通じて来館者個々人に呼びかけるという形をとることで、いずれもより深化させていたというのがそれぞれ実際に入館しての印象である。

　日本館の展示の最後のコーナーでは、SDGs（Sustainable Development Goals＝2015年の国連サミットで採択された「持続可能な開発目標」）に向けて来館者自身が取り組めることを書き込んだり、他の来館者が書き込んだ取り組みをシェアして広めたりする端末と、そのディスプレイがあったが、同様の展示は他国パヴィリオンでも見られたほか、テーマ館のOpportunity館でも持続可能な世界に向けての誓いを書かせたり、シェアさせたりして、そのフレーズを天井の電光掲示に流す展示がラストにあった。

　大規模展示をおこなった国々ほどではないが、中小のパヴィリオンでも、そうした参加を取り入れた展示が随所で見られた。UAE大学のパヴィリオンでは、キイワードを3つのジャンルからそれぞれひとつずつ選ぶと、そこからポエティックな一文が生成されて表示されるというコーナーがあった。このUAE大学館は小規模の展示ではあったものの、入館時に渡されるボール状の携帯端末に来館者の属性が登録されていて、巡回していく先々で展示から反応して語りかけてくるという機能が備わっていた。

　UAE政府の文化青少年省・青少年局の手がけたYouth Pavilionでは、若者の社会参画の機会を作るプラットフォームが展示されていた。具体的には企業あるいは起業家と、若者のスキルのマッチングをはかるサイトであり、実際に体験

してみることが可能であった。筆者も試しに、映像制作などのスキルを入力してみると、地元ドバイの映像制作会社が紹介され、コンタクトをとれるようになっていた。このシステムは青少年局によるもので、閉幕後の現在もUAE政府の同局のウェブサイトを開くと、その機能を利用することができる。ドバイ万博では、さまざまな展示の随所にこのような来場者自身が情報提供しつつ、参加体験が可能な場面が数多くあり、来場者がそれぞれに惹き込まれるシーンが溢れていた。その傾向はとりわけ、ドバイ万博の公式アプリにおいて象徴的であったといえるかもしれない。

　ICTにおけるさまざまな取り組みがなされていた中で、ドバイ万博の公式スマートフォンアプリの充実ぶりは注目すべき点であった。万博の公式スマートフォンアプリは2012年麗水万博（韓国）に始まるが、ドバイではそれまでの万博公式アプリのような場内マップとナビゲーションやイベントスケジュールの機能に加え、電子チケットとパヴィリオンの入館予約の機能も組み込まれるに至った。公式アプリは3種類が提供され、チケット機能とパヴィリオンの予約機能を備えた博覧会公式アプリの他に、障害者向けアプリ、そして博覧会としてはおそらく初であろうアドベンチャーゲームのアプリも存在した。さらに興味深いのは、全期間入場券のプレミアム版を購入したユーザーに提供されるビジネスアプリで、これを用いると全出展者の窓口とSNS的につながることができ、会場に来てコンタクトをとったり、商談のアポイントを取ったりすることができるというものである。これらを総括するとドバイ万博においては、会場内のオフライン環境と、デジタル上のオンライン環境の両面から、エンターテインメント、ビジネス、学びなどさまざまな情報交流のための「プラットフォーム」を形成するべく全体のデザインがなされていたと結論づけられるだろう。その意味で、博覧会の新たなステージを切り拓いたともいえる。

　またInstagramやTwitterといったSNSによる公式アカウントからの情報発信も積極的におこなわれていた。たとえば会期終了時点で見ると、FacebookのEXPO 2020 Dubai公式ページには2,667,657人のいいね、旧TwitterのXは公式アカウン

ト（@expo2020dubai）に1,322,849フォロワー、Instagramの公式アカウント（expo 2020dubai）1,437,398フォロワー、YouTubeの公式チャンネルには37.8万人のチャンネル登録者があり、いずれも2015年ミラノ万博のときとは比べものにならない数のフォロワーが付いてきていた。これらの活動は会場跡のEXPO CITY DUBAIが引継ぎ、会期終了後も現在（2024年2月）まで継続されている。こうしたアカウント継承もこれまでの多くの万博ではあまりなかったことであるが、旧Twitter（X）のフォロワーが1,341,060人を数えているほか、Instagramも138万フォロワーに増加しており、閉幕後の都市の持続的発展に向けて積極的な情報発信を継続することの意義が高まっているといえよう（ただし、2017年のカザフスタン、アスタナ万博のアカウントは跡地を活用したコンベンション施設が継承している）。

　他方来場者独自のSNSコミュニティも盛り上がりを見せていた。ドバイの地元来場者を中心としたFacebookのプライベートグループ「Expo Eats & Experiences」は会期終了時に21,857人を数え、現在も活動が続いている。興味深いエピソードとしては、博覧会会期中、公式アプリには訪問した各国のパヴィリオンをチェックすると、各館の公式スタンプ（SNSアプリのスタンプ機能ではなく、紙に押すスタンプの刻印）がアプリ内に集まっていくようになっていたものが、会期終了時にすべて消滅し、SNSグループ内で阿鼻叫喚の書き込みが溢れたということがあった。デジタル化した環境においても、やはりなにか形に残るものを持ち続けるということに大きな意味がある点を、筆者もその際に改めて認識させられた。

　ドバイ万博は、中東地域で初めて開催された万博として、これまで以上に力の入れられていた点が多くあった。そのひとつに、トイレや案内所、コンビニなどが併設された来場者向けのサービスセンターであるビジターセンターに、礼拝室が設置されていたことがある。またおそらく万博会場では初めての施設であろう、「Quiet Room」もいくつかのビジターセンターに設置されていた。「Quiet Room」は、感覚過敏などの障害をもっていて大きな音や騒々しい場所で

図 9　Workers' Monument

図 10　Workers' Monument の人名
　　　が刻印された部分

パニックに陥った人が、リラックスできるまでの間待機できるようにつくられた施設である。公式の障害者向けアプリでも位置情報によりナビゲートしてもらえて、誰でも利用することができる。外見上わからない障害を持った人々をサポートするためのしくみも充実しており、インクルーシヴな万博としての役割を果たすための施策がさまざまな形でなされていた。

　こうした多様性を重視した万博の姿は、デジタルなレガシーではないが、会場内にある Workers' Monument にも象徴されているように思われる。Workers' Monument はドバイ万博の開幕までに建設や設営などの業務に従事した労働者24万人の全氏名を刻印した石碑である（図 9、10）。あらゆる関係者の記憶を留めるべく立てられたという（EXPO 2020 DUBAI, 2022）。実際、閉幕後に筆者が訪れた際にも当時勤務していたという人が、自分の氏名の箇所を指さしながら記念撮影をしている光景に出くわした。

# 5　共創のデザインとまちづくり

　ドバイ万博に続いて開催される2025年日本国際博覧会（大阪・関西万博）では、テーマに「いのち輝く未来社会のデザイン（Designing Future Society for Our Lives）」を掲げ、コンセプトとして「People's Living Lab（未来社会の実験場）」を打ち出している。博覧会の公式ウェブサイトでは、コンセプトのより詳細な説明として「展示をみるだけでなく、世界80億人がアイデアを交換し、未来社会を「共創」（co-create）」「万博開催前から、世界中の課題やソリューションを共有できるオンラインプラットフォームを立ち上げ」「人類共通の課題解決に向け、先端技術など世界の英知を集め、新たなアイデアを創造・発信する場に」という3つの項目を示す。すなわち、1節で触れたような現代の市民参加の流れは、この「共創」に加わることで為し得るということになる。さらに「共創」に関しては『基本計画』において「多様なバックグラウンドを持つ人から広く知恵を集めつつ、準備段階から多様な主体による共創を実現していく」と説明されている（2025年日本国際博覧会協会 2020: 16）。この「共創」を実現するために、博覧会協会は「TEAM EXPO 2025」プログラムを用意し、共創への参加者を募ってきた。

　残念ながら愛知万博の時のような、開催計画の検討段階からの多様な当事者の参加という形態にはならなかったが、市民参加はこのプログラムで広く実現できるようにも見える。しかも主催者側は「その理念・成果をレガシーとして後世に継承していくことも本万博の開催意義の一つ」であり、「こうした未来社会を担う次世代の才能の飛躍の機会となることも、本万博のレガシーの一つ」（2025年日本国際博覧会協会 2020: 同）と位置づける。しかしながら、プログラムに参加したパートナーの活動を具体的にどのように集約し、「共創」体験として共有できるように方向付けるかというロードマップは、このプログラム説明からはなかなかつかみづらい。

　近年広がっている共創のさまざまな試みのひとつには、ものごとのデザイン

への参加を広げていくという動きがある。「参加型デザイン」「インクルーシヴデザイン」あるいは「コ・デザイン」と呼ばれ、「限られた専門家だけでなく、実際の利用者や利害に関わる人々が積極的に加わりながらデザインを進めていく」（上平 2020: 5）取り組みのことを指している。ただし参加型デザイン、あるいはコ・デザインにはそれなりの仕掛けであるとか、ファシリテーションと呼ばれる参加者へのサポートのプロセスがある程度充実していなければ、かならずしも上手くいかない。2025年大阪・関西万博の「共創」を「コ・デザイン」のひとつの実践として考えると、本当に多様な参加者を集め、有意義なレガシーを残すためには、こうした仕掛けやファシリテーションが十分ではないように思われる。

　では、未来の都市や生活に貢献できるレガシーとなるためにはどのような取り組みが求められるのであろうか。一つの興味深い事例で、万博ではないものの、まちづくりに繋がったものとしてデンマークの首都コペンハーゲン、ノアブロ地区で2012年に設置された公園の「SuperKiren」を挙げておきたい。当該地区はもともと多くの移民を抱え、1980年代以降たびたび暴動が発生して危険な地域とみなされてきた。そこへトラム（市電）の車庫の跡地を再開発することが決まり、万人にとってのよりよい都市生活、もっと多くの人々が外出できること、もっと多くの人々が長く滞在できること、というコペンハーゲン市の3つの都市戦略のもとにプロジェクトが進められていった。再開発の計画についてはコンペがおこなわれ、ドイツのデザイン事務所Superflexとデンマークと米国で活動する建築家集団BIG、ドイツの景観デザイン会社のTopotek 1 のチームによるプロジェクトが選定された。かれらは設計にあたって同地区に在住する50以上の国や地域からの出身者に聞き取りをおこない、新しい公園に設置するのに相応しい「モノ」として各自の出身地で思い出深い品々を選び出して配置をおこなった。その過程では単なる聞き取り調査に留まらず、移住者たちの出身地のいくつかには現地調査にも出向いていったという。

　そうして集められた遊具、ベンチ、ゴミ箱、マンホールのフタ等々の「モノ」

図 11　Superkiren 内、日本の施設。タコ滑り台。東京都足立区、北鹿浜公園にあるもののレプリカである

は、総数100点以上を数え、原寸大の複製が製作されたり、現物が移送されてきたりとさまざまである。タイのキックボクシングのリング、米国のバスケットボールのゴールポスト、フィンランドの自転車駐輪ラック、英国リヴァプールのゴミ箱、ガーナのアクラ港にある車止めのポールなどなど、日本からはタコ型すべり台が設置されている（図11）。東京都足立区北鹿浜公園にあるものと全く同じレプリカで、施工には同じ職人を連れて来て作らせたのだという。

　EUの厳しい労働許可をクリアして実現するには相当の困難があったと想像される。設置された遊具の中には悲しみの記憶が込められたものも含まれる。ウクライナの象型すべり台は、チェルノブイリの近郊に設置されていたものが複製されていて、オリジナルのものは経年によりすっかり朽ち果ててしまった姿になっているという（図12）。また、あるコートにはソマリアのバスケットボールのゴールとシリアのアイスホッケーのゴールが置かれ、いずれも現地では政変によって跡形も無くなっていたり、ソマリアのケースではイスラム原理主義

図 12　ウクライナ・チェルノブイリ近郊にあったものと同じ象のすべり台

図 13　ソマリアのバスケットボールのゴールとシリアのアイスホッケーの
　　　　ゴール

勢力の命令でスポーツが禁止されたことにより、選手たちが処刑されてしまっ
たエピソードが残っていたりするという（図 13）。
　筆者が実際に訪れた際に最も印象に残ったのは、パレスチナ・ガザ地区から
持ち込まれた「土」であった（図 14）。

図14　ガザの「土」

　公園の中央部に小高く盛られた山の頂上に「ガザ・土」と記されていて、長年イスラエルによって封鎖され、攻撃を受けてきただけに、土しか思い出がないのかと当初想像したのだが、記録されているコメントに依れば、この土を発案したパレスチナ人のDJをやっている少女2人は、かの地には旅先から地元に土を持ち帰るという慣習があり、自分たちにとってのふるさととはこのコペンハーゲンなので、ガザから土を持ち帰りたい、と述べたそうである。そこでガザまでショベルカーを持込み、バケットに土を詰めて持って帰ってきたのだが、その動画もYoutube上に公開されていた。なかなか意味深いエピソードである。

　いわば「市民の万博」ともいわれるこの公園がもたらした効果として、住民間でそれぞれのモノたちに込められた想いを語りあうことにより、相互交流がすすみ事態が改善されたという。(Steiner ed. 2013)。そうしたまちづくりへの貢

献のみならず、今ではコペンハーゲンの観光ガイドで人気の訪問先の上位にランクインするまでになっていて、ツーリズム的にもユニークなスポットに成長したのである。

## 6　2025 大阪・関西万博以後を見据えて

第 4 節で見たように、ドバイ万博はさまざまな意味でそれまでの万博とは一線を画すような強いインパクトを残したといえるが、それを踏まえて開幕までほぼ 1 年となった2025年日本国際博覧会（大阪・関西万博）の課題をいくつか挙げておく。

まず大きな問題なのは、現時点（2023年11月）においてもまだ会場跡地の用途が決まっていないことである。ドバイの会場跡は、万博で建設された施設の約80％を残しつつEXPO CITY DUBAYとして新たな都市空間に生まれ変わることが開催中からアピールされていた。実際、閉幕の半年後にはいくつかのテーマ館などが再開し、様々なイベントも開かれている。閉幕半年後の2022年11月に筆者が訪れた折りには会場跡の広場でFIFAワールドカップカタール大会のパブリックビューイングが連日おこなわれて、隣接して設置された多くの飲食スタンドやゲームコーナーなどとあわせて大いに賑わっていた。さらに閉幕 1 年半あまり後の2023年11月には国連気候変動枠組条約第28回締約国会議（COP28）がこのEXPO CITYで開催された。COP28の開催は、SDGsを大きく打ち出した万博のレガシーに相応しい役割を果たしたことで国際的に大きなアピールとなったのは間違いない（図15）。

2025大阪・関西万博でレガシーがはっきりしていないという点は、開催都市を今後どのようにグローバルな位置づけのもとでブランディングしていくのか、いかなるテーマ性を担っていくのかという都市のデザインにおける将来ヴィジョンが、開催 1 年半前の時点でも見えづらい状況にも大きくつながっていると考えられる。

図 15　COP28 開催を知らせる看板（EXPO CITY DUBAI にて）

　多言語による情報発信の遅れも大きな問題である。公式ウェブサイトの多言語による情報提供は英語とフランス語でおこなわれているが、開幕 2 年前の 2023 年頃から急速に改善されつつあるものの、日本語で提供される情報量に比べると他言語のそれは圧倒的に少なかった。たとえば、公式マスコットキャラクター「ミャクミャク」については英語版紹介ページが公開されたのはキャラクター決定から一年近く後のことだった。さらに万博の公式テーマソングといえば、開催地の言語によるだけでなく、英語版の同時リリースは必要不可欠のはずだが、コブクロによる公式テーマソングの英語版は 2023 年 11 月現在リリースされていない。

　また、今回の大阪・関西万博では重要なコンセプトとして「共創（co-creation）」を掲げ、「TEAM EXPO 2025」プロジェクトが「誰でも参加できる万博」をうたっているが、なにをどのようにして参加できるのか？ ということもまた、素人からはわかりにくい。さらに「誰でも参加できる」といいつつ、それについての情報発信が長らく日本語以外でなされておらず、日本語ページの公開後、英語ページが公開されるまで 3 年半かかっていた点も大きな問題である。また「共創」という点でコ・デザインや参加型デザインには参加者をサポートするファシリテーションが重要であるが、そこもまた不充分であると言わざるを得ない。

　これらの課題は閉幕後のレガシーについてもさることながら、博覧会そのものについての不透明感にもつながっているといえるだろう。

　こうした問題が先送りされてきた一方で、2025年万博の開幕が近づく中でも開催に対する疑義は根強く、また今からでも中止すべきという議論も高まっている。しかし序章でも述べた通り、21世紀以降の万博はそれ以前と比べてその性格を大きく転換している、という点にここでは留意しておくべきである。今日の万博において、BIEの総会で開催国として選出されたということは、単に国威発揚やグローバルな存在価値をアピールする機会を得たということよりも、加盟諸国から5年に一度のグローバルな課題解決を提示する役割と責任を国として託されたことに重要な意義を持つ。開催中止を訴える人々は、この国際的な責任の重さをどう受け止めているのか。その意味では逆に、そもそも招致を進めてきた立場の側にも同じことがいえる。これまでの流れを見る限り、どちらの側もこうした点を十分に認識できているのか疑問を呈せざるを得ないという点は、否定できないのではなかろうか。

　以上に挙げた問題はすでに手遅れという感も否めない。しかし会期が半年にわたる万博においては、開催中の取り組み次第でも解決の可能性は残されている。成功あるいは失敗ということにかかわらず、いずれにしても負のレガシーや、負の語りだけが残ってしまうようなことは避けられるよう願うばかりである。

（本研究の一部は、2022年度関西大学学術研究員研究費によっておこなったものである。）

**【参考文献】**

2025年日本国際博覧会協会　2020『2025年日本国際博覧会（略称「大阪・関西万博」基本計画』（https://www.expo2025.or.jp/wp/wp-content/themes/expo2025orjp_2022/assets/pdf/masterplan/expo2025_masterplan.pdf）。

Gatti, S. eds., 2018, *Expo Milano 2015 Official Report: Italy's Challenge for an Innovative Universal Exposition*, Expo 2015 S.p.A in Liquidation.（https://issuu.com/expomilano2015/docs/expo-milano-2015_officialreport_en）（2023年11月20日参照）。

EXPO 2020 DUBAI, 2022, *The Journey: Official Expo 2020 Dubai Documentary*,（https://virtualexpodubai. com/listen-watch/events/the-journey-or-official-expo-2020-dubai-documentary?fbclid=IwAR0KclM_ bF7ZrecUWYyz_OXQIB0e5VbotSsAgSYM9lrT9GNlbfSDoIIlBeg#video）（2023年11月20日参照）。

一般社団法人　地球産業文化研究所　2008「サラゴサ国際博覧会における愛・地球博理念継承事業の展開」『GISPRIニュースレター』2008年4号（https://www.gispri.or.jp/newsletter/200804-5）。

ジュリア・カセム他編　2014『インクルーシブ・デザイン——社会の問題を解決する参加型デザイン』学芸出版社。

上平崇仁　2020『コ・デザイン——デザインすることをみんなの手に』NTT出版。

加藤晴明・岡田朋之・小川明子編　2006『私の愛した地球博——愛知万博2204万人の物語』リベルタ出版。

経済産業省・日本貿易振興機構（ジェトロ）編　2022『2020年ドバイ国際博覧会　日本公式参加記録』日本貿易振興機構（ジェトロ）

町村敬志　2005「メガ・イベントのグローバル・ローカル政治——国際機関・グローバル企業・地域社会」町村・吉見編『市民参加型社会とは——愛知万博計画過程と公共圏の再創造』有斐閣　19-74頁。

岡田朋之　2012「上海万博の情報提供について——上海万博事務局・遊海洋氏インタヴュー記録」関西大学経済・政治研究所『子どもの安全とリスク・コミュニケーション』 2012『調査と資料　第109号　子どもの安全とリスク・コミュニケーション』267-280頁。

———　2017「2015年ミラノ万博と21世紀の国際博覧会——『まなざし』の近代的空間から『味わい、感じる』イベントへ」『現代風俗学研究』17号　33-42頁。

———　2020「ポスト・モバイル社会における博覧会とツーリズム——スマート、VR・ARの時代におけるメガイベントの意義とは？」関西大学経済・政治研究所『セミナー年報　2019』21-33頁。

ミラノ国際博覧会日本館基本計画策定委員会（2013）「2015年ミラノ国際博覧会　日本館基本計画」（http://www.meti.go.jp/press/2013/04/20130404001/20130404001-3.pdf）。

上海万博事務局編　2010『中国2010年上海万博公式ガイド』中国出版集団公司。

Steiner, Barbara（ed.）, 2013, *Superkilen: A project by BIG Architects, Bjarke Ingels, Topotek 1 and Superflex*, Arvinius ＋ Orfeus Publishing

# 執筆者紹介

**岡田　朋之**（おかだ　ともゆき）

関西大学総合情報学部教授。1994年大阪大学大学院人間科学研究科社会学専攻博士課程単位取得後退学。専門はメディア論。2015〜16年にフィンランド・アールト大学芸術デザイン建築学部客員教授、2022〜23年オーストラリア・王立メルボルン工科大学デジタルエスノグラフィー研究センター客員研究員などを歴任。主な著作に『ケータイ社会論』（有斐閣、2012年）、『ケータイ学入門』（同、2002年）、『私の愛した地球博──愛知万博2204万人の物語』（リベルタ出版、2006年）（いずれも共編著）など。

**村田　麻里子**（むらた　まりこ）

関西大学社会学部教授。東京大学大学院情報学環・学際情報学府博士後期課程満期退学。博士（学際情報学）。京都精華大学人文学部を経て現職。専門はメディア論、ミュージアム研究。主な著書として『思想としてのミュージアム──ものと空間のメディア論』（単著、人文書院、2014年）、『ポピュラー文化ミュージアム──文化の収集・共有・消費』（編著、ミネルヴァ書房、2013年）、『多様性との対話』（共著、青弓社、2021年）、『岩波講座 社会学〈文化・メディア〉』（共著、岩波書店、2023年）など。

**小川　明子**（おがわ　あきこ）

立命館大学映像学部教授（2024年4月予定）。CBC中部日本放送を経て、東京大学大学院人文社会型研究科博士課程中退。博士（学際情報学）。愛知淑徳大学、名古屋大学を経て現職。専門はメディア論、コミュニティメディア研究。主な著書として、『デジタル・ストーリーテリング──声なき想いに物語を』（単著、リベルタ出版、2016年）、『ケアする声のメディア──ホスピタルラジオという希望』（単著、青弓社、2024年）、『ケアするラジオ』（共著、さいはて社、2024年）など。

古賀　広志（こが　ひろし）

関西大学総合情報学部教授。兵庫県立神戸商科大学（兵庫県立大学の前身）商経学部管理科学科卒業。兵庫県長寿社会研究機構研究員、兵庫県立神戸商科大学商経学部管理科学科助手などを経て、2009年より現職。専門は、経営情報論、観光情報論。主な著作に『現代経営情報論』（共著、有斐閣、2021年）、『現代人類学のプラクシス』（共著、有斐閣、2005年）『地域と人を活かすテレワーク』（共編著、同友館、2018年）など。


松山　秀明（まつやま　ひであき）

関西大学社会学部准教授。2015年東京大学大学院情報学環・学際情報学府博士課程単位取得退学。博士（学際情報学）。2017年関西大学社会学部助教を経て、2019年より現職。専門はテレビ史、映像文化論。単著に『テレビ越しの東京史 ── 戦後首都の遠視法』（青土社、2019年）、『はじまりのテレビ ── 戦後マスメディアの創造と知』（人文書院、2024年）。共著に『新放送論』（学文社、2018年）、『NNNドキュメント・クロニクル』（東京大学出版会、2020年）、『技術と文化のメディア論』（ナカニシヤ出版、2021年）など。


劉　雪雁（りゅう　しゅえいえん）

関西大学社会学部教授。1997年東京大学大学院人文社会系研究科博士課程単位取得退学。専門はメディア論。東京大学社会情報研究所、同大学院情報学環助手、国際通信経済研究所客員研究員、BBCワールドサービスレポーター、関西大学社会学部准教授などを経て、2019年より現職。共著に『セカンドオフラインの世界：多重化する時間と場所』（恒星社厚生閣、2022年）、『新版　メディア論』（放送大学教育振興会、2022年）、『メディア論』（同、2018年）など。


中江　桂子（なかえ　けいこ）

明治大学文学部文芸メディア専攻教授。1993年法政大学大学院社会科学研究科社会学専攻博士課程修了。博士（社会学）。成蹊大学文学部現代社会学科教授などを経て2018年に現職。専門は文化社会学・メディア文化論。主な著書に、『自助・共助・公助のちから ── 武蔵野市からの発信』（共著、風間書房、2006年）、『メディアと文化の日韓関係』（編著、新曜社、2016年）、『昭和文化のダイナミクス ── 表現の可能性とは何か』（編著、ミネルヴァ書房、2016年）、『不協和音の宇宙へ ── モンテスキューの社会学』（単著、新曜社、2017年）、ほか。

関西大学経済・政治研究所研究双書 第182冊

# ツーリズムの脱構築
## —地域の語りと観光・博物館・博覧会—

2024年3月31日 発行

| | |
|---|---|
| 編 著 者 | 岡 田 朋 之 |
| 発 行 者 | 関西大学経済・政治研究所<br>〒564-8680 大阪府吹田市山手町3丁目3番35号 |
| 発 行 所 | 関 西 大 学 出 版 部<br>〒564-8680 大阪府吹田市山手町3丁目3番35号<br>電話 06-6368-1121／FAX 06-6389-5162 |
| 印 刷 所 | 株式会社 遊 文 舎<br>〒532-0012 大阪市淀川区木川東4丁目17-31 |

©2024 Tomoyuki OKADA　　　　　　　　　　Printed in Japan

ISBN978-4-87354-781-7 C3036　　　　　落丁・乱丁はお取り替えいたします。

Economic & Political Studies Series No. 182

# Deconstructing Tourism:
## Local storytelling in tourism, museums, and expositions

## CONTENTS

The Institute of Economic and Political Studies
KANSAI UNIVERSITY